include MyDesk

Per accedere a MyDesk vai su
www.alphatest.it/tu25868
e segui le istruzioni.

Cos'è MyDesk e cosa ti offre?

MyDesk è l'esclusivo sistema di e-learning adottato anche in tutti i corsi di preparazione Alpha Test. Acquistando questo volume, hai diritto ad accedere a MyDesk usufruendo di contenuti supplementari utili per la tua preparazione.

A tua disposizione trovi:

- **Simulazioni** d'esame
- **Esercitazioni** mirate
- **Tutorial** su test e preparazione all'esame

L'abbinamento del libro con MyDesk ti consente di potenziare lo studio, l'esercizio e la verifica della preparazione offrendoti le maggiori possibilità di successo nella selezione.

TESTUNIVERSITARI

Alpha Test
Scienze motorie
2000 Quiz

edizioni
Alpha Test

Viale Cassala, 22 – 20143 – Milano (Italy)
Tel. 02 5845981 – fax 02 58459896
servizi@alphatest.it
www.alphatest.it

ISBN: 9788848325868

Terza edizione: gennaio 2023
Prima edizione: gennaio 2018

Stampato da L.E.G.O. S.p.A. Lavis (TN)
per conto di Alpha Test S.r.l.
nel gennaio 2023

INDICE

Prefazione

Per gli studenti italiani (ma anche stranieri che vogliono studiare in Italia), l'iscrizione all'università è ormai da parecchi anni subordinata al superamento di una prova di selezione (o talvolta di valutazione), che ha lo scopo di verificare se e in quale misura le aspiranti matricole abbiano le potenzialità di frequentare con profitto il corso di laurea prescelto.

Attualmente, in Italia – sia nelle più importanti università private sia in quelle statali – quasi tutti i corsi di laurea magistrale a ciclo unico (Medicina e Chirurgia, Odontoiatria e Protesi dentaria, Medicina Veterinaria, Scienze della Formazione primaria, Farmacia, Architettura, Giurisprudenza ecc.) e molti corsi di laurea triennale sono caratterizzati dalla presenza del **numero programmato,** a livello o nazionale o locale. Ciò significa che il numero di iscritti al primo anno di questi corsi non può superare il limite di posti stabilito dal ministero dell'Università e della Ricerca o dai singoli atenei.

La selezione tra i candidati che desiderano accedere a un corso universitario a numero programmato viene effettuata quasi sempre mediante una prova a test, composta da domande a risposta multipla: si valutano in tal modo le conoscenze e le attitudini degli studenti. Il questionario viene predisposto, a seconda dei casi, o a cura del MUR o da consorzi interuniversitari (quali il CISIA o il CINECA) o dalle singole università. Il risultato che uno studente ottiene nel test determina il **punteggio** con il quale entra nella **graduatoria dei candidati** in base alla quale vengono attribuiti i posti a disposizione. Solo in pochi corsi a numero chiuso locale, a definire la posizione nella graduatoria finale contribuiscono anche i voti conseguiti negli ultimi anni di scuola superiore o il voto dell'Esame di Stato, ma con peso minore (se non minimo) rispetto al punteggio del test.

La normativa impone oggi anche ai corsi di laurea ad accesso libero di attivare **prove valutative** e/o di **orientamento**, di solito a test; lo scopo di tali prove è rilevare per ogni studente il livello della preparazione iniziale ritenuta necessaria per frequentare con successo un dato corso (talvolta indicata con la formula "saperi minimi"). Tale valutazione non ha lo scopo di precludere l'iscrizione ma, in caso di mancato raggiungimento della soglia minima, attribuisce alcuni **obblighi formativi aggiuntivi** (OFA) che lo studente dovrà assolvere entro il primo semestre o il primo anno di corso, dimostrando di aver colmato le lacune evidenziate. In taluni casi, gli OFA vanno saldati prima di potere affrontare gli esami del primo anno di corso. Talvolta lo studente – prendendo atto di un esito insufficiente della prova – può decidere spontaneamente di rivedere la propria scelta di studi.

Dunque, anche chi intende frequentare un corso universitario ad accesso libero deve affrontare una prova prima dell'immatricolazione; ciò impone agli studenti seriamente motivati di prepararsi in modo adeguato per iniziare senza penalità il proprio percorso di studio.

Alpha Test è la più importante organizzazione in Italia che, per prima e da oltre 30 anni, offre agli studenti strumenti e percorsi diversi per affrontare con successo i test di valutazione o di selezione. A questo scopo pubblica la **collana TestUniversitari**, composta da oltre ottanta tra manuali ed eserciziari, specifici per ogni area di studio (informazioni su **alphatest.it/Libri**).

In particolare, questo volume è rivolto alla preparazione ai test di ammissione per i corsi triennali della classe laurea **Scienze delle Attività Motorie e Sportive** (L-22). Nei diversi atenei, i corsi di questa classe di laurea possono assumere – con riferimento a particolari caratteristiche del curricolo – denominazioni differenti, quali: *Scienze Motorie, sportive e della salute, Sport, benessere e attività motoria in ambiente naturale, Scienze motorie, pratica e gestione delle attività sportive, Scienze motorie, sportive e benessere dell'uomo, Scienze delle attività motorie, sportive e dell'educazione psicomotori, Scienze Motorie, Sport e Salute* ecc.

Nella quasi totalità delle sedi statali e in alcune università private, questi corsi universitari sono a **numero programmato** locale, con test selettivo. Tuttavia, anche nei pochi casi ad accesso libero è prevista comunque una valutazione delle conoscenze in ingresso, con attribuzione di OFA (obblighi formativi aggiuntivi) in alcune discipline per le matricole che non hanno raggiunto il punteggio minimo stabilito dall'università in cui hanno svolto la prova.

In molti atenei che attivano questa classe di laurea, per la selezione vengono utilizzate tipologie di prove d'accesso approntate dal CISIA (Consorzio interuniversitario sistemi integrati per l'accesso): si tratta per lo più del **TOLC-F** o, in limitatissimi casi, del **TOLC-SU.** Le restanti università adottano invece test di ateneo, realizzati all'interno dell'università stessa.

Si consiglia ai lettori di leggere con attenzione il **bando di accesso** relativo al corso prescelto, pubblicato sul sito del proprio ateneo, per verificare il tipo di prova adottata, quali siano esattamente le discipline previste e i programmi d'esame.

L'acquisto di un volume della collana TestUniversitari, consente di accedere a **MyDesk**, l'esclusiva piattaforma online sviluppata da Alpha Test, con materiali di studio aggiuntivi (videolezioni, tutorial dei docenti, informazioni aggiornate ecc.) e un avanzato **sistema di simulazione** per svolgere esercitazioni per materia o prove simulate secondo tempi e modalità dell'esame ufficiale.

Per **accedere a MyDesk** basta seguire le istruzioni
che si trovano nella seconda pagina di questo volume.

Alpha Test – attiva su tutto il territorio nazionale, con sedi nelle principali città universitarie – si avvale inoltre della collaborazione di un corpo docente di grande esperienza, organizzando **corsi specifici di preparazione** di diversa durata, in presenza oppure online (informazioni su alphatest.it/Corsi).

Un altro utile strumento per i lettori è **Alpha Test Academy**: una piattaforma online di assistenza personalizzata allo studio, che guida lo studente in un programma graduale di esercitazioni, fino al raggiungimento di una completa preparazione al test.

Il parere dei lettori è importante

Per continuare a migliorare la qualità delle proprie pubblicazioni, Alpha Test considera estremamente prezioso il parere dei propri lettori ai quali chiede la cortesia di esprimere un giudizio su questo libro nell'apposita sezione "Valuta un libro" del sito alphatest.it.

Ringraziamenti

Alpha Test ringrazia i numerosi lettori, i partecipanti ai corsi e i collaboratori che, con i loro interventi, suggerimenti e in particolare con i giudizi ogni anno forniti al termine dei corsi, hanno contribuito a migliorare nel tempo la qualità dei volumi e dei servizi offerti.

Natura del test e caratteristiche di questo libro

Natura del test

L'accesso ai corsi di laurea attivati nelle università italiane può essere libero oppure a numero programmato, su base nazionale o locale. A seconda dei casi, è prevista una prova di ingresso **selettiva** oppure **valutativa** delle conoscenze di base (indicate talvolta come "saperi minimi").

Le selezioni organizzate dal ministero dell'Università e della Ricerca (MUR) – per l'ammissione ai corsi a numero programmato nazionale come, per esempio, Medicina o Scienze della Formazione primaria – rispondono a indicazioni e programmi stabiliti direttamente dal ministero e si svolgono negli stessi giorni per tutte le sedi e per tutti i candidati.

I corsi della classe di laurea **Scienze delle Attività Motorie e Sportive** (L-22), invece, prevedono quasi ovunque il **numero programmato locale**; solo in alcune sedi (tra cui, per esempio l'università degli Studi del Molise, di Perugia e pochissime altre) i corsi sono ad accesso libero, con verifica delle conoscenze di base. Per sapere se la sede di vostro interesse consente libero accesso al corso, consultate il sito di ateneo.

In ogni caso, ciascuna università gestisce le selezioni (o valutazioni) in autonomia, decidendo liberamente modi, contenuti e materie d'esame, tipologia di test, luogo e data ecc.

I test di ateneo

Un cospicuo numero di atenei formula per le ammissioni **un proprio questionario**: ciò implica che la struttura e la data di svolgimento delle prove, le materie oggetto d'esame, il tempo a disposizione, l'attribuzione di valore a ogni quesito e i criteri con cui viene elaborata l'eventuale graduatoria di merito o assegnati gli OFA variano tra una sede universitaria e l'altra. Per questa ragione è importante che ogni studente si procuri per tempo, sul sito dell'ateneo che intende frequentare, il **bando per l'ammissione** al corso di proprio interesse. Su questo documento potrà reperire tutte le informazioni necessarie.

Nonostante le possibili differenze, i test di ammissione per i corsi di Scienze delle Attività Motorie e Sportive risultano omogenei per molti aspetti: rosa delle discipline o degli ambiti oggetto di esame, tipologia di quesiti (a risposta multipla, in genere a 5 alternative o più raramente a 4), argomenti prevalenti ecc. Dall'analisi dei bandi di ateneo e dei test degli anni passati, si può ricavare che tutte le sedi universitarie hanno proposto nelle prove recenti quesiti relativi ad almeno una o più delle seguenti aree tematiche:

- ragionamento logico;
- cultura generale;
- discipline scientifiche;
- educazione motoria e sportiva.

Ciascuna di queste aree può essere indagata con varie tipologie di quesiti a risposta chiusa. Per esempio, nell'area del ragionamento logico si possono incontrare domande di logica verbale (proporzioni tra parole, parole da scartare, sinonimi e contrari), logica numerica (serie di numeri e lettere), attitudine logica (sillogismi, deduzioni, condizioni sufficienti e necessarie) e logica matematica (matrici di numeri, problemi con frazioni e percentuali, calcolo della probabilità, problemi con distanza, velocità e tempo, problemi di lavoro); nell'area della cultura generale sono presenti quesiti di letteratura, storia, filosofia, geografia, attualità ecc.; per le scienze, le domande si concentrano soprattutto su biologia, chimica e fisica, ma anche sulla matematica. Per quanto riguarda l'ambito dello sport, i quesiti spaziano dalla cultura sportiva (eventi, manifestazioni, medaglieri ecc.) alla conoscenza di regolamenti e caratteristiche di sport di squadra o discipline individuali ecc.

Si consiglia di **consultare il bando** dell'università per verificare se la prova sarà *computer based* o somministrata in formato cartaceo.

Segnaliamo, infine, che alcune università formano la graduatoria sommando al punteggio del test anche quello ottenuto in una **prova pratica di tipo motorio** (esercizi di atletica, nuoto o altro per verificare le abilità motorie di base).

Le prove TOLC

Oltre un terzo delle università statali che attivano corsi di questa classe di laurea si avvalgono invece del **TOLC-F**: si tratta di un tipo di questionario realizzato dal consorzio interuniversitario CISIA specificamente per l'ammissione a corsi universitari di ambito tecnico e scientifico. Pochi altri atenei scelgono infine di utilizzare il **TOLC-SU**.

Come tutti i test del CISIA, questi TOLC vengono somministrato in modalità *computer based* e ogni studente può svolgerli anche più volte (ma una volta sola per sessione mensile) in una delle numerose date prefissate durante l'anno, a partire da febbraio/marzo sino a novembre. Farà poi domanda di iscrizione con il migliore punteggio conseguito. A seconda del modo di erogazione accettato dalle singole università, il TOLC-F e TOLC-SU si possono sostenere presso le aule dell'ateneo (cosiddetto TOLC all'università) oppure dalla propria abitazione nella modalità TOLC@CASA.

Date e sedi sono pubblicate sul sito www.cisiaonline.it, alle pagine relative ai test.

Ogni prova CISIA somministrata è **diversa** tra un candidato e l'altro ma composta da quesiti equipollenti, estratti dallo stesso database CISIA. Tutti i test del medesimo tipo hanno perciò **pari livello di difficoltà**.

Il **TOLC-F** prevede **5 sezioni**, a cui si aggiunge (se l'ateneo lo richiede) una prova finale di lingua inglese:

• biologia	15 quesiti	20 minuti
• chimica	15 quesiti	20 minuti
• matematica	7 quesiti	12 minuti
• fisica	7 quesiti	12 minuti
• logica	6 quesiti	8 minuti
Totale	**50 quesiti**	**72 minuti**
• Inglese	30 quesiti	15 minuti
Totale con inglese	**80 quesiti**	**87 minuti**

Il **TOLC-SU** prevede 3 sezioni, a cui si aggiunge (se l'ateneo lo richiede) una sezione di lingua inglese:

• comprensione del testo e conoscenza della lingua italiana	30 quesiti	60 minuti
• conoscenze e competenze acquisite negli studi / cultura generale	10 quesiti	20 minuti
• ragionamento logico	10 quesiti	20 minuti
Totale	**50 quesiti**	**100 minuti**
• Inglese	30 quesiti	15 minuti
Totale con inglese	**80 quesiti**	**115 minuti**

Per la valutazione della prova, viene assegnato 1 punto per ogni risposta corretta, 0 punti per ogni risposta non data e una penalità di – 0,25 punti per ogni risposta errata.

Per la sezione di inglese invece, non è prevista la penalità per le risposte sbagliate e viene assegnato 1 punto per le risposte esatte e 0 punti per le risposte sbagliate o omesse. Non sempre il risultato dei quesiti di inglese viene computato per l'inserimento nella graduatoria di merito. Spesso è considerato a parte, come mera indicazione del livello di competenza e/o per attribuire OFA relativamente alla lingua.

Sul sito del CISIA, alle pagine dei rispettivi TOLC, è possibile visionare i cosiddetti *syllabi*, con le indicazioni di massima di argomenti, conoscenze e competenze che le varie sezioni delle prove vanno a toccare.

Nella tabella seguente si riportano, a titolo di esempio, alcuni dati sulle prove svolte per l'a.a. 2022-2023 nelle più importanti sedi universitarie con **numero programmato** che hanno utilizzato un **test selettivo**.

Ateneo ***altra sede***	**Posti a bando**	**Tempo (minuti)**	**Numero di domande e materie**
Bari	140	90	75: matematica e fisica, biologia, chimica, cultura sportiva
Bergamo	100		TOLC-SU
Bologna *Rimini*	225 110		TOLC-F
Brescia	120	90	60: fisica, chimica, biologia, cultura generale
Cagliari	80		TOLC-F
Cassino	203	–	50: chimica, biologia, fisica, attualità, cultura generale e sportiva, ragionamento logico
Catania	250		TOLC-F
Chieti-Pescara	430		TOLC-F
Ferrara	716		TOLC-F
Firenze	150	110	80: cultura generale, biologia e chimica, matematica e logica, sport
Genova	160	100	60: logica e cultura generale, biologia, chimica, fisica
Insubria	120		TOLC-F
L'Aquila	170		TOLC-F
Messina	500		TOLC-F
Milano Cattolica	250	60	60: cultura generale, chimica e biologia, cultura motorio-sportiva
Milano	390		TOLC-F
Padova	160	90	70: biologia e chimica, fisica, logica, cultura generale, conoscenze pedagogiche, cultura pedagogica, sport
Palermo *Agrigento*	270 100	90	45: logica e comprensione del testo, storia e cultura, biologia
Pavia *Voghera*	160 70		TOLC-F
Pisa	140	100	60: logica e cultura generale, biologia, chimica e fisica, educazione motoria e sportiva
Roma Tor Vergata	200	60	60: cultura generale e ragionamento logico; ambito biomedico; ambito scientifico
Roma Foro Italico	580		TOLC-F
Salento	180	60	40: matematica e fisica, chimica e biologia, logica, metodologie delle attività motorie e sportive

Ateneo *altra sede*	Posti a bando	Tempo (minuti)	Numero di domande e materie
Salerno	320	150	80: cultura scientifica e cultura generale, logica e comprensione del testo, inglese
Sassari	80	TOLC-F	
Torino *Asti / Cuneo*	300 230/150	TOLC-SU	
Tuscia	180	TOLC-F	
Udine	110	100	60: comprensione del testo e cultura generale, logica, biologia e chimica, fisica e matematica
Urbino	400	60	60: cultura generale, logica, matematica e fisica, biologia e chimica, attività motorie e sportive
Verona	310	120	80: chimica, fisica, matematica, inglese

Corsi universitari in Scienze delle attività motorie e sportive

Fino al 1999, la formazione terziaria nell'area delle Scienze motorie veniva svolta nell'ambito degli ISEF (gli Istituti superiori di Educazione fisica) che rilasciavano un diploma non universitario. Questi istituti sono stati superati alla fine degli anni Novanta da alcuni provvedimenti legislativi. Il primo è il d.lgs. 8 maggio 1998, n. 178 ("Trasformazione degli Istituti superiori di educazione fisica e istituzione di facoltà e di corsi di laurea e di diploma in Scienze motorie) che sanciva il passaggio alle università degli studi di livello superiore nel campo delle Scienze motorie. Il Decreto ministeriale del 15 gennaio 1999 ha poi reso effettiva questa trasformazione.

Dall'anno accademico 1999-2000 risultano dunque attivati negli atenei italiani i primi corsi dell'area Scienze Motorie, per accedere ai quali è stato da subito necessario superare una selezione preliminare. Finalità degli studi è l'acquisizione di adeguate conoscenze scientifiche, tecniche e professionali per la formazione e il perfezionamento nei campi delle Scienze Motorie, dello sport e del movimento umano.

I primi corsi quadriennali, sono stati sostituiti dalla riforma universitaria nel tipico percorso del 3+2. Con la **laurea triennale di primo livello** (L-22) in Scienze delle attività motorie e sportive gli studenti conseguono un titolo già spendibile sul mercato del lavoro, ma valido anche per l'accesso al secondo livello del **biennio magistrale.** Questo prevede tre orientamenti di studio (anche se non tutti attivi in tutte le sedi universitarie): Organizzazione e gestione dei servizi e le attività motorie (LM-47), Scienze e tecniche delle attività motorie preventive e adattate (LM-67), Scienze e tecniche dello sport (LM-68).

Il piano di studi della triennale

Per terminare il corso è necessario sostenere gli esami previsti dal piano di studi, riguardanti sia insegnamenti teorico-tecnici, sia attività pratiche; la frequenza alle attività didattiche è obbligatoria. Il biennio propedeutico è finalizzato a fornire agli studenti una solida preparazione di base nell'ambito delle scienze biologiche applicate (quali anatomia, biologia, chimica, igiene, fisiologia ecc.), socio-psico-pedagogiche, (psicologia, pedagogia, sociologia, antropologia ecc.) metodologiche (come teoria e metodologia del movimento umano, didattica ecc.), storico-giuridiche (per esempio elementi di diritto, legislazione e organizzazione dello sport, storia dell'educazione fisica ecc.) e tecnico-sportive (quali teoria e tecnica di atletica, calcio, pallacanestro, sport natatori ecc.). Il corso si conclude con la discussione di una dissertazione scritta su un argomento attinente a uno degli insegnamenti facenti parte del corso di laurea.

Gli sbocchi professionali

I laureati triennali potranno inserirsi direttamente nel mondo del lavoro o accedere ai corsi di laurea magistrale o a master di qualificazione.

Gli sbocchi professionali di maggior rilievo e attinenza sono:

- operatori nell'educazione per la prevenzione di condizioni che costituiscono rischio per la salute quali sedentarietà, sovrappeso, obesità;
- organizzatori delle attività motorie, sportive e del tempo libero nelle varie fasce di età (evolutiva, adulta, anziana) e dello sport in genere;
- preparatori fisici esperti nella programmazione e nella conduzione dei programmi di allenamento;
- educatori tecnico-sportivi per l'attività adattata finalizzata al raggiungimento e mantenimento dell'efficienza fisica e psico-fisica;
- educatori tecnico-sportivi nella gestione tecnica di attività motorie e sportive mediante l'ausilio di attrezzi ed attrezzature specifiche (fitness - wellness), personal trainer, trainer di gruppo;
- operatori nella comunicazione e gestione dell'informazione sportiva;
- consulenti di società ed organizzazioni sportive, dirigenti, gestori di palestre e centri sportivi pubblici e privati; consulenti per le strutture impiantistiche e dello sport sul territorio.

Caratteristiche del libro

Questo volume permette agli studenti di ottimizzare il lavoro di preparazione per affrontare con successo le prove di ammissione con quesiti a risposta multipla.

La sua specificità è offrire ai lettori la possibilità di un allenamento intensivo, con il duplice obiettivo di verificare il proprio livello di competenza nelle diverse materie e di familiarizzare con le varie tipologie e forme che possono assumere le domande a risposta chiusa.

Qualsiasi struttura possa assumere un questionario per le prove di selezione, infatti, resta sempre fondamentale avere la migliore conoscenza possibile degli argomenti di studio e un'alta confidenza con la risoluzione dei quesiti. Ciò consente di ottimizzare i tempi di risposta.

Questo quizzario è uno strumento specifico per mettere a punto la preparazione nelle principali discipline interessate dai test di ammissione. I suoi contenuti sono adatti per prepararsi all'accesso a tutti i corsi triennali che afferiscono alla classe di laurea L-22 di **Scienze delle Attività Motorie e Sportive**, sia che adottino le prove **TOLC-F** o **TOLC-SU** del CISIA, sia che utilizzino **test autonomi** di ateneo.

In particolare, i **2000 quesiti** contenuti nel volume sono così ripartiti:

- 500 di biologia;
- 500 di chimica;
- 250 di matematica;
- 250 di fisica;
- 400 di logica e cultura generale;
- 100 di sport.

Nel test ufficiale che il lettore dovrà affrontare, potranno essere presenti soltanto alcune delle tipologie di quesiti esaminate in questo volume. Ciò nonostante si consiglia, al fine di ottimizzare la propria preparazione e di minimizzare eventuali sorprese al momento della prova ufficiale, di esercitarsi su tutte le tipologie proposte, **concentrandosi maggiormente su quelle che trovano corrispondenza con la natura della prova così come descritta nello specifico bando di concorso di proprio interesse**.

I suggerimenti e gli strumenti di Alpha Test per prepararsi al test di ingresso

Il **primo passo** in ogni percorso di preparazione consiste nel procurarsi tutte le informazioni disponibili sul test che si vuole affrontare, cominciando dai contenuti delle sue precedenti edizioni. Le fonti più autorevoli e complete sono il **sito del ministero dell'Università e della Ricerca** (MUR), i **siti degli atenei** di proprio interesse e **alphatest.it**. Sul sito del MUR gli studenti possono trovare tutta la normativa in materia, mentre sui siti delle singole università e di Alpha Test vengono pubblicati i bandi per i diversi concorsi di ammissione, che integrano le indicazioni del Ministero con le specifiche proprie di ciascuna sede.

Su **alphatest.it** vengono costantemente aggiornati il calendario con le date di svolgimento delle prove a test e la normativa sulle prove di ingresso; vengono inoltre pubblicati i test ufficiali degli anni precedenti risolti e commentati, nonché dati e approfondimenti relativi ai diversi corsi di laurea.

Anche i canali social Alpha Test (Facebook, Instagram e Youtube) sono sempre informati su tutte le novità riguardanti sia i test sia le iniziative del Ministero o degli atenei; nelle rispettive *communities* gli studenti hanno inoltre la possibilità di relazionarsi tra loro e con gli esperti di Alpha Test.

Un altro utile strumento a disposizione degli studenti è il **magazine on line** di Alpha Test (**http://magazine.alphatest.it**), dove è possibile consultare articoli e approfondimenti sempre aggiornati in tema di ammissione all'università, metodi e strumenti di studio, orientamento universitario e bandi di concorso.

Il metodo Alpha Test: libri, Alpha Test Academy, corsi in aula e online

Il **passo successivo** per conseguire una buona preparazione è costituito dallo **studio individuale** da effettuare sui libri. Tra i volumi che Alpha Test ha realizzato appositamente per chi deve affrontare i test delle **aree economica**, **giuridica** e delle **scienze politiche**, i principali sono il MANUALE DI PREPARAZIONE, la raccolta di quesiti suddivisi per materia ESERCIZI COMMENTATI e il volume 2000 QUIZ. Ognuno di questi libri consente l'accesso a **MyDesk**, l'esclusivo ambiente di formazione online creato da Alpha Test, con contenuti e strumenti aggiuntivi a disposizione del lettore. Ai fini dello studio, ciascuno dei tre volumi è autosufficiente ma, allo stesso tempo, complementare agli altri. Ecco in sintesi le caratteristiche di ciascuno.

- **MANUALE DI PREPARAZIONE**: è il principale strumento di studio. Raccoglie la sintesi di tutti gli argomenti previsti dal bando del test, materia per materia. È un valido aiuto a non disperdere gli sforzi di fronte alla vastità dei programmi da svolgere, perché consente lo **studio** e il **ripasso** mirato. L'esposizione degli argomenti è resa più efficace e completa mediante schemi, tabelle, glossari, mentre l'apprendimento è facilitato e consolidato grazie ai numerosi esercizi di esempio (nella forma a risposta multipla), risolti e commentati.

  Lo spazio **MyDesk** del MANUALE propone videolezioni su argomenti di matematica, tutorial sullo svolgimento dei test, sintesi, formulari e ulteriori materiali di studio. Nel libro, un'apposita icona – visibile sul margine della pagina – segnala la presenza di contenuti aggiuntivi su MyDesk.

- **Esercizi commentati**: questo libro rappresenta un ulteriore step da usare nella fase intermedia della preparazione. Si tratta di un volume di esercitazioni guidate, con centinaia di quesiti, suddivisi tra le materie oggetto d'esame. Lo studente può svolgere ogni quesito in autonomia per poi verificare la soluzione nel relativo commento, dove troverà richiamate le nozioni teoriche necessarie e i metodi risolutivi più efficaci. In tal modo, il lettore può sia **esercitarsi** sia **accrescere la preparazione**.

  Nello spazio **MyDesk** correlato, è possibile accedere a un **simulatore online** per svolgere esercitazioni per materia, combinando i quesiti a disposizione di una stessa disciplina, o per comporre prove simulate secondo le modalità e i tempi dell'esame ufficiale.

- **2000 Quiz – I quesiti delle prove di ammissione**: è una raccolta di esercizi che include quesiti di prove ufficiali somministrate in passato. Gli esercizi sono suddivisi per materia e alla fine di ogni sezione sono riportate in tabella le soluzioni di tutti i quesiti.

  Come nell'eserciziario, lo spazio **MyDesk** correlato consente l'accesso a un **simulatore online**, per svolgere esercitazioni mirate sulle singole discipline o argomenti e comporre numerose prove simulate da svolgere secondo le modalità e i tempi dell'esame ufficiale.

AlphaTestAcademy

È l'innovativo ambiente di studio online, **personalizzato** e **assistito**, che guida lo studente nella preparazione ai test. Per ciascuna delle materie e degli argomenti previsti nelle prove di ammissione, il programma accompagna lo studente ad accrescere il livello delle sue conoscenze, proponendogli in modo **adattivo** batterie di domande a difficoltà graduale e differenziata; ogni domanda è corredata da spiegazioni o da commenti multimediali (link, videotutorial), con specifici richiami di teoria. Il materiale e l'assistenza offerti da AlphaTestAcademy consentono di chiarire lungo il percorso ogni quesito e dubbio individuale, migliorando e consolidando progressivamente conoscenze e capacità in vista del test ufficiale. Questo lavoro di preparazione mirato e specifico rappresenta quindi un utile affiancamento al manuale di preparazione o a un corso Alpha Test in aula. L'abbonamento alla piattaforma è in dotazione ai partecipanti ai corsi Alpha Test e viene abilitato al momento dell'iscrizione.

Corsi

Un ulteriore e importante strumento di preparazione alle prove di ammissione, che Alpha Test ha ideato per gli studenti più motivati, sono i numerosi **corsi**, svolti **in aula** oppure **on line**, con durata differenziata (da pochi giorni di lezione ad alcuni mesi). Frequentare un corso Alpha Test consente di completare, perfezionare e consolidare la propria preparazione grazie ai seguenti punti di forza.

1. **La didattica interattiva.** Ogni corso prevede cicli di lezioni e di esercitazioni dedicate al ripasso di tutti gli argomenti oggetto d'esame. Gli studenti possono beneficiare della professionalità di docenti con un'esperienza d'insegnamento unica in Italia, maturata in oltre 30 anni di attività di Alpha Test nel campo specifico della preparazione ai test universitari.
2. **Il materiale supplementare consegnato ai corsi.** Durante le lezioni, a ciascun partecipante viene fornito materiale di studio e di esercitazione aggiuntivo rispetto ai volumi, consegnato al momento dell'iscrizione. Si tratta di contenuti didattici aggiornati e specifici, redatti in base alla struttura e ai contenuti del test che si deve affrontare.
3. **I corsi online** prevedono un mix tra lezioni sincrone e asincrone e si svolgono nell'aula virtuale di MyDesk, uno spazio di e-learning completo, appositamente realizzato da Alpha Test e già sperimentato con soddisfazione da migliaia di corsisti. MyDesk consente infatti ai docenti Alpha Test di seguire gli studenti con la stessa cura che hanno in classe, assicurando quindi la più alta qualità non solo nelle fasi di spiegazione ed esercitazione sulle singole materie ma anche in termini di assistenza e supporto a chiarimento di dubbi individuali. Sono inoltre favoriti il rapporto e il confronto diretto con gli altri studenti nonché la puntuale verifica dei progressi nella preparazione.
4. **L'esperienza "sul campo".** In ciascun corso vengono svolte più simulazioni d'esame per mettersi alla prova e per confrontare la propria preparazione con quella di altri candidati.

Infine, chi desidera prepararsi al test di ammissione senza rinunciare a divertimento e nuove amicizie può partecipare a una delle **vacanze-studio Alpha Test** (per informazioni: **alphatest.it/Corsi**).

Indicazioni per i partecipanti ai corsi Alpha Test

Alpha Test:

- è la **prima** società in Italia specializzata nel preparare gli studenti ai test di ammissione all'università;
- è l'**unica** organizzazione che può vantare un'esperienza di 35 anni e migliaia di corsi già organizzati su tutto il **territorio nazionale**;
- dal 1987 a oggi ha **preparato con successo** ai test universitari **decine di migliaia di studenti** che si sono trovati in vantaggio rispetto alle altre aspiranti matricole;
- è **la più scelta** dagli studenti che superano le selezioni per l'università (secondo i rilievi di una primaria società di indagini di mercato, l'**85%** degli ammessi a Medicina si è preparato con Alpha Test);
- propone **corsi** con durata, programmi e costi differenziati a seconda della prova di selezione e delle esigenze dei singoli studenti, comprese **vacanze-studio, corsi online** e **corsi residenziali**;
- vanta un corpo docente composto da oltre 200 esperti rigorosamente selezionati e costantemente formati: docenti e ricercatori universitari, professionisti e insegnanti con un'**esperienza didattica unica** e **specifica** nel campo della preparazione ai test universitari;
- ha sviluppato, per prima in Italia, una **metodologia didattica innovativa** e specifica per affrontare le prove a test, oggi potenziata con **Mydesk**, un originale spazio di e-learning riservato ai corsisti;
- propone ai suoi corsisti **prove simulate**, corrette individualmente; ciò consente ai partecipanti di verificare in tempo reale il proprio livello di preparazione e di apprendimento;
- effettua l'analisi e la discussione in aula delle **prove ufficiali** già utilizzate negli anni passati;
- ha sviluppato una collana di volumi specifici per i diversi test di ammissione, già scelti da oltre cinque milioni di studenti, che vengono **forniti ai partecipanti ai corsi** all'atto dell'iscrizione;
- ha sviluppato **AlphaTestAcademy**, la piattaforma di training online personalizzata, attivata per tutti coloro che si iscrivono a un corso;
- mette a disposizione anche dei suoi lettori l'accesso online a **MyDesk**, con materiali e strumenti aggiuntivi per la preparazione.

I risultati conseguiti nelle prove di ammissione dai corsisti Alpha Test nei tanti anni di esperienza confermano che prepararsi a un test frequentando lo specifico corso Alpha Test rappresenta la scelta migliore per chi è veramente motivato ad accedere al corso universitario desiderato. I dati dicono che in tal modo si aumenta fino a sette volte la probabilità di ammissione rispetto a quella degli altri candidati.

Alpha Test e il suo corpo docente mettono a disposizione l'esperienza maturata e forniscono tutto l'aiuto necessario affinché i propri studenti possano prepararsi nel modo più rapido, completo ed efficace alla prova di selezione. Per accrescere ulteriormente la probabilità di successo è comunque **essenziale l'impegno** di ogni aspirante matricola nelle attività di **studio individuale** e di **esercitazione prima e durante lo svolgimento del corso**. Per consentire agli studenti un approccio preliminare alle materie, Alpha Test consegna già all'atto dell'iscrizione i volumi Manuale di preparazione, Esercizi commentati e la raccolta di Quiz e il codice di attivazione per AlphaTestAcademy.

Si consiglia ai corsisti di leggere i libri (almeno il manuale) **prima dell'inizio del corso, per acquisire almeno una conoscenza di base degli argomenti trattati**. Questa raccomandazione vale in particolar modo per chi sceglie di frequentare uno dei corsi Alpha Test di durata minore.

Sempre al momento dell'iscrizione al corso, Alpha Test fornisce una guida operativa con istruzioni e consigli utili per avviare la preparazione anche prima dell'inizio delle lezioni e con importanti informazioni sul test di ammissione di interesse dello studente.

Durante il corso l'attenzione viene focalizzata in modo specifico sulle tipologie di quesiti previsti nella prova di ammissione di interesse. Viene inoltre esaminato e discusso con i docenti un consistente numero di esercizi diversi da quelli presenti nei libri e contenuti in appositi materiali didattici aggiornati ogni anno e distribuiti durante il corso esclusivamente ai partecipanti.

Informazioni e modalità di iscrizione ai corsi Alpha Test

Le iscrizioni ai corsi Alpha Test per la preparazione ai test di ammissione universitari sono sempre aperte, sino all'esaurimento dei posti previsti. I corsi sono infatti riservati a un numero limitato di partecipanti.

Per ciascun corso, sono disponibili su **alphatest.it** le informazioni aggiornate relative al calendario e alla quota di partecipazione.

Per chi avesse già acquistato **direttamente da Alpha Test** l'ultima edizione dei libri in dotazione al corso, è prevista una riduzione della quota di iscrizione al corso pari al 100% del prezzo di copertina dei libri; se i libri sono stati acquistati **in libreria** tale riduzione è pari al 50% del prezzo di copertina.

L'iscrizione ai corsi e l'acquisto dei libri Alpha Test possono essere effettuati su **alphatest.it**

Per ricevere maggiori informazioni sui libri o una consulenza gratuita sui corsi è possibile scrivere a info@alphatest.it oppure scegliere una delle modalità indicate nella sezione "Richiedi informazioni" su **alphatest.it**

Suggerimenti per affrontare al meglio il test

Per affrontare al meglio un test a risposta multipla è importante conoscerne le caratteristiche rilevanti: per esempio quali siano le modalità di svolgimento, la composizione, il numero dei quesiti e delle alternative di risposta, o – se possibile – quali tipologie di esercizi si dovranno risolvere. In tal modo si possono studiare anche opportune "strategie" per valorizzare al massimo le proprie conoscenze e potenzialità.

Nelle prove per l'ammissione ai corsi a numero programmato, i candidati sono selezionati sulla base di un criterio di tipo **comparativo**. Cioè, per superare la selezione **lo studente deve figurare tra i migliori** nella graduatoria: non è quindi tanto rilevante il punteggio assoluto ottenuto quanto svolgere il test di ammissione meglio di un certo numero di altri candidati.

È bene però ricordare, soprattutto nei casi dei test di ammissione a base nazionale, che a volte è prevista una soglia minima qualificante: in tal caso anche qualora residuassero posti disponibili, i candidati con punteggio inferiore a tale soglia non potrebbero immatricolarsi perché giudicati non idonei. Dunque, totalizzare i punti minimi rappresenta una condizione necessaria ma non sufficiente per l'immatricolazione.

Prima di addentrarsi nell'analisi dei contenuti dei test e degli esercizi che li compongono, è opportuno considerare alcuni suggerimenti solo in apparenza banali, e invece molto utili al fine di ottimizzare il risultato nella prova di ammissione.

Prima del test

Il primo suggerimento, di carattere generale, è leggere con grande attenzione e per intero il **bando di concorso**, compresi gli allegati con i programmi di esame. Inoltre bisogna tenere in considerazione anche le **disposizioni** pubblicate dalla sede universitaria dove lo studente svolgerà la prova. Gli atenei e il Ministero, infatti, sono le fonti di informazioni **ufficiali** relative alle norme, alle modalità di selezione, alla struttura e ai contenuti della prova che regola l'ammissione al corso di studi scelto.

In particolare è importante avere ben chiare le indicazioni relative a: modalità di iscrizione alla prova; titoli necessari per potere partecipare al concorso; giorno e ora di svolgimento della prova di interesse, nonché la sua durata ecc.

L'emergenza pandemica ha spinto molte università e corsi di laurea ad adottare prove selettive *computer based*, da svolgere in multisessione (cioè su più turni e/o più giorni) in una pluralità di sedi o addirittura al domicilio dei candidati. Sarà cura dello studente verificare in quale modalità sarà somministrato il test di suo interesse. Sicuramente, in caso di test in presenza, bisognerà ricordare di recarsi all'esame con un documento di identità valido, la ricevuta di iscrizione ed eventuali ricevute di pagamento richieste.

Il giorno del test

In sede d'esame, prima del suo inizio, di solito vengono comunicate ai candidati le **norme alle quali attenersi durante tutte le fasi di svolgimento del test**. Tali norme riguardano, per esempio: il tempo totale a disposizione, le modalità con cui indicare le risposte sull'apposita scheda cartacea o, in caso di prova *computer based*, le istruzioni per l'utilizzo della piattaforma; vengono inoltre fornite altre indicazioni su come comportarsi durante l'esame e al suo termine.

È necessario rispettare scrupolosamente tutte le regole, evitando così errori banali ma sostanziali (quale, per esempio, la compilazione errata della scheda per le risposte o l'omissione di una firma), che potrebbero compromettere la validità della prova e quindi l'ammissione.

In alcuni casi, all'interno del test stesso gli esercizi sono preceduti da **istruzioni circa le modalità di risoluzione** dei quesiti e a volte anche da un esempio risolto. È importante in questi casi non lasciarsi prendere dalla fretta di mettersi subito al lavoro, ma dedicare la massima attenzione alla lettura di queste istruzioni, indispensabili per capire la logica degli esercizi e per rispondere correttamente alle domande.

Domande a risposta multipla

I test che vengono utilizzati per l'ammissione all'università sono costituiti da domande a risposta **chiusa**, le cui risposte sono cioè predefinite: il candidato deve individuare la sola risposta esatta tra le alternative proposte. Per rispondere a una domanda *aperta* (cioè non corredata da risposte prefissate) come per esempio "Qual è la capitale della Colombia?", occorre conoscere l'esatta nozione che consente di dare la risposta. Nel caso di *domande a scelta multipla* è invece possibile procedere anche in maniera diversa. Si ipotizzi, per esempio, di dover rispondere al medesimo quesito, però a risposta multipla.

---

1 **Qual è la capitale della Colombia?**

A Delhi
B Buenos Aires
C Bogotá
D Brasilia
E Santiago

In questo caso è possibile determinare la risposta corretta procedendo in due modi distinti:

1. ragionando come se si trattasse di una domanda aperta: sapendo che la capitale della Colombia è Bogotá, si individua direttamente la risposta corretta (C) senza valutare le altre risposte proposte;
2. se, al contrario, non si conosce la risposta alla domanda, ma si ricordano altri accoppiamenti Paese/capitale, è possibile individuare la risposta corretta eliminando le alternative errate: sapendo che Delhi è la capitale dell'India, Buenos Aires dell'Argentina, Santiago del Cile e Brasilia del Brasile, per esclusione si può concludere che la risposta esatta è la C.

In altre parole, per rispondere correttamente a una domanda a scelta multipla non è sempre strettamente necessario conoscere la risposta esatta: a volte la soluzione può essere individuata indirettamente, escludendo le alternative errate.

Nel caso in cui, procedendo per esclusione, il candidato non riesca a eliminare tutte le alternative errate, il metodo di risposta per eliminazione permette comunque di aumentare le probabilità di individuare la risposta corretta: l'esclusione di una o più risposte riduce infatti il numero delle alternative tra cui si rimane incerti e quindi incrementa la probabilità di individuare l'alternativa corretta.

Valore dei quesiti e gestione del tempo

Come i partecipanti ai corsi Alpha Test hanno modo di sperimentare durante lo svolgimento delle prove simulate, il **tempo** rappresenta uno dei fattori critici per affrontare con successo un test di ammissione. Infatti, le prove sono spesso progettate e formulate in modo tale da permettere solo ai più preparati e ai più veloci di rispondere, entro i termini concessi, alla totalità delle domande.

È dunque imperativo impiegare razionalmente ogni minuto, avendo ben presente – prima di iniziare la prova – il tempo medio a disposizione per ogni quesito (calcolato sui minuti complessivi divisi per il numero dei quesiti stessi), ed evitando di soffermarsi su una singola domanda per un tempo eccessivamente superiore. In generale, il consiglio è di non superare il tempo medio per più del 20%: questa dilazione per gli esercizi più complessi viene infatti compensata dalla presenza di altri di più veloce risoluzione.

Ormai in quasi tutti i test, ogni risposta corretta fa "guadagnare" lo stesso punteggio: dunque a parità di tempo impiegato conviene risolvere due esercizi semplici piuttosto che uno complesso.

Poniamo che il tempo a disposizione per l'intero test sia di 100 minuti e gli esercizi da risolvere 60, il tempo medio per quesito è di 1 minuto e 40 secondi (100 secondi): quindi, bisogna evitare di dedicare più di due minuti allo svolgimento del singolo quesito.

L'obiettivo da raggiungere è rispondere correttamente al maggior numero possibile di esercizi; si consiglia quindi, compatibilmente con i vincoli imposti dalle modalità di svolgimento della prova, di affrontare prima gli esercizi che – per argomento o tipologia – si presume di riuscire a risolvere più facilmente e velocemente, per tornare poi a quelli più ostici per i quali si prevede un dispendio di tempo maggiore.

Scelta casuale della risposta?

La correzione dei test attribuisce in genere un punteggio positivo per le risposte corrette e, nella più parte dei casi, l'attribuzione di un punteggio negativo per ogni risposta errata (di solito quantificato in una frazione di punto). Ai quesiti omessi, a cui cioè non si è risposto, viene di norma attribuito punteggio nullo.

Spesso l'attribuzione del punteggio avviene secondo la seguente modalità:

- Risposta esatta: +1
- Risposta errata: –0,25 (–1/4)
- Risposta omessa: 0

La penalità sulle risposte errate ha lo scopo di annullare il punteggio positivo che, statisticamente, il candidato potrebbe conseguire rispondendo a caso in assenza di tale penalità.

Ma **è conveniente o no rispondere a caso** ai quesiti a cui non si sa trovare soluzione?

Si supponga di non conoscere assolutamente le risposte di 20 quesiti (con 5 risposte alternative ciascuno) della prova. Scegliendo a caso, si risponderebbe statisticamente in modo corretto a 4 esercizi (20/5) e si sbaglierebbero i restanti 16 quesiti. Il punteggio totalizzato sarebbe dunque:

- risposte esatte: $4 \times (+1) = +4$
- risposte errate: $16 \times (-1/4) = -4$
- risposte nulle: $0 \times 0 = 0$
- punteggio totale: $4 - 4 = 0$

Si otterrebbe quindi un punteggio nullo, esattamente identico a quello che si totalizzerebbe scegliendo di non rispondere ai 20 quesiti. Dunque, è possibile distillare una regola utile su come comportarsi nel caso in cui non si riesca a identificare, tra le diverse risposte alternative, quella corretta:

> conviene rispondere casualmente ogni volta che il numero di alternative tra cui si è indecisi è pari o inferiore al reciproco del punteggio negativo attribuito alle risposte errate.

È evidente che il punteggio totalizzato rispondendo casualmente potrà essere tanto maggiore quanto minore sarà il numero di alternative tra cui si è indecisi e quanto minore è la penalità attribuita alle risposte errate. Il numero delle alternative tra cui si è indecisi non coincide necessariamente con quello delle alternative esistenti. Se, per esempio, le alternative proposte sono 5, ma il candidato riesce a eliminarne due perché le si riconosce come errate, la valutazione statistica va rivista su 3 alternative (cioè 5 – 2).

Nella pratica, scartare almeno due alternative di risposta è possibile anche quando l'argomento sia poco o per nulla noto al candidato. Si veda per esempio:

---

2 In base alla Costituzione, l'Italia è:

- **A** una repubblica regionale
- **B** uno Stato federale
- **C** una repubblica democratica, fondata sul lavoro
- **D** una repubblica presidenziale, fondata sul lavoro
- **E** uno Stato federato

Anche senza ricordare la definizione precisa che la Costituzione dà dello Stato italiano, è facile riuscire a escludere le alternative **B** ed **E** che si segnalano per l'evidente implausibilità. L'Italia infatti è uno Stato unitario che non si articola al suo interno in altre entità statali né è a sua volta parte di uno Stato federale. Al candidato resterà dunque, eventualmente, il dubbio tra tre sole alternative (la risposta esatta è **C**).

Prova cartacea e prova computer based

Se la prova di ammissione si svolge in presenza, può prevedere l'utilizzo di un supporto **cartaceo**, anche se si tratta di una eventualità oramai molto rara per quanto riguarda i corsi a cui rivolge questo libro. In questo caso, comunque, ricordiamo che il candidato – una volta individuata la risposta che ritiene corretta per un dato quesito – la deve segnare sull'apposita *scheda per le risposte*, distinta dal fascicolo del questionario con gli esercizi. L'operazione, in sé semplicissima, va tuttavia svolta con grande attenzione: si tratta infatti di evidenziare la lettera che identifica la risposta che si vuole indicare in corrispondenza del numero dell'esercizio. Scambiare un numero di esercizio per un altro è la più banale delle sviste ma comporta gravi conseguenze.

Per la correzione delle schede cartacee vengono utilizzati *elaboratori elettronici* dotati di *lettori ottici*, il candidato deve quindi contrassegnare come indicato nelle istruzioni lo spazio (un "cerchietto" o "quadratino") corrispondente all'alternativa ritenuta esatta.

In genere, i candidati hanno la possibilità di effettuare eventualmente **una sola correzione** per ogni domanda, sulla scheda delle risposte.

Da diversi anni tuttavia, la maggioranza delle prove autonome di ateneo per i corsi della classe di laurea di Scienze delle attività motorie e sportive, si svolgono **a computer**, sia nella modalità on line dal domicilio (nel qual caso bisogna anche rispettare delle precise procedure fornite dall'università per assicurare il controllo sulla correttezza dello svolgimento), sia da postazioni informatiche messe a disposizione dall'università.

I **Test On Line del CISIA** vengono erogati mediante la piattaforma del consorzio, previa iscrizione. Rispetto alle prove cartacee (che hanno questionario e scheda delle risposte separate), nei test computer based l'indicazione della risposta è più agevole: è sufficiente cliccare lo spazio corrispondente all'alternativa che si ritiene corretta. All'interno di ogni Sezione e del tempo concesso per la soluzione dei relativi quesiti, è sempre possibile cambiare la risposta indicata. Al termine dei minuti assegnati alla Sezione, però, il sistema non consentirà di tornare sulle domande di quella Sezione.

parte prima

BIOLOGIA

Quesiti

1 Che cosa sono gli enzimi?

A Proteine particolarmente abbondanti nei tessuti vegetali
B Batteri utilizzati per produrre yogurt e formaggi
C Microrganismi appartenenti alla flora batterica intestinale
D Batteri importanti per la degradazione della sostanza organica in decomposizione presente nell'ambiente
E Proteine con funzione di catalizzatori nelle reazioni biochimiche

2 Nei mitocondri avviene:

A la glicolisi e la respirazione cellulare
B il sistema anaerobico lattacido
C la mitosi
D l'anabolismo del glucosio
E il ciclo di Krebs

3 Che cosa sono gli "osteoblasti"?

A Cellule capaci di erodere la matrice dell'osso
B Cellule tipiche del tessuto osseo secernenti la matrice dell'osso
C Cellule prodotte dal midollo osseo rosso
D Cellule del connettivo che producono le fibre proteiche di questo tessuto
E Cellule tipiche dei tessuti embrionali

4 In quale tratto dell'apparato digerente si svolge prevalentemente il processo di assorbimento delle sostanze alimentari?

A Nel fegato
B Nell'esofago
C Nell'intestino crasso
D Nello stomaco
E Nell'intestino tenue

5 Nella cellula eucariotica animale, il DNA è presente:

A nel nucleo e nei vacuoli
B nel nucleo e nei ribosomi
C nel nucleo e nei mitocondri
D nel nucleo e nei perossisomi
E nel nucleo, nei mitocondri e nei cloroplasti

6 Le proteine sono:

A polimeri nucleotidi
B polimeri di acidi grassi
C copolimeri
D polimeri di aminoacidi
E polimeri di monosaccaridi

7 La meiosi è un meccanismo per mezzo del quale:

A uovo e spermatozoo si fondono
B si riproducono i procarioti
C viene dimezzato il corredo cromosomico della cellula
D si riproducono i virus
E vengono duplicate le molecole di DNA

8 Le principali funzioni del fusto sono:

A assorbire acqua e sali minerali
B permettere alla pianta gli scambi respiratori
C attirare gli insetti
D trasportare linfa grezza dalle radici alle foglie
E ancorare la pianta al terreno in modo che essa possa mantenersi eretta

9 L'immissione di aria nei polmoni è detta:

A inspirazione
B espirazione
C respirazione
D respirazione cellulare
E traspirazione

10 Quale delle seguenti sostanze è un ormone?

A Acetilcolina
B Glucagone
C Metadone
D Paracetamolo
E Albumina

11 L'interfase del ciclo cellulare è costituita dalle fasi:

A S
B G_1
C $G_1 + S + G_2$
D G_2
E $G_1 + G_2$

12 James D. Watson e Francis Crick hanno ricevuto il premio Nobel per la Medicina e la Fisiologia per la scoperta della struttura a doppia elica del DNA. In quale anno è avvenuta la scoperta?

- A 1945
- B 1953
- C 1969
- D 1984
- E 2001

13 Nel doping sportivo si fa un largo uso di ormoni androgeni steroidei perché:

- A stimolano la produzione di globuli rossi dal midollo osseo
- B hanno un effetto anabolizzante sui muscoli
- C migliorano l'utilizzo degli acidi grassi da parte del cuore
- D migliorano la concentrazione psicologica dell'atleta
- E abbassano l'ematocrito

14 La membrana cellulare:

- A è una complessa struttura lipidica permeabile a ogni tipo di molecola
- B è una complessa struttura semipermeabile, di natura lipoproteica, che controlla il passaggio di molecole e ioni
- C è una struttura che consente il passaggio di sostanze attraverso un doppio strato fosfolipidico che racchiude uno strato proteico interno
- D è costituita da un reticolo di natura glicoproteica che ha la doppia funzione di esercitare una protezione meccanica e di consentire la permeabilità
- E è un rivestimento, costituito in larga misura da cellulosa, che ha la funzione di proteggere la cellula e di impedire la fuoriuscita dei liquidi

15 Nei virus l'informazione genetica è contenuta nelle seguenti macromolecole:

- A esclusivamente DNA
- B proteine
- C DNA o RNA a seconda del tipo di virus
- D esclusivamente RNA
- E carboidrati

16 La base azotata che si trova nel DNA ma non nell'RNA è la seguente:

- A guanina
- B citosina
- C uracile
- D timina
- E adenina

17 L'emoglobina è una proteina presente:

- A negli eritrociti
- B nei linfociti
- C nel fegato
- D nei mioblasti
- E nei cloroplasti

18 L'unità di misura della quantità di energia contenuta negli alimenti è:

- A il tasso glicemico
- B il kilogrammo
- C il milligrammo
- D l'erg
- E il kilojoule

19 Gli anabolizzanti sono:

- A farmaci che accentuano gli effetti dell'affaticamento muscolare
- B ormoni utilizzati da molti sportivi, che favoriscono la secrezione dell'adrenalina
- C farmaci che agiscono sul metabolismo e favoriscono un aumento della massa muscolare
- D farmaci antidepressivi usati anche dagli sportivi per migliorare le prestazioni atletiche
- E ormoni privi di effetti collaterali usati per incrementare la massa muscolare

20 Cos'è il soleo?

- A Uno dei muscoli del polpaccio
- B Uno dei muscoli responsabili della rotazione della spalla
- C Un tendine che si inserisce nel calcagno
- D Un muscolo pettorale
- E Un osso del tarso

21 Durante la digestione, qual è la funzione dell'enzima ptialina?

- A Nella bocca, comincia la digestione chimica dei carboidrati
- B Nello stomaco, idrolizza le catene proteiche in polipeptidi più corti
- C Nello stomaco, stimola la secrezione dei succhi gastrici
- D Nell'intestino, idrolizza peptidi proteici in catene più corte
- E Nello stomaco, comincia la digestione chimica dei carboidrati

22 Quale delle seguenti strutture è assente nei batteri?

- A Membrana cellulare
- B Parete cellulare
- C Flagelli
- D Capsula
- E Nucleolo

23 Quale tra i seguenti processi biochimici avviene nel mitocondrio?

A Fissazione dell'anidride carbonica
B Fosforilazione ossidativa
C Fotosintesi
D Ciclo di Calvin
E Glicolisi

24 Quale delle seguenti espressioni è la più appropriata per definire un virus?

A È una cellula eucariotica molto semplice
B È un prione
C È un organismo evolutivamente molto primitivo
D È una particella priva delle principali caratteristiche tipiche delle cellule viventi
E È una cellula batterica molto semplice

25 Qual è la sequenza più logica per elencare le seguenti strutture anatomiche?

A Tibia, metatarso, tarso, falangi
B Tibia, tarso, metatarso, falangi
C Falangi, tarso, metatarso, tibia
D Falangi, tibia, tarso, metatarso
E Tibia, falangi, metatarso, tarso

26 Dov'è situato l'omero?

A Nella gamba
B Nell'avambraccio
C Nella coscia
D Nel braccio
E Nella spalla

27 In una cellula vegetale i centri fotosintetici sono i:

A vacuoli
B plastidi
C ribosomi
D lisosomi
E mitocondri

28 Quale tra i seguenti è un procariota?

A Il lievito
B L'HIV
C Il batteriofago
D Il mais
E Lo pneumococco

29 Il daltonismo è:

A un processo di divisione cellulare
B un'anomalia della sintesi proteica
C una teoria evoluzionistica
D una patologia causata da un virus che attacca l'organismo prevalentemente in età avanzata
E un difetto di natura prevalentemente genetica

30 Nella cellula, cosa sono i microtubuli?

A Strutture proteiche che servono all'ispessimento della parete delle cellule vegetali
B Le estroflessioni che costituiscono le creste mitocondriali
C Proteine filamentose che fanno parte del citoscheletro
D Le unità di base dei ribosomi
E Strutture cellulari che proteggono il nucleo

31 Nel codice genetico sono definite le corrispondenze tra:

A le triplette di nucleotidi nell'RNA e i monomeri presenti nei polisaccaridi
B i singoli nucleotidi presenti nel DNA e quelli presenti nell'RNA messaggero
C le triplette di nucleotidi nell'RNA e i singoli amminoacidi nelle proteine
D i singoli nucleotidi nell'RNA e gli amminoacidi nelle proteine
E le triplette di nucleotidi nel DNA e gli acidi grassi presenti nei lipidi di membrana

32 Nelle cellule muscolari, il processo della fermentazione lattica è finalizzato a:

A ridurre il coenzima NAD^+ a NADH in carenza di ossigeno
B portare avanti la glicolisi e continuare la sintesi di ATP in assenza di ossigeno
C produrre ossigeno altrimenti non disponibile in condizioni anaerobiche
D produrre sostanze direttamente utilizzabili dai mitocondri per la produzione di ATP
E rendere più efficiente la sintesi di ATP in condizioni aerobiche

33 Per ricavare l'energia necessaria ai processi vitali, una cellula animale porta avanti il seguente processo:

A ossidazione del NAD^+
B sintesi di zuccheri
C idrolisi dell'acqua
D ossidazione del glucosio
E fotosintesi

34 Il corredo cromosomico caratteristico della specie umana è composto da:

A 23 coppie di cromosomi più i cromosomi sessuali
B 22 coppie di cromosomi più la coppia di cromosomi sessuali
C 23 cromosomi
D 46 cromosomi più XY
E 46 cromosomi più XX

QUESITI

35 **La divisione meiotica avviene esclusivamente:**
- A nelle cellule vegetali
- B nelle cellule germinali
- C nei batteri
- D nelle cellule somatiche
- E nei virus

36 **Quale teoria fondamentale del pensiero biologico ha alla base il concetto di selezione naturale?**
- A La teoria dell'evoluzione biologica di Darwin
- B La teoria che interpreta l'origine della vita sulla Terra sulla scia dei risultati ottenuti con gli esperimenti di Stanley Miller
- C La teoria evolutiva proposta da Lamarck
- D La teoria sviluppata dal monaco Gregorio Mendel
- E Nessuna delle risposte proposte è corretta

37 **Le piastrine concorrono alla seguente funzione:**
- A trasporto dell'anidride carbonica
- B trasporto dell'ossigeno
- C produzione di anticorpi
- D rivestimento interno dei vasi sanguigni
- E coagulazione

38 **Analizzando la composizione di una cellula si trova che essa è composta per circa il 70% da:**
- A carboidrati
- B acqua
- C proteine
- D lipidi
- E macromolecole

39 **Le proteine actina e miosina sono particolarmente abbondanti nel tessuto:**
- A nervoso
- B connettivo
- C epiteliale
- D adiposo
- E muscolare

40 **Osservando una cellula al microscopio elettronico notate che è priva di un vero e proprio nucleo, non possiede organuli limitati da membrana ed è circondata da una parete esterna alla membrana cellulare. Potrete concludere che si tratta di:**
- A di un virus
- B di una cellula di lievito
- C una cellula procariotica
- D di una cellula vegetale
- E una cellula eucariotica animale particolarmente semplice

41 **Sono costituiti da DNA e si trovano nei cromosomi, dove occupano una posizione ben determinata. Si chiamano:**
- A microtubuli
- B geni
- C mitocondri
- D ribosomi
- E filamenti intermedi

42 **Quale delle seguenti affermazioni relative alla replicazione del DNA è corretta?**
- A Avviene esclusivamente nelle cellule provviste di nucleo, cioè quelle eucariotiche
- B Entrambi i filamenti sono degradati e se ne ritrovano solo frammenti nelle nuove molecole di DNA
- C Un solo filamento è utilizzato come stampo mentre l'altro è degradato
- D Entrambi i filamenti che compongono la molecole di DNA fungono da stampo per la sintesi di nuovi filamenti
- E La replicazione è un processo spontaneo che non richiede alcuna spesa energetica

43 **Quale delle seguenti affermazioni relative al codice genetico è vera?**
- A Ogni amminoacido è codificato da una o più coppie di nucleotidi
- B Ogni nucleotide è codificato da uno o più amminoacidi
- C Ogni tripletta di nucleotidi codifica più di un amminoacido
- D Una sola delle 64 triplette ha il significato di STOP
- E Ogni amminoacido è codificato da una o più triplette di nucleotidi

44 **I ribosomi sono adibiti alla seguente funzione:**
- A trasporto attraverso la membrana plasmatica
- B sintesi di zuccheri
- C sintesi delle proteine
- D produzione di lipidi
- E detossificazione ed eliminazione di sostanze nocive

45 **Il glicogeno è:**
- A un polisaccaride utilizzato come riserva energetica nei tessuti animali
- B una proteina regolatrice dell'espressione genica
- C uno zucchero sintetizzato dalle piante
- D un enzima che l'organismo utilizza per la sintesi del glucosio
- E un enzima indispensabile per la digestione dei carboidrati

46 Le cellule muscolari sono capaci di funzionare in assenza di ossigeno. A quale processo devono questa capacità?

- A Fosforilazione ossidativa
- B Fermentazione lattica
- C Chemiosintesi
- D Sintesi anaerobia di glucosio
- E Produzione di ossigeno per idrolisi dell'acqua

47 I soggetti affetti dalla sindrome di Down sono caratterizzati dalla seguente anomalia cromosomica:

- A hanno 21 cromosomi in ogni cellula
- B hanno un cromosoma 21 in meno
- C hanno 21 copie del cromosoma 3
- D hanno un cromosoma 21 in più
- E sono privi di entrambi i cromosomi 21

48 Quale delle seguenti affermazioni relative ai batteri è vera?

- A Le cellule batteriche sono sprovviste di ribosomi
- B Tutte le specie batteriche sono responsabili di qualche patologia
- C Le cellule batteriche possono dare vita a organismi pluricellulari
- D I batteri si dividono con un processo di mitosi, tramite il quale i loro cromosomi sono equamente ripartiti tra le due cellule figlie
- E Il citoplasma delle cellule batteriche non contiene organuli limitati da membrana

49 Un organismo viene definito autotrofo quando:

- A vive parassitando un altro organismo
- B si nutre prevalentemente di sostanze organiche prese da altri organismi
- C riesce a nutrirsi usando solo sostanze inorganiche
- D dipende per la sua nutrizione da altri organismi
- E nessuna delle precedenti

50 Il corredo cromosomico che viene trasferito alla generazione cellulare successiva attraverso il processo mitotico è costituito da:

- A la metà dei cromosomi bicromatidici parentali
- B lo stesso numero di cromosomi bicromatidici della generazione parentale
- C la metà dei cromosomi monocromatidici parentali
- D lo stesso numero di cromosomi monocromatidici della generazione parentale
- E il doppio del numero dei cromosomi monocromatidici della generazione parentale

51 Un anticorpo è:

- A una proteina a forma di Y prodotta dall'organismo in risposta alla presenza di un antigene
- B un corpo estraneo, come un virus o un batterio, in grado di scatenare la risposta immunitaria
- C una cellula capace di fagocitare elementi patogeni
- D una proteina prodotta dagli agenti patogeni per ingannare le difese immunitarie dell'organismo
- E un gene regolatore che prende parte all'attuazione della risposta immunitaria

52 In una regione del DNA la sequenza di basi è: AGC TGG ACT. Se questa regione venisse trascritta, quale sarebbe la sequenza corrispondente sull'mRNA?

- A UCG ACC UGA
- B TCC TGU TCG
- C AGG TGA ACG
- D UGG ACU AGC
- E TGG TGU UCG

53 La più piccola entità capace di estrinsecare le attività tipiche della materia vivente è:

- A il tessuto
- B la cellula
- C l'atomo
- D la molecola
- E la macromolecola

54 Quale ormone è prodotto a seguito di una forte emozione?

- A Il cortisone
- B La tiroxina
- C La melatonina
- D L'adrenalina
- E Il progesterone

55 Il pancreas ha un'importantissima funzione endocrina; questo vuol dire che secerne:

- A enzimi digestivi
- B neurotrasmettitori
- C ormoni
- D vitamine
- E bile

56 La molecola polisaccaridica che funge da riserva energetica negli organismi animali è:

- A il glicogeno
- B il glucosio
- C il saccarosio
- D il fruttosio
- E l'amido

57 **Quale dei seguenti amminoacidi è considerato NON essenziale nell'alimentazione umana?**

- A Valina
- B Metionina
- C Isoleucina
- D Alanina
- E Triptofano

58 **Quale tra le seguenti affermazioni riguardanti l'impulso nervoso è FALSA?**

- A Nel neurone a riposo, il citoplasma che si trova subito sotto la membrana ha carica negativa, il liquido extracellulare all'esterno della membrana ha carica positiva
- B In condizione di riposo, la concentrazione di Na^+ è maggiore all'interno del neurone rispetto all'esterno
- C Per mantenere il potenziale di riposo è fondamentale una proteina di membrana chiamata pompa del sodio-potassio
- D Il potenziale d'azione raggiunge un valore massimo di circa +35 mV
- E Il potenziale di riposo è di circa –70 mV

59 **La "chiocciola" è una struttura sensoriale che permette la percezione:**

- A dell'olfatto
- B del tatto
- C della vista
- D dell'udito
- E del gusto

60 **Nei pesci, cos'è la vescica natatoria?**

- A Un organo fondamentale per la circolazione del sangue
- B Un organo in cui vengono accumulate e poi assorbite le sostanze nutrienti
- C Un organo utilizzato per aumentare la velocità del nuoto
- D Un organo in cui vengono accumulate e poi eliminate le scorie del metabolismo
- E Un organo utilizzato per migliorare il galleggiamento

61 **Quale voce di questo ipotetico menu è consigliabile per aumentare nella dieta l'apporto di fibre alimentari?**

- A Minestrone con piselli e lenticchie
- B Carne alla griglia, uova al prosciutto, pane bianco
- C Latte, gelato
- D Tè, yogurt, budino
- E Patate fritte e meringata

62 **Ad oggi, qual è la definizione più corretta per indicare come si è evoluta la teoria di Beadle e Tatum, un gene - una proteina?**

- A Un gene - una catena polisaccaridica
- B Un gene - un fosfolipide
- C Un gene - un carattere ereditario
- D Un gene - una base azotata
- E Un gene - una catena polipeptidica

63 **Per mantenere le condizioni vitali la cellula trasporta molte sostanze attraverso la membrana plasmatica. In quali casi questo processo comporta una spesa energetica?**

- A Quando le sostanze passano dal versante dove sono meno concentrate a quello dove la loro concentrazione è maggiore (cioè si muovono contro il gradiente di concentrazione)
- B In ogni caso
- C Quando il trasporto è bidirezionale
- D Quando avviene secondo il gradiente di concentrazione
- E Quando non comporta il coinvolgimento di proteine specializzate

64 **La malattia emolitica del neonato da anti-D può verificarsi più facilmente se:**

- A la madre è Rh (D) positiva e il padre Rh (D) negativo
- B la madre e il padre sono entrambi Rh (D) negativi
- C la madre e il padre sono entrambi Rh (D) positivi
- D la madre è Rh (D) negativa e il padre Rh (D) positivo
- E la madre e il feto sono entrambi Rh (D) negativi

65 **Quale tra questi tessuti svolge funzioni di rivestimento?**

- A Il tessuto muscolare liscio
- B Il tessuto muscolare striato
- C Il tessuto epiteliale
- D Il tessuto cartilagineo
- E Il tessuto nervoso

66 **Indicare quali, tra i seguenti costituenti, sono presenti nelle membrane plasmatiche di tutti gli organismi viventi:**

- A fosfolipidi, proteine e glucidi
- B fosfolipidi, proteine, glucidi e colesterolo
- C fosfolipidi, glucidi e colesterolo
- D proteine, glucidi e colesterolo
- E fosfolipidi, proteine, glucidi e cellulosa

67 **Quale tra i seguenti è un animale?**
- A Lo pneumococco
- B Il lievito
- C La spugna
- D Il batteriofago
- E L'HIV

68 **La mitosi è una delle due modalità di divisione delle cellule eucariotiche. Le cellule figlie che si producono con la mitosi hanno:**
- A un corredo cromosomico pari a un quarto di quelli della cellula parentale
- B un numero di cromosomi pari alla metà di quelli della cellula parentale
- C un corredo cromosomico composto esclusivamente da cromosomi dicromatidici
- D metà dei cromosomi della cellula parentale ciascuno composto da due cromatidi
- E un numero di cromosomi identico a quello della cellula parentale, ciascuno composto da un solo cromatidio

69 **A seguito della duplicazione e prima che inizi la meiosi, ogni cromosoma risulta formato da:**
- A due coppie di centrioli
- B due centromeri uniti per mezzo del cromatidio
- C due cromatidi identici uniti a livello del centromero
- D una tetrade formata dai quattro cromosomi omologhi
- E un solo cromatidio

70 **Il tessuto muscolare liscio:**
- A possiede cellule allungate contenenti numerosi nuclei
- B costituisce i muscoli volontari
- C si contrae sotto il controllo del sistema nervoso, di ormoni e di stimoli esterni
- D è il tessuto del muscolo cardiaco
- E permette i movimenti delle ossa scheletriche

71 **I cereali contengono:**
- A in eguali quantità glucidi, lipidi e proteine
- B prevalentemente proteine
- C solo glucidi
- D prevalentemente amido
- E solo lipidi

72 **Quale dei seguenti alimenti è più importante come fonte di glucosio per l'uomo?**
- A La carne
- B La verdura
- C Il pane
- D Le uova
- E La frutta

73 **Dopo quante divisioni un unico batterio avrà dato origine a 512 batteri?**
- A 306
- B 9
- C 36
- D 512
- E 256

74 **Se NON vi sono anomalie nei gameti, quale delle seguenti combinazioni tra gameti produce sicuramente un essere umano di sesso maschile?**
- A Esclusivamente cellula uovo con cromosoma Y + spermatozoo con cromosoma Y
- B Cellula uovo con cromosomi XX + spermatozoo con cromosomi XY
- C Cellula uovo con cromosomi XY + spermatozoo con cromosomi XY
- D Cellula uovo con cromosomi XX + spermatozoo con cromosoma Y oppure cellula uovo con cromosomi YY + spermatozoo con cromosoma X
- E Esclusivamente cellula uovo con cromosoma X + spermatozoo con cromosoma Y

75 **I muscoli scheletrici sono costituiti da tessuto:**
- A muscolare striato
- B linfatico
- C muscolare cardiaco
- D nervoso
- E muscolare liscio

76 **Quelle elencate rappresentano proprietà delle molecole di acqua, tranne una. Quale?**
- A Elevata tendenza all'idrolisi spontanea
- B Notevole tensione superficiale
- C Alto calore specifico
- D Alto calore di evaporazione
- E Ottimo solvente

77 **Il collagene è una proteina strutturale tipica del tessuto:**
- A connettivo
- B adiposo
- C nervoso
- D epiteliale
- E muscolare

78 **Le cellule che compongono le isole del Langerhans (localizzate nel pancreas) sono adibite alla seguente funzione:**
- A secrezione di ormoni sessuali
- B produzione di enzimi digestivi
- C regolazione della peristalsi intestinale
- D secrezione di epinefrina
- E produzione di insulina

79 Le reazioni cataboliche del metabolismo cellulare:

A non esistono, in quanto tutte le reazioni del metabolismo cellulare sono anaboliche
B avvengono esclusivamente nei cloroplasti
C sono quelle per mezzo delle quali avviene la sintesi delle proteine
D sono esoergoniche
E consumano più ATP di quanto ne producano

80 Indicare quale delle seguenti sostanze non è un carboidrato:

A la glicina
B il glucosio
C la cellulosa
D l'amido
E il ribosio

81 L'apparato urinario umano nel suo complesso è costituito da:

A due reni - un uretere - una vescica - un'uretra
B due reni - una vescica
C due reni - una vescica - un'uretra
D due reni - un uretere - una vescica - due uretre
E due reni - due ureteri - una vescica - un'uretra

82 Quale delle seguenti affermazioni sul tessuto connettivo è falsa?

A Il collagene forma fibre insolubili con una elevata resistenza elastica
B È costituito principalmente da collagene, elastina e proteoglicani
C Le fibre elastiche sono formate da elastina
D I proteoglicani non costituiscono la sostanza basale del tessuto connettivo
E Il tropocollagene è l'unità strutturale del collagene

83 Una proteina contiene 30 amminoacidi. Quante basi di DNA saranno necessarie per codificarla?

A 10
B 30
C 60
D 90
E 120

84 Una cellula eucariote contenente 12 cromosomi entra in meiosi. Al termine della meiosi si avranno:

A 2 cellule con 6 cromosomi ciascuna
B 2 cellule con 12 cromosomi ciascuna
C 4 cellule con 3 cromosomi ciascuna
D 4 cellule con 6 cromosomi ciascuna
E 4 cellule con 12 cromosomi ciascuna

85 Nella colonna vertebrale umana, quante sono le vertebre toraciche?

A 7
B 5
C 24
D 32
E 12

86 Uno solo tra questi tipi di cellule può produrre anticorpi. Quale?

A Le piastrine
B I linfociti
C Gli osteociti
D Gli eritrociti
E Gli adipociti

87 Quali tra queste molecole sono direttamente coinvolte nella contrazione del muscolo scheletrico?

A Actina e timina
B Tubulina e citosina
C Miosina e guanina
D Miosina e actina
E Miosina e tubulina

88 Il rachitismo è una patologia ossea che colpisce i bambini durante l'accrescimento ed è causata dalla carenza della vitamina:

A E
B D
C A
D C
E B

89 Nel caso in cui, a causa di una ferita al torace, entri aria nel polmone:

A la pressione intratoracica diventerà inferiore a quella atmosferica e quindi non potrà aver luogo l'inspirazione
B la pressione intratoracica diventerà uguale a quella atmosferica e quindi non potrà aver luogo l'inspirazione
C la pressione intratoracica diventerà superiore a quella atmosferica e quindi non potrà aver luogo l'inspirazione
D la ferita provocherà un danno al polmone, ma non influirà sulla meccanica respiratoria
E l'ingresso di aria provocherà una iperventilazione

90 Quando è presente l'ossigeno, il glucosio viene trasformato in:

A piruvato, che poi è escreto
B anidride carbonica e acqua
C acido lattico
D CO_2
E gliceraldeide

91 L'inizio della contrazione a livello della placca motrice di un muscolo scheletrico è permesso da:

A liberazione di ioni Fe^{2+} da parte della mioglobina
B riassorbimento di ioni calcio da parte dell'actina
C accorciamento della miosina
D liberazione di ossigeno da parte dei numerosi mitocondri
E liberazione di ioni calcio dal reticolo sarcoplasmatico

92 La regione del cromosoma a cui si legano le fibre del fuso mitotico durante la mitosi e la meiosi è chiamata:

A centromero
B centriolo
C nucleolo
D nucleosoma
E centrosoma

93 Individuare l'affermazione FALSA. Il crossing-over:

A uno scambio di segmenti fra cromatidi di cromosomi omologhi
B dà origine a nuovi geni
C avviene durante la meiosi
D dà origine a nuove combinazioni di geni
E aumenta la variabilità genetica

94 Dove agisce principalmente l'aldosterone a livello renale?

A Sul tubulo renale prossimale
B Sul glomerulo renale
C Sul tubulo renale distale
D Sulla branca discendente dell'ansa di Henle
E Sulla branca ascendente dell'ansa di Henle

95 Le più antiche forme di vita sono:

A organismi pluricellulari
B artropodi
C felci equisetali
D i dinosauri
E organismi batterici

96 La definizione di tessuto è:

A un gruppo di cellule diverse deputate alla stessa funzione
B un gruppo di cellule identiche
C un insieme di organi deputati alla stessa funzione
D un insieme di cellule e di organi deputati alla stessa funzione
E un gruppo di cellule simili organizzate in un'unità strutturale e funzionale

97 Nella tiroide le cellule C elaborano:

A calcitonina
B tiroxina
C paratormone
D tirosina
E tetraiodotironina

98 Quale delle seguenti macromolecole è un polisaccaride di riserva nelle piante?

A Chitina
B Glicogeno
C Cellulosa
D Collagene
E Amido

99 La colorazione di Gram è specifica per:

A micobatteri
B virus
C batteri
D cellule del sangue
E protozoi

100 La tiamina è la vitamina:

A E
B D
C PP
D B_1
E A

101 Se si rimane a lungo a bagno nell'acqua di mare, la pelle dei polpastrelli si raggrinzisce, formando delle pieghe. Il fenomeno è dovuto al fatto che:

A le cellule dei tessuti, immerse in ambiente ipertonico, perdono acqua riducendo il proprio volume
B le cellule dei tessuti, immerse in ambiente ipotonico, perdono acqua riducendo il proprio volume
C tra le cellule dei tessuti, immerse in ambiente ipotonico, diminuisce il numero di capillari sanguigni
D le cellule dei tessuti, immerse in ambiente ipertonico, acquistano acqua riducendo il proprio volume
E nessuna delle altre alternative è corretta

102 Quale fenomeno consente all'ossigeno e all'anidride carbonica di attraversare la membrana plasmatica dei globuli rossi?

A Diffusione
B Trasporto attivo
C Trasporto passivo
D Esocitosi
E Endocitosi

103 L'energia disponibile nella cellula si trova sotto forma di:

A energia chimica
B energia termica
C energia meccanica
D energia cito-biologica
E energia cinetica

104 Il corredo cromosomico che viene trasferito alla generazione filiale a seguito del processo meiotico è costituito da:

A la metà dei cromosomi bicromatidici parentali
B la metà dei cromosomi monocromatidici parentali
C lo stesso numero di cromosomi bicromatidici della generazione parentale
D lo stesso numero di cromosomi monocromatidici della generazione parentale
E il doppio del numero dei cromosomi monocromatidici della generazione parentale

105 La riproduzione asessuale o vegetativa porta alla formazione di individui:

A tutti geneticamente uguali
B 3/4 uguali; 1/4 diversi
C tutti geneticamente diversi
D 3/4 diversi; 1/4 uguali
E nessuna delle alternative è corretta

106 Il DNA isolato da uno specifico organismo viene analizzato. La quantità di adenina è 6μmoli e il rapporto A+T/C+G è 4. Quanta guanina c'è nel campione?

A 3 μmoli
B 1,5 μmoli
C 4 μmoli
D 12μmoli
E 6 μmoli

107 Come viene denominato il processo biologico per cui gli RNA sono sintetizzati a partire da uno stampo di DNA complementare?

A Trascrizione
B Trasduzione
C Sintesi proteica
D Traslitterazione
E Traduzione

108 Le cellule germinali divengono aploidi appena terminato il processo di:

A fecondazione
B mitosi
C anfimissi
D meiosi
E nessuna delle altre alternative è corretta

109 Quali sono i due siti all'interno della cellula in cui avviene la sintesi proteica?

A La superficie citosolica del RER e i ribosomi liberi
B La superficie citosolica del RER e la superficie cisternale del RER
C La superficie citosolica del RER e la superficie citosolica del REL
D La superficie cisternale del RER e i ribosomi liberi
E I ribosomi liberi e la superficie citosolica del REL

110 L'informazione genetica presente in un organismo, che è sostanzialmente equivalente a tutte le informazioni genetiche presenti in unico insieme di cromosomi, è noto come:

A nucleosoma
B genoma
C file genico
D contenutosoma
E genosoma

111 Quali dei seguenti organuli NON appartengono alla cellula animale?

A Centrioli
B Lisosomi
C Plastidi
D Mitocondri
E Flagelli

112 Il processo di diffusione nel quale la sostanza da trasportare si lega selettivamente a una proteina di membrana che facilita il processo è chiamato:

A diffusione semplice
B osmosi facilitata
C osmosi
D trasporto attivo
E diffusione facilitata

113 Tutte le DNA polimerasi aggiungono i nucleotidi in direzione ___ e si muovono lungo lo stampo in direzione ___.

A 5' - 3'; 3' - 5'
B N - C; C - N
C N - C; 5' - 3'
D C - N; N - C
E 3' - 5'; 5' - 3'

114 La coppia di cromosomi che derivano uno dal padre e l'altro dalla madre, si chiama:

A cromosomi omologhi
B cromosomi sessuali
C deficienza cromosomica
D eterocromatina
E nessuna delle altre alternative è corretta

115 **Sapendo che in una determinata specie il numero di cromosomi per genoma aploide (N) è 5 e che la quantità di DNA per genoma aploide (c) è 2 x 10^5 coppie di basi, quanti cromosomi e quanto DNA avrò in fase G_2 del ciclo cellulare?**

- **A** 10 cromosomi; 4 x 10^5 coppie di basi
- **B** 10 cromosomi; 8 x 10^5 coppie di basi
- **C** 20 cromosomi; 4 x 10^5 coppie di basi
- **D** 20 cromosomi; 8 x 10^5 coppie di basi
- **E** 5cromosomi; 8 x 10^5 coppie di basi

116 **Le cellule eucariotiche animali sono:**

- **A** dotate di una parete di peptidoglicano
- **B** dotate di capsula
- **C** dotate di una parete di cellulosa
- **D** dotate di una parete di chitina
- **E** prive di parete cellulare

117 **L'insieme dei caratteri visibili determinati dai geni di un individuo viene definito:**

- **A** cariotipo
- **B** genotipo
- **C** dominanza
- **D** fenotipo
- **E** eterozigote

118 **Gli eucarioti che si riproducono sessualmente hanno:**

- **A** solo generazioni aploidi
- **B** solo divisioni cellulari mitotiche
- **C** una alternanza di generazioni aploidi e diploidi
- **D** solo divisioni cellulari meiotiche
- **E** solo generazioni diploidi

119 **Le mandorle sono amare o dolci in base alla presenza e alla quantità di amigdalina, un composto che porta alla liberazione di acido cianidrico (cianuro), tossico anche in piccole quantità. Il sapore amaro probabilmente rappresenta un vantaggio poiché ne scoraggia il consumo. Le mandorle dolci, originatesi in seguito ad una mutazione che inibisce la produzione di amigdalina, furono raccolte dall'uomo, consumate e anche coltivate, dapprima casualmente, poi consapevolmente. Questo è un processo di:**

- **A** selezione naturale
- **B** speciazione
- **C** produzione di organismi geneticamente modificati (OGM)
- **D** selezione artificiale
- **E** adattamento

120 **Le particelle virali si differenziano dalle cellule per il seguente criterio:**

- **A** meccanismo di replicazione del loro acido nucleico
- **B** metabolismo più semplice
- **C** complessità delle loro proteine
- **D** incapacità di replicazione autonoma
- **E** complessità del genoma

121 **Nell'attività digestiva dell'uomo un pH acido:**

- **A** favorisce l'attivazione degli enzimi pancreatici
- **B** favorisce l'attività della flora batterica
- **C** favorisce l'attivazione del pepsinogeno
- **D** blocca l'attività gastrica
- **E** permette l'emulsionamento dei grassi

122 **Quanti tipi di mRNA esistono in una cellula eucariote?**

- **A** 20
- **B** 64
- **C** Tanti quanti sono i ribosomi
- **D** Tanti quanti sono i tRNA
- **E** Tanti quante sono le proteine da produrre

123 **Quale delle figure rappresenta correttamente il flusso del sangue nel cuore e nelle arterie e vene ad esso connesse?**

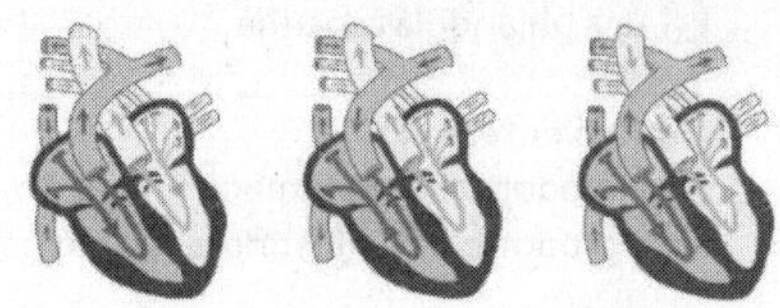

Figura 1 Figura 2 Figura 3

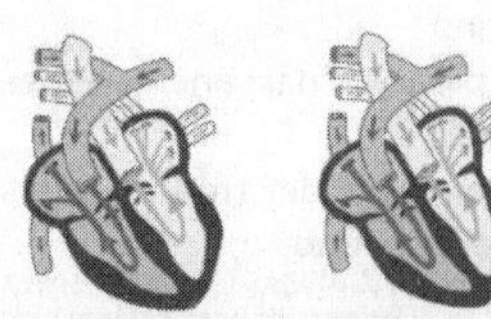

Figura 4 Figura 5

- **A** Figura 3
- **B** Figura 4
- **C** Figura 2
- **D** Figura 1
- **E** Figura 5

124 **Il ferro è presente:**

- **A** nell'emoglobina
- **B** nella cromatina
- **C** nella clorofilla
- **D** nella cheratina
- **E** nel carotene

125 Un unico tipo di acido nucleico, DNA o RNA, è contenuto:

A nei batteri e nelle alghe verdi-azzurre
B solo nei batteri
C nei virus
D in tutte le cellule eucariotiche
E nelle cellule dei funghi

126 La gabbia toracica dell'uomo è formata:

A da 12 costole, dallo sterno, dalla scapola
B da 24 costole, dallo sterno, da 12 vertebre
C dallo sterno, 24 vertebre, 12 costole di cui due fluttuanti
D dalla clavicola e dalla colonna vertebrale
E da 12 costole, di cui 2 fluttuanti, 3 false, 7 vere

127 Da quale ormone è stimolata l'ovulazione?

A Ossitocina
B TSH
C ACTH
D Cortisolo
E FSH

128 La diafisi è:

A la frattura di una epifisi
B una parte di un osso lungo
C una piccola esostosi
D l'interruzione di un processo fisiologico
E una ghiandola esocrina

129 Il succo enterico:

A è prodotto dallo stomaco
B è prodotto dall'intestino e versato nello stomaco
C è prodotto dal pancreas e versato nell'intestino
D è prodotto dal pancreas e versato nella cistifellea
E è prodotto dalla mucosa intestinale e versato nel duodeno

130 Quale tra le seguenti affermazioni riguardanti la fermentazione è FALSA?

A Dalla fermentazione alcolica si ottiene alcol etilico e anidride carbonica
B Durante la fermentazione alcolica, il lievito trasforma gli zuccheri in alcol etilico
C Dalla fermentazione alcolica delle sostanze zuccherine ottenute dallo schiacciamento del grappolo d'uva si ottiene il vino
D La fermentazione avviene indifferentemente in presenza o in assenza di ossigeno
E La fermentazione lattica viene attuata da alcuni batteri e dalle cellule del corpo umano in condizioni di anaerobiosi

131 La legge della segregazione di Mendel afferma che:

A ogni individuo possiede due copie di ogni fattore e che esse si separano durante la formazione dei gameti
B ogni individuo possiede numerose copie di ciascun fattore e che esse si separano (segregano) durante la formazione dello zigote
C durante la fecondazione si ha la segregazione dei caratteri ereditari
D incrociando due linee pure differenti per un carattere ereditario, tutti i figli sono uguali tra loro e mostrano il carattere di uno dei due genitori
E i caratteri ereditari non segregano mai

132 Una cellula con un'alta richiesta di energia contiene molti/e:

A mitocondri
B membrane plasmatiche
C centrioli
D nuclei
E lisosomi

133 Le basi azotate presenti negli acidi ribonucleici sono:

A alanina-guanina-uracile-citosina
B adenina-timina-uracile-citosina
C adenina-guanina-pirimidina-citosina
D adenina-guanina-uracile-citosina
E adenina-guanina-timina-citosina

134 La struttura dell'occhio utile a variare la quantità di luce che entra è:

A la retina
B il cristallino
C l'iride
D la cornea
E la sclerotica

135 Una proprietà delle cellule muscolari è:

A l'eccitabilità
B la colorabilità
C la spontaneità dell'eccitamento
D la capacità di secernere ormoni
E tutte le alternative proposte sono proprietà delle cellule muscolari

136 Gli amminoacidi "non essenziali" sono quegli amminoacidi:

A di cui è meglio evitare la somministrazione con la dieta
B che l'organismo è capace di sintetizzare
C che danno origine ai corpi chetonici
D di cui l'organismo può fare a meno
E che fanno parte di proteine non essenziali

137 I legamenti servono a:

A legare i muscoli scheletrici tra di loro
B connettere i muscoli scheletrici alle ossa
C connettere le ossa tra loro, mantenendole in posizione appropriata
D garantire l'azione contrattile del muscolo sulla superficie articolare dell'osso
E assicurare la giusta tensione della muscolatura liscia

138 Cosa si intende con il termine "eterotermia"?

A L'indipendenza della temperatura di un corpo dalla temperatura dell'ambiente esterno
B La dipendenza della temperatura di un corpo dalla temperatura dell'ambiente esterno
C La capacità di un corpo di mantenere elevata la propria temperatura
D La capacità di un corpo di mantenere bassa la propria temperatura
E La capacità di un corpo di mantenere costante la propria temperatura

139 Il catabolismo è:

A l'insieme delle reazioni biochimiche che permettono la formazione di molecole complesse
B la fase oscura della fotosintesi
C sinonimo di metabolismo
D l'insieme delle reazioni biochimiche che permettono degradazione di molecole complesse
E la respirazione cellulare

140 Durante la digestione, qual è la funzione della maltasi?

A Nell'intestino, idrolizza il maltosio in due molecole di glucosio
B Nell'intestino, idrolizza peptidi proteici in catene più corte
C Nell'intestino, idrolizza i grassi
D Nello stomaco, idrolizza le catene proteiche in polipeptidi più corti
E Nella bocca, comincia la digestione chimica dei carboidrati

141 Indicare tra le seguenti l'affermazione ESATTA:

A gli organismi eterotrofi sono in grado di utilizzare qualsiasi forma di energia
B gli organismi autotrofi convertono l'energia luminosa in energia chimica
C il flusso di energia chimica procede dagli organismi eterotrofi agli organismi autotrofi
D i mammiferi sono per lo più autotrofi
E tutte le affermazioni sono corrette

142 La mielina è:

A una fibra nervosa
B una sostanza vegetale derivante dal miele
C una sostanza bianca che ricopre la fibra nervosa
D una vitamina
E la "sostanza grigia" del sistema nervoso

143 I muscoli involontari:

A sono quelli striati cardiaci
B sono quelli scheletrici
C sono quelli lisci
D non esistono
E sono solo quelli che rivestono il tubo digerente

144 Quale/i delle seguenti ossa NON fa/fanno parte dello scheletro assile?

A Coccige
B Cranio
C Sterno
D Vertebre
E Femore

145 I vasi con il diametro più piccolo sono detti:

A vene
B arterie
C capillari
D arteriole
E vasi linfatici

146 L'uretra:

A è un segmento delle vie genitali interne femminili
B porta l'urina dalla vescica all'esterno
C porta l'urina dai reni alla vescica
D è una sostanza di rifiuto azotata
E congiunge utero e ovaie

147 Nelle cellule eucariotiche, i geni che specificano la struttura delle proteine sono contenuti nel:

A reticolo endoplasmatico
B centriolo
C citoplasma
D nucleo
E ribosoma

148 Il composto biochimico più abbondante in assoluto nella biosfera è:

A la chitina
B l'emoglobina
C il DNA
D la cellulosa
E l'acqua

149 Subito dopo la fecondazione nello zigote si verifica:

A la gastrulazione
B la degenerazione
C la blastulazione
D la scissione binaria
E la segmentazione

150 Tutte le proteine:

A sono amminoacidi
B possiedono gruppi prostetici contenenti Fe
C sono enzimi
D sono costituite da molti amminoacidi organizzati in uno o più polipeptidi
E sono polimeri del glucosio

151 L'organo del Corti è una complessa struttura che costituisce l'apparato sensoriale specifico del/la:

A tatto
B olfatto
C udito
D vista
E gusto

152 Il neurone è:

A una cellula del sangue
B un prolungamento della cellula nervosa
C la fibra muscolare innervata da una fibra nervosa
D l'unità funzionale del rene
E una cellula nervosa

153 Quale, tra le seguenti affermazioni riferite a un tessuto e all'organo che lo contiene, è corretta?

A Entrambi provengono sicuramente dallo stesso foglietto embrionale
B Le cellule che costituiscono tessuto e organo hanno soppresso gli stessi geni
C Le cellule che costituiscono entrambi svolgono esattamente le stesse funzioni
D Entrambi sono costituiti da cellule
E Entrambi sono costituiti da cellule ugualmente differenziate

154 Oltre all'anidride carbonica e all'energia solare qual è il terzo fattore fondamentale perché si realizzi la fotosintesi?

A L'aria
B La temperatura elevata
C L'ossigeno
D L'azoto
E L'acqua

155 Il corredo cromosomico normale della specie umana è rappresentato da:

A 44 autosomi + 2 eterocromosomi (totale 46 cromosomi)
B 42 autosomi + 4 eterocromosomi (totale 46 cromosomi)
C 48 autosomi + 2 eterocromosomi (totale 50 cromosomi)
D 44 autosomi + 1 eterocromosoma (totale 45 cromosomi)
E 46 autosomi + 2 eterocromosomi (totale 48 cromosomi)

156 Un medico prescrive a un paziente una cura a base di antibiotici. Si può dedurre che il paziente:

A ha contratto un'infezione virale
B ha contratto un'infezione batterica
C ha una disfunzione gastrica
D ha una ritenzione idrica
E è in sovrappeso

157 Tutti gli esseri viventi condividono una delle seguenti caratteristiche:

A possono organicare il carbonio
B possiedono acidi nucleici
C sono autotrofi
D si riproducono sessualmente
E sono eterotrofi

158 I cromosomi si dispongono all'equatore della cellula durante:

A l'interfase
B l'anafase
C la telofase
D la metafase
E la profase

159 Durante la digestione, qual è la funzione della lipasi?

A Nell'intestino, idrolizza peptidi proteici in catene più corte
B Nell'intestino, idrolizza i grassi
C Nello stomaco, idrolizza le catene proteiche in polipeptidi più corti
D Nello stomaco, stimola la secrezione dei succhi gastrici
E Nello stomaco, comincia la digestione chimica dei carboidrati

160 Il dotto coledoco ha la funzione di collegare:

A la vescica biliare con la cistifellea
B il fegato e la cistifellea con i reni
C la cistifellea con lo stomaco
D il fegato e la cistifellea con l'intestino tenue
E il pancreas con lo stomaco

161 Dall'ectoderma prende origine:
- A il sistema circolatorio
- B l'apparato respiratorio
- C il sistema nervoso
- D la colonna vertebrale
- E la muscolatura

162 Vive 72 ore:
- A una cellula uovo
- B una cellula dell'epidermide
- C un eritrocita
- D uno spermatozoo
- E un neurone

163 Il sesso è determinato al momento della:
- A fecondazione
- B 3ª settimana di gravidanza
- C 8ª settimana di gravidanza
- D nascita
- E ovulazione

164 Quale di questi organi NON è una ghiandola a secrezione interna?
- A Pancreas insulare
- B Surreni
- C Tiroide
- D Ipofisi
- E Prostata

165 La pressione media del sangue in un individuo normale è dell'ordine di 100. In quale unità?
- A atm
- B N/m^2
- C mbar
- D pascal
- E mmHg

166 Che cos'è la fotosintesi?
- A Il processo attraverso il quale le piante respirano
- B Il processo attraverso il quale gli animali ricavano energia
- C Un processo esclusivo dei virus
- D Un processo esclusivo dei batteri
- E Il processo attraverso il quale alcuni organismi sintetizzano glucosio

167 Quale delle seguenti sostanze è un neurotrasmettitore?
- A Glicogeno
- B Bile
- C Progesterone
- D Acetilcolina
- E Pepsina

168 Una simbiosi in cui entrambe le specie traggono beneficio è detta:
- A commensalistica
- B competitiva
- C parassitaria
- D mutualistica
- E saprofitica

169 Nei batteri, quale delle seguenti strutture rappresenta un organo per la conservazione della specie?
- A La membrana citoplasmatica
- B I pili
- C I flagelli
- D La parete cellulare
- E La spora batterica

170 Nei mammiferi l'assorbimento dei principali nutrienti avviene:
- A nel retto
- B nel colon
- C nello stomaco
- D nel cieco
- E nel tenue

171 Gli animali hanno bisogno delle piante per vivere, perché esse forniscono loro:
- A azoto
- B luce e calore
- C sostanze organiche
- D acqua e vitamine
- E ossigeno e azoto

172 Lo zigote è una cellula totipotente:
- A in quanto può essere fecondata da più di uno spermatozoo
- B in quanto contiene le informazioni geniche per lo sviluppo dell'intero organismo
- C in quanto può impiantarsi nell'utero
- D tutte le risposte indicate sono corrette
- E in quanto deriva dalla fusione di una cellula uovo con uno spermatozoo

173 Durante la digestione, qual è la funzione dell'enzima tripsina?
- A Nell'intestino, stimola la digestione dei grassi insaturi
- B Nello stomaco, idrolizza le catene proteiche in polipeptidi più corti
- C Nello stomaco, stimola la secrezione dei succhi gastrici
- D Nell'intestino, idrolizza peptidi proteici in catene più corte
- E Nello stomaco, comincia la digestione chimica dei carboidrati

174 Il modello di Watson e Crick del DNA prevede:

- A accoppiamento complementare fra uracile (U) e guanina (G)
- B accoppiamento complementare fra timina (T) e guanina (G)
- C accoppiamento complementare fra citosina (C) e timina (T)
- D una struttura a doppia elica
- E una struttura a singolo filamento

175 La mancanza di ferro nell'organismo può provocare:

- A aporia
- B anoressia
- C anossia
- D aritmia
- E idiozia

176 Quale dei seguenti NON è un ormone steroideo?

- A Cortisolo
- B Progesterone
- C Adrenalina
- D Aldosterone
- E Testosterone

177 L'infezione fungina di organi o tessuti viene denominata:

- A narcosi
- B virosi
- C sepsi
- D parassitosi
- E micosi

178 Una rapida successione di divisioni cellulari che si verifica nell'uovo subito dopo la sua fecondazione, si definisce:

- A gastrulazione
- B neurulazione
- C ontogenesi
- D blastocele
- E segmentazione

179 Quale tra le seguenti affermazioni riguardanti la meiosi è corretta?

- A La ricombinazione per crossing-over avviene tra i cromatidi dello stesso cromosoma
- B Tra la I e la II divisione meiotica avviene la sintesi del DNA
- C Le diverse coppie di cromosomi assortiscono indipendentemente nella II divisone meiotica
- D I cromatidi fratelli di ogni cromosoma si separano alla I divisione meiotica
- E Le cellule risultanti della I divisione meiotica sono aploidi

180 Quale affermazione riguardante la duplicazione del DNA è CORRETTA?

- A La sintesi del DNA avviene in modo continuo per un filamento e in modo discontinuo per l'altro, a causa dell'unica direzione di assemblaggio di un nuovo filamento da parte della DNA polimerasi
- B Si tratta di un processo conservativo
- C Durante tale processo vengono uniti tra loro ribonucleosidi monofosfato per mezzo della DNA polimerasi
- D La direzione della nuova sintesi è 3' → 5', antiparallela a quella del filamento stampo
- E Avviene solo nei gameti prima di meiosi o mitosi

181 Le cellule somatiche di un cane contengono 39 coppie di cromosomi. Quanti sono quindi gli autosomi?

- A 78
- B 39
- C 37
- D 76
- E 2

182 Quale dei seguenti composti è un costituente del DNA?

- A Glucosio
- B Acetone
- C Fruttosio
- D Desossiribosio
- E Urea

183 Che differenza c'è tra un nucleo aploide e un nucleo diploide?

- A Il nucleo aploide presenta corredo cromosomico 2n, quello diploide presenta corredo cromosomico n
- B Il nucleo aploide presenta corredo cromosomico n, quello diploide presenta corredo cromosomico 2n
- C Il nucleo aploide ha n cromosomi e quello diploide 2n + 1 cromosomi
- D Il nucleo aploide ha n cromosomi e quello diploide non ha cromosomi
- E Nessuna delle altre risposte è corretta

184 Nel DNA si formano due legami idrogeno tra le coppie di basi complementari:

- A citosina e timina
- B timina e guanina
- C uracile e timina
- D adenina e timina
- E guanina e citosina

185 Indicare la successione anatomica corretta:
A digiuno, ileo, cieco
B rene, uretere, calice
C rene, uretra, vescica
D ovaio, utero, tuba di Falloppio
E alveoli, bronchi, bronchioli

186 Indicare la frase corretta.
A Le piante sono eterotrofe
B Gli animali ed i funghi sono autotrofi
C Gli animali ed i funghi sono eterotrofi
D Tutti i batteri sono eterotrofi
E Le piante sono eterotrofe di notte

187 Quale dei seguenti organi è di natura muscolare?
A Polmoni
B Fegato
C Milza
D Utero
E Pene

188 I dendriti trasmettono l'impulso nervoso:
A in senso centripeto, verso il corpo cellulare
B in senso centrifugo, verso i centri nervosi
C alternativamente nei due sensi
D in modo variabile secondo lo stimolo
E dai centri nervosi verso i recettori

189 Le principali reazioni chimiche in cui viene utilizzato l'ossigeno assunto nella respirazione avvengono:
A nei polmoni
B negli alveoli
C nei capillari
D nel plasma
E nei mitocondri

190 Quale fra le seguenti alternative non è considerata un fattore di rischio per l'insorgenza di tumori?
A Essere fumatore
B Esporsi a radiazioni ionizzanti
C Seguire una dieta molto ricca di grassi
D Vivere a stretto contatto con un ammalato di tumore
E Condurre vita sedentaria

191 L'organulo rotondeggiante che si trova in tutte le cellule degli eucarioti, circondato da una doppia membrana e contenente i cromosomi, si chiama:
A morula
B neurone
C nucleotide
D nucleo
E nucleolo

192 In seguito alla meiosi si formano:
A 4 cellule con DNA diverso
B 4 cellule con DNA identico
C 4 cellule diploidi
D 2 cellule aploidi
E 2 cellule con patrimonio genetico dimezzato

193 La fusione di due gameti si chiama:
A segmentazione
B partenogenesi
C copula
D riproduzione
E fecondazione

194 Gli enzimi possono accelerare una reazione:
A abbassando l'energia di attivazione
B modificando la variazione di energia libera della reazione
C rendendo spontanea una reazione endoergonica
D rendendo più stabili le molecole del substrato
E fornendo energia

195 I geni mitocondriali nella nostra specie:
A si trasmettono per via paterna
B si trasmettono per via materna
C non vengono trasmessi
D si trasmettono con il cromosoma Y
E si trasmettono con il cromosoma X

196 Cos'è l'atlante?
A Una vertebra sacrale
B Una vertebra lombare
C Una vertebra toracica
D Una vertebra cervicale
E Nessuna delle altre risposte è corretta in quanto l'atlante non è una vertebra

197 I globuli bianchi sono cellule:
A contenenti emoglobina
B contenenti cristalli di calcio
C contenenti amido
D prive di nucleo
E nucleate

198 L'endocitosi è:
A l'introduzione di materiali esterni nella cellula
B l'eliminazione all'esterno di materiali prodotti dalle cellule
C sinonimo di trasporto attivo
D il processo operato dalla pompa sodio/potassio
E sinonimo di trasporto passivo

199 Le ossa del cranio sono collegate tra loro mediante:

- A sistole
- B sutura
- C sinapsi
- D legamenti
- E coclea

200 L'ormone adrenalina è secreto:

- A dalle paratiroidi
- B dalla corteccia surrenale
- C dall'ipofisi
- D dalla tiroide
- E dalla midolla surrenale

201 Una malattia trasmessa tramite rapporti sessuali è:

- A il colera
- B l'epatite A
- C la sifilide
- D l'influenza
- E il tetano

202 Il liquido sinoviale è:

- A presente nell'orecchio interno
- B prodotto dal fegato
- C presente all'interno delle cavità articolari
- D presente all'interno del peritoneo
- E un componente del sangue

203 Il gastrocnemio è un:

- A componente della parete dello stomaco
- B muscolo della gamba
- C organo presente nelle lumache
- D farmaco antiulcera
- E osso del piede

204 Lo smalto è prodotto da un organo detto:

- A abbozzo linguale
- B abbozzo salivario
- C abbozzo dentario
- D solco gengivo-linguale
- E colletto del dente

205 Le vene sono i vasi che:

- A portano il sangue alla periferia del corpo
- B portano il sangue al cervello
- C portano il sangue verso il cuore
- D effettuano la filtrazione della linfa
- E trasportano ossigeno

206 La sistole è:

- A la fase di rilasciamento del cuore
- B la fase di riempimento dei ventricoli
- C la fase di contrazione del cuore
- D non ha a che fare con il cuore
- E una fase della contrazione muscolare

207 Se in una piastra metafasica di una cellula diploide sono presenti in totale 72 cromatidi, quante sono le coppie di cromosomi omologhi presenti?

- A 18
- B 36
- C 38
- D 16
- E 72

208 Nell'occhio umano la retina contiene fotorecettori che sono concentrati:

- A nella cornea
- B nel cristallino
- C nella fovea
- D nel nervo ottico
- E nell'iride

209 Quale delle seguenti sostanze non viene prodotta dall'uomo?

- A Insulina
- B Emoglobina
- C Saccarosio
- D Acidi nucleici
- E Urea

210 Il crossing-over è un fenomeno tipico della:

- A modificazione post-traduzionale delle proteine
- B trascrizione del DNA
- C meiosi
- D traduzione dell'RNA
- E formazione del fuso mitotico

211 Che cosa sono gli osteoclasti?

- A Cellule tipiche del tessuto osseo secernenti la matrice dell'osso
- B Cellule capaci di erodere la matrice dell'osso
- C Cellule tipiche dei tessuti embrionali
- D Cellule del connettivo che producono le fibre proteiche di questo tessuto
- E Cellule del midollo che stimolano la produzione dell'osso

212 Il plasma è:

- A la parte figurata del sangue
- B sinonimo di linfa
- C la parte liquida del sangue
- D sinonimo di sangue
- E sinonimo di siero

213 Le corde vocali si localizzano a livello della:

- A cavità orale
- B faringe
- C laringe
- D trachea
- E epiglottide

214 La fotosintesi clorofilliana è un processo caratteristico:

A solo dei funghi
B solo delle alghe
C di tutte le piante verdi
D solo di batteri
E dei funghi e delle piante

215 L'anemia è:

A una condizione fisiologica del sangue
B una condizione patologica del sangue
C una vitamina
D una carenza di CO_2 ai tessuti
E una malattia ereditaria

216 Che cos'è la melatonina?

A Un amminoacido
B Una proteina dell'epidermide responsabile del colore della pelle
C Un ormone
D Un enzima digestivo
E Un neurotrasmettitore secreto dall'ipotalamo

217 Quale tra i valori (max/min) seguenti si avvicina maggiormente alla pressione del sangue in un giovane adulto sano?

A 120/80
B 90/85
C 120/120
D 140/95
E 80/120

218 Nelle vie respiratorie si hanno in successione:

A faringe-laringe-trachea-bronchi
B faringe-trachea-laringe-bronchi
C laringe-faringe-trachea-bronchi
D faringe-esofago-laringe-trachea
E faringe-laringe-bronchi-trachea

219 Nel cuore dell'adulto:

A l'atrio destro è in comunicazione con il ventricolo destro e l'atrio sinistro con il ventricolo sinistro
B l'atrio destro è in comunicazione con il ventricolo sinistro e l'atrio sinistro con il ventricolo destro
C l'atrio destro è in comunicazione con l'atrio sinistro e il ventricolo destro con il ventricolo sinistro
D la comunicazione tra gli atri è controllata dalla valvola tricuspide
E la comunicazione tra i ventricoli è controllata dalla valvola mitrale

220 Nel corpo umano, l'ipotalamo è:

A un'area della corteccia cerebrale
B un organo linfoide
C un nervo
D il principale centro di controllo del sistema endocrino
E una regione dell'encefalo responsabile di funzioni "evolute" come il ragionamento e la costruzione del linguaggio

221 Quando la temperatura dell'ambiente esterno scende di molto al di sotto di 0°C, nella pelle scatta un meccanismo di termoregolazione che consiste in:

A vasodilatazione delle arteriole superficiali della pelle
B aumento della sudorazione
C vasocostrizione delle arteriole superficiali della pelle
D vasocostrizione delle arterie profonde del derma
E termodispersione

222 Un organismo nel quale un carattere è rappresentato da una coppia di geni diversi si definisce:

A eterotrofo
B diploide
C eterozigote
D eterotermo
E emizigote

223 In quali distretti cellulari si compiono le degradazioni e demolizioni del materiale biologico?

A Mitocondri
B Nucleoli
C Lisosomi
D Micronuclei
E Reticolo endoplasmatico

224 La rotula:

A si articola con la tibia
B si articola col perone
C è un muscolo del ginocchio
D è sinonimo di menisco
E è sinonimo di patella

225 A quale funzione sono preposti i villi intestinali?

A Digestione
B Escrezione
C Minzione
D Respirazione
E Assorbimento

226 La mitosi è un processo di divisione cellulare che avviene:

A nelle cellule somatiche di un organismo
B nei batteri
C nei cromosomi
D nelle cellule somatiche e nei gameti di un organismo
E nei gameti

227 Gli antigeni hanno la funzione di:

A fare coagulare il sangue
B indurre una risposta immunitaria
C riconoscere prodotti estranei e distruggerli
D riconoscimento tra cellule
E distruggere le cellule cancerose

228 Le ghiandole sono costituite da:

A tessuto connettivo
B fibre muscolari
C plasmacellule
D adipociti
E cellule epiteliali

229 La diffusione facilitata:

A è indipendente dal gradiente di concentrazione dei soluti
B avviene solo verso l'interno della membrana
C avviene solo verso l'esterno della membrana
D viene effettuata da proteine di membrana
E richiede ATP

230 Il cuore:

A è avvolto dal pericondrio
B ha un ritmo fisiologico di circa 70 battiti/min
C ha un ritmo non controllabile dal sistema nervoso
D ha un ritmo fisiologico di 30 battiti/min
E è avvolto dal peritoneo

231 Le cellule del cuore sono alimentate:

A dalla carotide
B dalle coronarie
C dalla vena giugulare
D dalla vena porta
E dall'arteria polmonare

232 Quale delle seguenti affermazioni relative ai fosfolipidi di membrana è vera?

A Contengono solo acidi grassi saturi
B Contengono solo acidi grassi insaturi
C Possiedono code polari
D Contengono colesterolo
E Possiedono teste polari

233 Indicare quale dei seguenti organuli non è delimitato da una o più membrane:

A vacuolo
B cloroplasto
C lisosoma
D ribosoma
E apparato di Golgi

234 Il cinto pelvico:

A permette il collegamento tra scapola e clavicola
B serve all'articolazione degli arti inferiori
C contiene i polmoni e il fegato
D è formato da femore, tibia e perone
E permette l'articolazione del cranio alla colonna vertebrale

235 Le mutazioni avvengono:

A esclusivamente nei blastomeri dell'uovo fecondato
B nelle sole cellule somatiche
C nelle sole cellule germinali
D sia nelle cellule germinali che in quelle somatiche
E nelle cellule adulte

236 Tra le seguenti proprietà una sola non è comune a tutti gli esseri viventi. Quale?

A Sintesi di macromolecole
B Organicazione del carbonio
C Evoluzione
D Conversione di energia
E Riproduzione

237 Quale delle seguenti molecole è uno dei principali costituenti dei fosfolipidi delle membrane biologiche?

A Etanolo
B Glicerolo
C Acido ascorbico
D Glicogeno
E Glucosio

238 Una coppia di cromosomi omologhi è formata da:

A un cromosoma di origine materna e uno di origine paterna
B due cromosomi con alleli genotipicamente tutti uguali
C due cromosomi di origine materna
D due cromosomi con alleli genotipicamente tutti diversi
E un cromosoma con alleli dominanti e uno con alleli recessivi

239 La pellagra è causata da una carenza di:

- A acido nicotinico
- B vitamina K
- C acido folico
- D vitamina A
- E vitamina C

240 Quale affermazione sugli eritrociti umani maturi è corretta?

- A Sono dotati di mitocondri
- B Vengono generati nei gangli nervosi intestinali
- C Non sono delimitati dalla membrana plasmatica
- D Sono dotati di nucleo
- E Vanno incontro a emolisi in soluzione ipotonica

241 Per quale delle cinque proteine elencate è indicata la funzione esatta?

- A Melanina → ormone
- B Miosina → trasportatore
- C Citocromo c → recettore
- D DNA ligasi → tossina
- E Tripsina → enzima

242 Le ghiandole sebacee e sudoripare sono tipicamente ghiandole:

- A surrenali
- B vestibolari
- C esocrine
- D vescicolari
- E endocrine

243 Quando un muscolo è dolorante per un intenso sforzo fisico, è abitudine massaggiarlo a lungo. Ciò perché:

- A aumenta la temperatura e l'acido lattico si scioglie
- B arriva più sangue ricco di ossigeno che trasforma l'acido lattico in H_2O e CO_2
- C si forma una maggior quantità di anidride carbonica
- D il muscolo si rilassa e l'acido lattico può essere allontanato con il sangue che circola
- E si favorisce la fermentazione anaerobica

244 Quale dei seguenti organelli è deputato all'aggiunta di residui di zuccheri alle proteine?

- A Apparato di Golgi
- B Lisosoma
- C Mitocondrio
- D Perossisoma
- E Cloroplasto

245 La degradazione finale dei materiali importati dentro la cellula tramite fagocitosi avviene:

- A nel nucleo
- B nel reticolo endoplasmatico liscio
- C nel reticolo endoplasmatico rugoso
- D nella membrana plasmatica
- E nei lisosomi

246 I composti organici quantitativamente prevalenti nella composizione cellulare sono:

- A proteine
- B sali minerali
- C acqua
- D carboidrati
- E acidi nucleici

247 Una struttura si dice "vestigiale" quando:

- A ha un incerto significato biologico
- B riveste una grande importanza
- C ha perso la funzionalità che aveva in un antenato o nell'embrione
- D non esiste più ma se ne hanno testimonianze fossili
- E serve da rivestimento per una struttura più piccola

248 La struttura primaria di una proteina è sostenuta da uno dei seguenti legami chimici:

- A legami peptidici tra residui laterali di amminoacidi contigui
- B legami disolfuro tra cisteine non contigue
- C interazioni idrofobiche tra amminoacidi apolari
- D interazioni deboli tra catene polipeptidiche adiacenti
- E legami peptidici tra gruppi carbossilici e gruppi amminici di amminoacidi contigui

249 Le cellule staminali sono cellule:

- A del tessuto nervoso
- B specializzate per la riproduzione sessuata
- C indifferenziate all'origine, che possono poi generare, in determinate condizioni, una linea cellulare o un'altra
- D totipotenti
- E presenti solamente negli embrioni

250 I muscoli vengono stimolati alla contrazione da:

- A metaboliti
- B ioni H^+
- C enzimi
- D impulsi nervosi
- E ioni OH^-

251 L'ultrafiltrato glomerulare è composto da:

A acqua e urea
B acqua, sali, composti organici a basso peso molecolare e proteine
C acqua, sali, proteine e cellule del sangue
D acqua, sali e molecole alimentari non digerite
E acqua, sali e composti organici a basso peso molecolare

252 Dove viene prodotta la bile?

A Nella cistifellea
B Nel fegato
C Nel dotto biliare
D Nel pancreas
E Nell'intestino tenue

253 I pazienti affetti da una malattia genetica chiamata glicogenosi di tipo I A sono privi di un enzima che normalmente permetterebbe, in risposta all'azione del glucagone sul fegato, di mobilizzare le scorte di glucosio immagazzinate sotto forma di glicogeno nel fegato quando la glicemia scende. Di conseguenza questi pazienti, per evitare l'ipoglicemia, devono:

A iniettarsi insulina prima dei pasti
B iniettarsi glucagone prima dei pasti
C mangiare proteine a intervalli regolari
D mangiare carboidrati a intervalli regolari
E evitare di mangiare carboidrati

254 I neuroni sono:

A le cellule caratteristiche del solo encefalo
B le cellule che rappresentano l'unità anatomica e funzionale del sistema nervoso
C ormoni prodotti da cellule nervose, come l'adrenalina
D sostanze che permettono la trasmissione dell'impulso nervoso tra le cellule
E le cellule che rappresentano l'unità anatomica e funzionale del rene

255 Come cambiano i globuli rossi quando vengono posti in una soluzione salina ipotonica?

A Aumentano in volume perché assumono sali dalla soluzione
B Diminuiscono in volume perché rilasciano acqua nella soluzione
C Diminuiscono in volume perché rilasciano sali nella soluzione
D Rimangono invariati perché la soluzione salina è compatibile con il citoplasma
E Aumentano in volume perché assumono acqua dalla soluzione

256 L'amido è un costituente essenziale di:

A uova
B zucchero
C pane
D fegato
E carote

257 Indica quale tra le seguenti è la più tipica funzione biologica degli acidi nucleici:

A la funzione di riserva energetica
B la funzione strutturale
C la funzione catalitica
D la funzione di controllo della produzione di calore
E la funzione informativa

258 Nel corpo umano, dove è situato il diaframma?

A Nella testa
B Nella gamba destra
C Nel tronco
D Nella spalla sinistra
E Nel collo

259 La differenza fondamentale che intercorre tra il processo meiotico e quello mitotico riguarda:

A la duplicazione del contenuto in DNA
B la riduzione a metà del numero cromosomico
C il raddoppiamento del numero dei cromosomi
D il numero di cellule prodotte nei due casi
E la divisione cellulare asimmetrica

260 I filamenti che costituiscono la doppia elica del DNA sono appaiati tramite legami:

A fosfodiesterici tra le basi A-T e C-G
B peptidici tra le basi A-T e C-G
C disolfuro tra le basi A-T e C-G
D idrofobici tra le basi A-T e C-G
E a ponte di idrogeno tra le basi A-T e C-G

261 I neurotrasmettitori sono:

A mediatori chimici che trasportano l'impulso nervoso
B ormoni secreti da neuroni
C farmaci che inibiscono la propagazione dell'impulso nervoso
D mediatori chimici prodotti dalla neuroipofisi
E ioni Ca^{2+} che permettono la propagazione dell'impulso nervoso

262 **La tuba di Falloppio collega:**
- A fegato e duodeno
- B orecchio medio e faringe
- C utero e ovaia
- D i seni paranasali
- E le due ovaie

263 **I processi del metabolismo energetico della cellula eucariotica si svolgono per la maggior parte:**
- A nel nucleo
- B nel lisosoma
- C nell'apparato di Golgi
- D nel mitocondrio
- E nel reticolo endoplasmatico

264 **Quale delle seguenti affermazioni riferite ai geni è FALSA?**
- A I geni associati sono localizzati nello stesso cromosoma
- B I geni associati al sesso vengono ereditati in maniera diversa da maschi e femmine
- C Un gene omeotico controlla la formazione di specifiche strutture durante lo sviluppo
- D Tutti i geni contenuti nel cromosoma X sono coinvolti nella determinazione dei caratteri sessuali
- E Un gene costitutivo è costantemente trascritto

265 **Perché la contrazione della fibra muscolare possa avvenire è indispensabile la disponibilità di:**
- A ATP
- B glucosio
- C acido lattico
- D GTP
- E nessuna delle molecole elencate

266 **Il numero di codoni che costituiscono il codice genetico di una cellula procariotica è:**
- A tante quante sono le sue proteine
- B 4
- C 3
- D infinito
- E 64

267 **Un individuo con gruppo sanguigno A:**
- A ha anticorpi A nel sangue
- B può agglutinare i globuli rossi del sangue di un individuo con gruppo sanguigno B
- C può agglutinare i globuli rossi del sangue di un individuo con gruppo sanguigno 0
- D non ha anticorpi A e B nel proprio sangue
- E può ricevere sangue da un individuo con gruppo sanguigno B

268 **Quale dei seguenti composti è formato esclusivamente da glucosio?**
- A Glicogeno
- B Saccarosio
- C Lattosio
- D Fruttosio
- E Ribosio

269 **L'insieme delle ossa del polso è detto:**
- A carpo
- B tarso
- C metacarpo
- D metatarso
- E ulna

270 **Il processo che conduce al differenziamento dei foglietti embrionali (o foglietti germinativi) è detto:**
- A organogenesi
- B blastulazione
- C segmentazione
- D gastrulazione
- E morfogenesi

271 **L'emoglobina è formata da:**
- A 3 subunità polipeptidiche uguali
- B 2 subunità polipeptidiche diverse
- C 4 subunità polipeptidiche uguali a due a due
- D 4 subunità polipeptidiche diverse
- E una catena polipeptidica con struttura terziaria

272 **I batteri sono:**
- A solo filamentosi
- B pluricellulari
- C protofiti
- D unicellulari
- E eucarioti

273 **La parte terminale dell'intestino crasso è:**
- A il colon discendente
- B il piloro
- C il cieco
- D il duodeno
- E il retto

274 **Il ciclo di Calvin:**
- A si completa nei tilacoidi
- B è costituito dalle reazioni luce-dipendenti della fotosintesi
- C avviene nel citoplasma sia degli eucarioti sia dei procarioti
- D è un processo biochimico indipendente dalla fissazione di CO_2
- E avviene nello stroma dei cloroplasti

QUESITI

275 I mitocondri sono importanti:
- A nella respirazione cellulare
- B nella secrezione cellulare
- C nella fagocitosi
- D nella digestione cellulare
- E nella sintesi proteica

276 Il processo attraverso il quale in un gene ha luogo un cambiamento ereditabile, è detto:
- A splicing
- B nick translation
- C splicing alternativo
- D mutazione
- E trasduzione

277 Il vantaggio della riproduzione sessuata:
- A consiste nell'aver diffuso le piante sulle terre emerse
- B consiste nel fatto che essa avviene più frequentemente della riproduzione asessuata
- C non esiste
- D consiste nel fatto che essa incrementa la variabilità genetica degli organismi
- E è minore di quello della riproduzione asessuata

278 Qual è il prodotto della glicolisi anaerobica partendo da una molecola di glucosio?
- A 2 molecole di acido piruvico
- B 2 molecole di glicerolo
- C 3 molecole di acetil Coenzima A
- D 3 molecole di acido lattico
- E una molecola di acido citrico

279 Il sangue arriva all'atrio sinistro:
- A dalla vena cava inferiore
- B poco ossigenato
- C dall'aorta
- D molto ossigenato
- E ricco di anidride carbonica

280 Gli organi riproduttori maschili del fiore si chiamano:
- A stomi
- B petali
- C pistilli
- D sepali
- E stami

281 Quali cellule possiedono sia mitocondri che cloroplasti?
- A Procarioti
- B Cellule di mammiferi
- C Cellule di insetti
- D Cellule batteriche
- E Cellule vegetali

282 Due cicli successivi di divisioni cellulari non separati da una fase di sintesi di DNA prendono il nome di:
- A doppia mitosi
- B mitosi
- C meiosi
- D interfase
- E anafase

283 Nel sistema circolatorio si susseguono nell'ordine:
- A vasi di distribuzione, pompa, raccolta
- B pompa, vasi di raccolta, distribuzione e scambio
- C pompa, vasi di distribuzione, raccolta e scambio
- D pompa, vasi di scambio, distribuzione e raccolta
- E pompa, vasi di distribuzione, scambio e raccolta

284 Se in una cellula viene bloccata selettivamente la funzione dei ribosomi, si ha l'arresto immediato della:
- A respirazione
- B traduzione
- C duplicazione del DNA
- D glicolisi
- E trascrizione

285 Gli ormoni steroidei:
- A sono prodotti dal pancreas
- B sono esclusivamente il testosterone ed il progesterone
- C sono prodotti dalla corticale del surrene, dalle gonadi e dalla placenta
- D sono prodotti esclusivamente dalle gonadi
- E sono prodotti dalla midollare del surrene e dalla tiroide

286 Gli acidi grassi sono formati da:
- A esosi e pentosi
- B lunghe catene di aminoacidi
- C trigliceridi
- D acido acetico e acido urico
- E catene idrocarburiche

287 Si consideri un fosfolipide costituito da una testa e da due code. Quale delle seguenti affermazioni non è corretta?
- A la testa è sempre carica positivamente
- B la testa contiene un gruppo fosfato
- C le code sono idrofobiche
- D la testa è idrofilica
- E la testa contiene una molecola di glicerolo

288 Le sinapsi:
- A fanno parte del sistema immunitario
- B sono presenti solo a livello periferico
- C connettono cellule all'apparato escretore
- D sono strutture ossee
- E permettono la comunicazione tra neuroni

289 La cellula uovo fecondata da uno spermatozoo prende il nome di:
- A ovocita
- B morula
- C zigote
- D cellula germinale
- E citoplasma

290 Le ghiandole endocrine sono:
- A distribuite in tutto il corpo
- B concentrate prevalentemente nel cranio
- C concentrate prevalentemente nel torace
- D concentrate prevalentemente nell'addome
- E distribuite negli arti

291 I cromosomi, di cui uno di origine paterna e l'altro di origine materna, con gli stessi loci si chiamano:
- A cromosomi aploidi
- B cromosomi identici
- C cromosomi gemelli
- D cromosomi omologhi
- E cromosomi diploidi

292 I procarioti sono:
- A organismi pluricellulari con un nucleo ben distinto e delimitato da una membrana
- B organismi unicellulari senza compartimenti separati da membrane
- C uguali agli eucarioti
- D virus
- E protozoi

293 Il sangue:
- A è un tessuto a carattere fluido
- B non è un tessuto
- C è un tessuto a carattere fluido formato solamente da globuli rossi
- D è un tessuto a carattere fluido formato solamente da globuli rossi e bianchi
- E è presente solo nei mammiferi

294 Le cellule somatiche si dividono mediante:
- A meiosi
- B meiosi e mitosi
- C mitosi
- D scissione multipla
- E propagazione clonale

295 Nei mitocondri:
- A la membrana interna è ripiegata in creste
- B non esiste nessuna membrana interna
- C la membrana interna non si ripiega in creste
- D a membrana interna è ripiegata in perossisomi
- E le membrane interne si ripiegano a formare le cisterne della faccia cis

296 Che cosa sono gli anticorpi?
- A Proteine capaci di indurre una risposta immunitaria nell'organismo
- B Proteine costituite da una precisa sequenza di amminoacidi prodotte in presenza di un certo antigene
- C Cellule con funzione immunitaria
- D Vaccini
- E Molecole di natura glucidica

297 Nello stesso organismo cellule diverse sintetizzano corredi proteici diversi. Qual è di norma la causa?
- A Il crossing over
- B La presenza del genoma mitocondriale
- C Il riassortimento dei caratteri
- D Le mutazioni
- E La differente regolazione dell'espressione genica

298 La fermentazione lattica:
- A può avvenire negli animali
- B avviene solo nei vegetali
- C può avvenire solo nei batteri
- D la troviamo solo nei funghi
- E avviene solo grazie a microrganismi simbionti

299 Quale delle seguenti affermazioni sugli enzimi è inesatta?
- A Aumentano l'energia di attivazione di una reazione
- B La loro forma può essere modificata dal substrato
- C La loro struttura primaria è una sequenza di amminoacidi
- D Possono essere riutilizzati
- E L'alta temperatura può denaturarli

300 La struttura dell'occhio utile a variare la quantità di luce che entra è:
- A l'iride
- B il cristallino
- C la retina
- D la cornea
- E la sclerotica

QUESITI

301 **Quale, tra i seguenti composti, non è un costituente di un acido nucleico?**
- A adenina
- B timina
- C serina
- D base purinica
- E guanina

302 **L'acido cianidrico è un veleno perché:**
- A libera acido cloridrico dai cloruri
- B scinde le catene proteiche
- C forma la cianoemoglobina
- D blocca la colinesterasi
- E si sostituisce allo ione calcio

303 **Il saccarosio è:**
- A un disaccaride formato da glucosio e fruttosio
- B un disaccaride formato da glucosio e ribosio
- C un polisaccaride del glucosio
- D un polisaccaride del glucosio e del galattosio
- E un isomero del glucosio

304 **Cosa s'intende per "cariotipo"?**
- A L'insieme delle caratteristiche somatiche di un individuo
- B L'insieme delle caratteristiche biologiche di un individuo
- C L'insieme delle caratteristiche sessuali di un individuo
- D L'insieme delle caratteristiche che identificano il corredo genetico di un individuo
- E L'insieme delle caratteristiche che identificano il corredo cromosomico di un individuo

305 **Nel doping sportivo si fa un largo uso di ormoni androgeni steroidei perché:**
- A stimolano la produzione di globuli rossi dal midollo osseo
- B hanno un effetto anabolizzante sui muscoli
- C migliorano l'utilizzo degli acidi grassi da parte del cuore
- D migliorano la concentrazione psicologica dell'atleta
- E abbassano l'ematocrito

306 **Scegli tra i termini riportati quello che meglio risponde alla definizione di tossicità:**
- A caratteristica di una sostanza particolarmente amara
- B percentuale delle sostanze nocive presenti in un farmaco
- C effetto nocivo indotto da una sostanza sull'organismo esposto
- D sostanza che provoca la tosse nei soggetti sensibili
- E mancanza di criteri per la scelta di farmaci adeguati a una terapia

307 **Gli scambi gassosi a livello degli alveoli polmonari riguardano:**
- A esclusivamente l'ossigeno
- B ossigeno, anidride carbonica e sostanze volatili
- C esclusivamente l'anidride carbonica
- D il vapor d'acqua
- E il pulviscolo atmosferico

308 **È possibile che una mutazione per sostituzione di un solo nucleotide in un gene batterico non modifichi affatto la struttura primaria della proteina codificata da quel gene?**
- A Sì, se la mutazione provoca uno slittamento della cornice di lettura
- B No
- C Sì, dal momento che il numero di codoni che codificano per i 20 amminoacidi è maggiore di 20
- D Sì, se la mutazione ha interessato un introne
- E Sì, soltanto se si verifica una mutazione contraria

309 **Nella fermentazione lattica la trasformazione di acido piruvico in acido lattico ha lo scopo di:**
- A produrre anidride carbonica
- B produrre ATP
- C riossidare il NADH
- D produrre ADP
- E produrre alcol etilico

310 **Nello stesso organismo cellule diverse sintetizzano corredi proteici diversi. Qual è di norma la causa?**
- A La presenza del genoma mitocondriale
- B Il riassortimento dei caratteri
- C Le mutazioni
- D Il crossing over
- E La differente regolazione dell'espressione genica

311 **Una mutazione missenso consiste nel fatto che:**
- A è stato introdotto un segnale di stop nella regione codificante
- B è stato introdotto un amminoacido non compreso tra quelli normalmente presenti nelle proteine
- C il codone mutato codifica per lo stesso amminoacido
- D il codone mutato codifica per un amminoacido differente
- E il codone mutato codifica per un codone di stop

312 Quali ormoni tra i seguenti vengono prodotti dall'ovaia?
- A Adrenalina e noradrenalina
- B Glucocorticoidi
- C Estrogeni
- D Ossitocina
- E TSH e ADH

313 I centrioli si possono trovare:
- A nei centrosomi delle cellule animali
- B nel nucleo delle cellule animali
- C nel centromero delle cellule animali
- D nel nucleolo delle cellule animali
- E soltanto nelle cellule vegetali

314 Il pancreas è una ghiandola:
- A esclusivamente endocrina
- B esocrina ed endocrina
- C importante soltanto per la digestione
- D esclusivamente esocrina
- E secernente ACTH

315 Durante la fase mitotica del ciclo cellulare, quando ha inizio la citodieresi?
- A Nella metafase
- B All'inizio dell'anafase
- C Contemporaneamente alla profase
- D Durante l'interfase
- E Durante la telofase

316 Un virus è un organismo:
- A unicellulare
- B con una organizzazione genetica non definita
- C capace di replicazione autonoma
- D capace di moltiplicarsi solo utilizzando le strutture della cellula che infetta
- E capace di infettare solo le cellule eucariotiche

317 Quale di queste affermazioni riguardante gli enzimi è vera?
- A Ognuno di essi può catalizzare tanti tipi di reazioni
- B Ognuno di essi catalizza un determinato tipo di reazione
- C Sono sostanze di natura lipidica
- D L'enzima viene trasformato dalla reazione che catalizza
- E Sono sostanze di natura polinucleotidica

318 Gli organismi marini, sia animali che vegetali, che vivono sospesi nell'acqua, costituiscono:
- A il benthos
- B il plancton
- C il necton
- D il volvo
- E il sospeso

319 Due muscoli sono detti antagonisti perché:
- A agiscono contemporaneamente
- B uno si contrae sempre e l'altro si rilassa sempre
- C producono il movimento in ossa differenti
- D mentre uno è in contrazione l'altro è rilassato, e viceversa, e inoltre fanno muovere lo stesso segmento osseo in direzioni opposte
- E nessuna delle affermazioni proposte è corretta

320 Il differenziamento di una cellula eucariotica è dovuto a:
- A espressione simultanea di tutti i geni
- B delezione selettiva di geni specifici
- C amplificazione selettiva di geni specifici
- D espressione selettiva di geni specifici
- E inibizione della mitosi

321 Quale delle seguenti affermazioni è corretta?
- A Soltanto gli eterotrofi richiedono la presenza di ossigeno
- B Solo gli eterotrofi hanno bisogno di assumere composti chimici dall'ambiente
- C La respirazione cellulare è presente soltanto negli eterotrofi
- D Soltanto gli autotrofi contengono mitocondri
- E Gli autotrofi possono nutrirsi a partire da CO_2 e da altre sostanze inorganiche

322 Le fibrillazioni sono:
- A contrazioni anomale del muscolo scheletrico
- B alterazioni patologiche del ritmo cardiaco
- C alterazioni fisiologiche del ritmo cardiaco
- D contrazioni tetaniche dei muscoli striati
- E contrazioni della muscolatura intestinale

323 Individua l'unica affermazione NON corretta. Nell'apparato circolatorio dell'uomo le arterie ...
- A possono trasportare sangue non ossigenato
- B presentano valvole a nido di rondine
- C sono circondate da tessuto muscolare liscio
- D sono circondate da tessuto connettivo
- E possiedono fibre di elastina

324 Il derma è:
- A la parte superficiale della cute di natura epiteliale
- B la parte profonda della cute di natura connettivale
- C l'insieme delle ghiandole sebacee cutanee
- D la parte della cute che produce cheratina
- E sinonimo di cute

325 La normale cottura degli alimenti:
A elimina completamente la carica microbica
B li sterilizza
C ne riduce la carica microbica
D non ha effetti sulla carica microbica
E ne aumenta il contenuto in vitamine

326 Il fenomeno dell'eutrofizzazione si può manifestare quando nell'acqua sono presenti:
A basse concentrazioni di anidride carbonica
B elevate concentrazioni di metalli pesanti
C elevate concentrazioni di DDT
D basse concentrazioni di fosforo
E eccessive quantità di sostanze nutritive

327 Nei mitocondri:
A si trovano gli enzimi della catena respiratoria
B vengono prodotti i ribosomi
C si trova l'emoglobina
D si trovano gli enzimi digestivi
E avviene la glicolisi

328 L'influenza aviaria è un'infezione dei volatili causata da:
A prioni
B virus
C batteri
D miceti
E protisti

329 Le cellule delle ossa e quelle di un muscolo sono diverse tra loro perché:
A ciascun tipo di cellule contiene un diverso numero di geni
B ciascuna tipo di cellule ha un diverso tipo di geni
C nei due tipi di cellule vengono attivati differenti gruppi di geni
D ciascun tipo di cellule ha un diverso numero di cromosomi
E le cellule delle ossa sono morte quindi hanno perso i cromosomi

330 Quale fra questi organi NON comprende fibre muscolari?
A Occhio
B Fegato
C Utero
D Esofago
E Vescica urinaria

331 Il femore fa parte delle ossa:
A del bacino
B del cranio
C del cinto scapolare
D del piede
E della coscia

332 La duplicazione di una cellula somatica comprende due processi, la divisione nucleare e la divisione cellulare. La divisione nucleare è definita:
A citodieresi
B mitosi
C meiosi
D nucleosi
E fusione nucleare

333 Cos'è la miosi?
A La costrizione pupillare
B La dilatazione pupillare
C L'accomodazione del cristallino
D Una forma di miocardite
E Un difetto della vista simile alla miopia

334 La patologia infartuale:
A è una necrosi ischemica localizzata
B colpisce solamente il tessuto cardiaco
C non è in relazione alla mancata ossigenazione dei tessuti
D è sempre causata da una trombosi arteriosa
E è sempre asintomatica

335 Quale delle seguenti fasi del metabolismo del glucosio richiede ATP?
A La glicolisi
B Il ciclo di Krebs
C Il trasporto degli elettroni
D La fosforilazione ossidativa
E L'ossidazione del piruvato

336 Una di queste affermazioni riguardante le cellule nervose è falsa. Quale?
A Sono continuamente rinnovate nel corso della vita
B Comunicano fra loro utilizzando impulsi elettrici
C Contengono un nucleo nel quale è depositato il DNA
D Scambiano fra loro delle macromolecole organiche
E Posseggono una membrana permeabile ad alcune sostanze chimiche

337 L'acido lattico si forma:
A durante il processo della respirazione cellulare indipendentemente dalla disponibilità di ossigeno
B durante il ciclo di Krebs
C al termine del ciclo di Calvin
D nei muscoli quando l'apporto di ossigeno è insufficiente
E nei muscoli in condizione di aerobiosi

338 Nell'uomo, la piccola circolazione inizia:
A dall'atrio sinistro con la vena polmonare
B dal ventricolo destro con l'arteria polmonare
C dall'atrio destro con l'arteria polmonare
D dal ventricolo sinistro con l'aorta
E dal fegato con la vena porta

339 Per compiere la fotosintesi una pianta richiede:
A ossido di carbonio e acqua
B anidride carbonica e acqua
C glucosio e anidride carbonica
D acqua e glucosio
E nessuna delle altre risposte è corretta

340 Il prodotto finale del catabolismo degli amminoacidi nei mammiferi è:
A l'ammoniaca
B l'urea
C l'acido ippurico
D l'acido urico
E l'ossigeno

341 In un organismo, l'ossigeno assunto con la respirazione:
A serve a ottenere energia a livello cellulare
B serve per la mitosi cellulare
C viene utilizzato a livello dei ribosomi
D serve ad attivare i geni
E viene utilizzato a livello dei centrioli

342 Qual è la funzione dell'emoglobina?
A Trasportare i sali necessari al corpo umano
B Trasportare ferro
C Trasportare anidride carbonica
D Trasportare energia
E Trasportare ossigeno

343 In una cellula eucariote il DNA è localizzato:
A nei lisosomi
B all'interno del nucleo
C nella membrana plasmatica
D nel citoplasma
E nei ribosomi

344 Per "prevenzione primaria" si intende:
A combattere le cause e i fattori che possono predisporre all'insorgenza della malattia
B curare in modo efficace la terapia con il controllo del decorso stesso
C evitare la cronicizzazione della patologia
D il numero di nuovi casi di malattia in un determinato periodo di tempo
E prevedere lo sviluppo della patologia

345 La mioglobina è:
A una proteina strutturale
B una proteina enzimatica
C una proteina muscolare
D una vitamina
E una proteina vegetale

346 I mitocondri sono importanti per:
A la pinocitosi
B la sintesi proteica
C il metabolismo energetico
D la mitosi
E nessuna delle altre risposte è corretta

347 La guaina mielinica delle fibre nervose è formata da:
A cellule adipose
B cellule di Schwann
C fibre collagene
D fibre elastiche
E zuccheri

348 La formazione di acido lattico avviene:
A nel corso di processi anaerobici
B nel corso di processi aerobici
C con una resa energetica alta
D nel ciclo di Calvin
E nel ciclo di Krebs

349 In quali granuli cellulare si produce adenosintrifosfato (ATP)?
A Ribosomi
B Lisosomi
C Apparato del Golgi
D Mitocondri
E Centrioli

350 L'attività di una coppia di muscoli antagonisti è tale per cui:
A quando uno si contrae, l'altro si rilascia
B si contraggono entrambi contemporaneamente
C si distendono entrambi contemporaneamente
D scorrono gli uni sugli altri
E si distendono e scorrono gli uni sugli altri

351 Si definisce "amminoacido essenziale" un amminoacido:
A presente in tutte le proteine
B che non può essere sintetizzato da un dato organismo
C che è codificato da una sola tripletta
D necessario alla sopravvivenza di un organismo
E che fa parte del sito attivo di un enzima

QUESITI

352 Il glicogeno è formato:
- A solo da glucosio
- B da glucosio e fruttosio
- C solo da fruttosio
- D da amminoacidi
- E nessuna delle altre risposte è corretta

353 Quale dei seguenti animali appartiene al *phylum* dei molluschi?
- A Planaria
- B Riccio
- C Vongola
- D Lombrico
- E Tenia

354 Un processo è anaerobico quando:
- A avviene in presenza di ossigeno
- B avviene in presenza di anidride carbonica
- C avviene in assenza di ossigeno
- D richiede poco movimento muscolare
- E quesito senza soluzione univoca o corretta

355 La colecisti è detta anche:
- A dotto cistico
- B cistite
- C coledoco
- D appendice
- E cistifellea

356 Gli animali che si nutrono sia di piante che di animali sono:
- A saprofiti
- B erbivori
- C carnivori
- D parassiti
- E onnivori

357 La trasmissione autosomica dominante relativa a una certa malattia ha come caratteristica che:
- A il carattere salterà una generazione per manifestarsi solo nei nipoti
- B il 50% dei figli di un genitore malato presenta il carattere considerato
- C si trasmette solo alle figlie femmine
- D se entrambi i genitori sono malati sicuramente tutti i figli saranno malati
- E il carattere si trasmette alle figlie femmine solo per via paterna

358 Per dispepsia si intende:
- A sensazione di fame
- B mal di denti ricorrente
- C diminuzione della memoria
- D cefalea cronica
- E difficoltà di digestione

359 Quale delle seguenti sostanze NON è un ormone?
- A Insulina
- B Prolattina
- C Tripsina
- D Ossitocina
- E Melatonina

360 Durante l'interfase (intervallo tra due divisioni cellulari):
- A i cromosomi si replicano
- B i nuclei scompaiono
- C i cromosomi omologhi si accoppiano
- D i cromosomi sono formati da due cromatidi evidenti
- E tutte le risposte sono esatte

361 La pepsina è:
- A una enzima dal succo pancreatico che attacca i lipidi
- B un ormone secreto dallo stomaco
- C un enzima del succo gastrico che attacca i protidi
- D una sostanza battericida presente sulla saliva
- E una proteina strutturale del fegato

362 Il tessuto osseo è:
- A tessuto con funzioni di rivestimento e secretorie
- B tessuto connettivo con funzioni di sostegno
- C tessuto formato da neuroni e da cellule accessorie con cui sono a contatto
- D tessuto con funzione esclusivamente di rivestimento
- E tessuto con funzione esclusivamente protettiva

363 I dotti deferenti fanno parte:
- A dell'apparato uropoietico
- B dell'apparato riproduttore maschile
- C dell'apparato riproduttore femminile
- D del sistema canalicolare epatico
- E del sistema midollare renale

364 Il carattere "occhi scuri" è dominante sul carattere "occhi chiari". Da una coppia in cui il padre è omozigote con occhi chiari e la madre omozigote con occhi scuri, nasceranno figli:
- A 50% con occhi chiari e 50% con occhi scuri
- B 75% con occhi scuri e 25% con occhi chiari
- C 75% con occhi chiari e 25% con occhi scuri
- D tutti con occhi scuri
- E tutti con occhi chiari

365 Nei batteri il materiale genetico:
- A) non è separato dal citoplasma
- B) è presente nel nucleo
- C) è diploide
- D) è composto da RNA
- E) è composto da RNA e proteine

366 Gli animali si scambiano segnali chimici di comunicazione sessuale. Essi sono:
- A) i feromoni
- B) l'adrenalina e la noradrenalina
- C) composti nutritivi
- D) acidi nucleici
- E) gli estrogeni

367 La maggioranza delle persone affette da malattie ereditarie recessive di tipo mendeliano sono nate da genitori normali. Questo perché:
- A) entrambi i genitori sono omozigoti dominanti
- B) entrambi i genitori sono omozigoti recessivi
- C) i genitori hanno sviluppato tardivamente la malattia
- D) entrambi i genitori sono eterozigoti
- E) l'ambiente di vita dei genitori non era favorevole all'insorgere della malattia

368 Il nucleo delle cellule dell'organismo umano è:
- A) la sede della respirazione
- B) la sede in cui il DNA cellulare si replica e viene trascritto
- C) un semplice contenitore di materiale di riserva che viene usato nella divisione cellulare
- D) la sede della fotosintesi
- E) la sede della sintesi proteica

369 La funzione valvolare consiste:
- A) nell'impedire il passaggio di sangue tra atri e ventricoli
- B) nell'impedire il reflusso del sangue nella cavità di provenienza
- C) nel mantenere elevata la pressione arteriosa
- D) nel permettere il passaggio di sangue a intervalli alle vene
- E) nel mantenere bassa la pressione sanguigna

370 Indicare l'affermazione errata relativamente alle mutazioni:
- A) causano sempre malattie genetiche
- B) possono essere causate da sostanze chimiche
- C) possono essere causate da radiazioni
- D) possono essere riparate da enzimi cellulari
- E) possono avvenire spontaneamente

371 La fonte principale della variabilità genetica nelle popolazioni umane è la:
- A) mutazione
- B) selezione
- C) clonazione
- D) migrazione
- E) riproduzione sessuata

372 Gli eritrociti sono:
- A) macrofagi
- B) monociti
- C) globuli rossi e globuli bianchi
- D) un tipo particolare di linfociti
- E) globuli rossi

373 Gli animali si caratterizzano per la capacità di:
- A) organicare carbonio e azoto
- B) servirsi della clorofilla per fabbricare il nutrimento di cui hanno bisogno
- C) muoversi da un posto all'altro alla ricerca di cibo, inghiottirlo e digerirlo all'interno del corpo
- D) fabbricare da sé la sostanza nutritiva
- E) rimanere generalmente fissi al substrato

374 Rispetto alla riproduzione le vipere sono animali:
- A) ovipari
- B) placentati
- C) vivipari
- D) asessuati
- E) ovovivipari

375 Nei rettili la circolazione sanguigna è:
- A) semplice, completa
- B) semplice, incompleta
- C) doppia, incompleta
- D) doppia, completa
- E) aperta

376 In seguito alla fotosintesi si ha la liberazione di:
- A) CO_2
- B) ossigeno
- C) azoto
- D) sali minerali
- E) H_2O

377 Il polline è costituito da cellule:
- A) aploidi
- B) diploidi
- C) eterozigoti
- D) omozigoti
- E) prive di nucleo

378 Si definisce come l'unità di informazione costituita da un ben definito tratto di DNA:
- A il mitocondrio
- B il ribosoma
- C il nucleo
- D il cromosoma
- E il gene

379 L'energia necessaria ai processi di biosintesi e alle diverse attività meccaniche delle cellule deriva:
- A solo dalle varie reazioni cataboliche
- B solo dalle varie reazioni anaboliche
- C sia dalle varie reazioni cataboliche, che anaboliche
- D dalle reazioni digestive
- E dalle reazioni endoergoniche

380 La parte recettrice di un occhio è:
- A la cornea
- B la retina
- C il cristallino
- D la pupilla
- E l'umor acqueo

381 La safena è:
- A la seconda vertebra cervicale
- B un vaso dell'arto inferiore
- C un vaso dell'arto superiore
- D un osso del piede
- E un osso del cranio

382 Se in una popolazione 40 persone su 100 hanno gruppo 0 (zero) e 10 su 100 hanno fattore Rh negativo, quale sarà la probabilità di trovare un donatore universale (0, Rh negativo)?
- A 50%
- B 4%
- C 25%
- D 10%
- E 0,4%

383 La funzione dell'insulina è:
- A regolare la contrazione muscolare
- B regolare la coagulazione del sangue
- C prevenire le infezioni batteriche
- D regolare il metabolismo del glucosio
- E prevenire il rigetto di organi

384 L'RNA è formato da:
- A nucleotidi
- B glicidi
- C enzimi
- D vitamine ed acidi carbossilici
- E acidi grassi

385 Da quale ghiandola viene secreta la calcitonina?
- A Tiroide
- B Pancreas
- C Ipofisi
- D Epifisi
- E Midollare surrenale

386 Qual è la probabilità che in una famiglia nascano cinque figlie femmine?
- A 1/32
- B 1/5
- C 1/16
- D 1/20
- E zero

387 La sindrome di Down (mongolismo) è causata da:
- A la presenza di un cromosoma soprannumerario
- B un virus
- C una mutazione genica
- D la presenza di due cromosomi soprannumerari
- E la mancanza di un cromosoma

388 Che funzioni svolgono gli inneschi di RNA nella replicazione del DNA?
- A servono da punto di partenza per la DNA polimerasi
- B individuano le origini di replicazione
- C favoriscono l'avanzamento dell'elicasi
- D servono da punto di chiusura per la ligasi
- E permettono alle topoisomerasi di allentare le torsioni della catena nascente

389 Se in un tratto di DNA l'adenina rappresenta il 30% delle basi:
- A la guanina è il 20%
- B la citosina è il 10%
- C la guanina è il 10%
- D la guanina è il 30%
- E l'uracile è il 30%

390 I tumori:
- A sono malattie ereditarie in alcune rare famiglie e per casi ben definiti (es. retinoblastoma)
- B compaiono solo dopo la quinta decade di vita
- C sono sempre direttamente causati dall'inquinamento
- D sono sempre malattie ereditarie
- E non hanno alcun rapporto con alterazioni geniche

391 Un tratto di un filamento singolo di DNA che presenta la sequenza CGATTG è complementare alla sequenza:

- A CGATTG
- B GCTAAC
- C GTTAGC
- D AATTAA
- E GCTAAG

392 Quale percorso segue il flusso delle informazioni genetiche nella cellula?

- A Il DNA viene tradotto in proteine che poi sono trascritte in RNA
- B Il DNA viene tradotto in RNA che poi è trascritto in proteine
- C Il DNA viene trascritto in RNA che poi è tradotto in proteine
- D Le proteine sono trascritte da DNA che poi è tradotto in RNA
- E Le proteine sono trascritte da RNA che poi è tradotto in DNA

393 I gemelli monozigoti derivano dall'unione di:

- A un uovo e molti spermatozoi
- B due uova e due spermatozoi
- C due uova e uno spermatozoo
- D un uovo e due spermatozoi
- E un uovo e uno spermatozoo

394 Gli individui di gruppo sanguigno 0:

- A possono avere figli di qualsiasi gruppo sanguigno
- B hanno sicuramente qualche parente di gruppo 0
- C hanno ereditato un allele di tipo 0 da entrambi i genitori
- D hanno sempre entrambi i genitori di gruppo 0
- E hanno necessariamente almeno un genitore di gruppo sanguigno 0

395 I "mattoni" che costituiscono gli acidi nucleici sono:

- A zuccheri ribosi
- B amminoacidi
- C nucleotidi
- D fosfati
- E basi puriniche

396 Indicare quale dei seguenti processi biochimici è localizzato nei cloroplasti:

- A la fotosintesi clorofilliana
- B la fosforilazione ossidativa
- C la trascrizione inversa dell'RNA
- D la respirazione
- E la glicolisi

397 La tappa finale della degradazione degli alimenti, quella che porta alla formazione di ATP, avviene:

- A nel nucleo
- B nel citosol
- C nei ribosomi
- D solo nelle cellule epatiche
- E nei mitocondri

398 Quale delle seguenti descrizioni è più tipica dell'eredità mendeliana autosomica dominante:

- A i malati sono soprattutto di sesso femminile
- B i malati sono soprattutto di sesso maschile
- C i genitori di un malato sono sempre sani
- D uno dei due genitori di un individuo malato presenta la stessa malattia
- E i genitori di un individuo malato sono sani e consanguinei

399 Quale ormone è secreto dall'epifisi?

- A Calcitonina
- B Adrenalina
- C Melatonina
- D Pepsina
- E Ossitocina

400 Il diametro dei globuli rossi è dell'ordine di:

- A pochi nanometri
- B pochi micrometri
- C un millimetro
- D pochi millimetri
- E 1 centimetro

401 Supponiamo che su un filamento di DNA si susseguano le basi CTAATTGGA.
Quali sono le basi complementari sull'altro filamento della doppia elica?

- A CTAATTGGA
- B TCCAATTAG
- C ACGGCCTTG
- D GAUUAACCU
- E GATTAACCT

402 Come avviene la replicazione di un virus a RNA?

- A Attraverso una semplice copiatura dell'RNA su un filamento complementare
- B Non esistono virus a RNA
- C Attraverso un processo di divisione mitotica
- D L'RNA può essere trascritto in un filamento di DNA complementare attraverso la trascrittasi inversa
- E Attraverso un processo chiamato coniugazione che porta alla fusione dei capsidi dei due virus

QUESITI

403 Indicare quale fenomeno è rappresentato dalla seguente equazione chimica:

$$6\,CO_2 + 6\,H_2O \rightarrow C_6H_{12}O_6 + 6\,O_2$$

A La glicolisi
B La respirazione
C La fotosintesi
D La biosintesi di acqua
E La fermentazione lattica

404 Con la meiosi il numero dei cromosomi:

A raddoppia
B rimane uguale
C si dimezza
D diventa diploide
E diventa tetraploide

405 Lo scambio di geni tra cromosomi omologhi è chiamato:

A mutazione
B poliploidia
C pseudogamia
D test-cross
E crossing-over

406 La penicillina è un antibiotico prodotto da:

A un tipo di protozoo
B una colonia di batteri
C un fungo microscopico
D materiale biologico in putrefazione
E vegetali unicellulari

407 L'evoluzione avviene per:

A selezione naturale
B eredità dei caratteri acquisiti
C selezione dei caratteri acquisiti
D acquisizione dei caratteri ambientali
E esclusione dei caratteri acquisiti

408 I geni esplicano la loro azione mediante la produzione di:

A lipidi
B glucidi
C proteine
D vacuoli
E cromosomi

409 Telofase e anafase sono:

A due stadi di maturazione delle cellule sessuali
B due fasi della mitosi e della meiosi
C due fasi della mitosi solamente
D fasi della maturazione di un virus
E due fasi della meiosi solamente

410 Lo stomaco è interposto tra:

A esofago e trachea
B faringe ed esofago
C esofago e intestino crasso
D esofago e intestino tenue
E intestino tenue e intestino crasso

411 La rosolia e la varicella:

A possono venire più volte nella vita
B conferiscono un'immunità per tutta la vita
C colpiscono solo i maschi
D sono più frequenti dopo i 40 anni
E colpiscono solo le femmine

412 Quale delle seguenti è una malattia genetica ereditaria?

A Distrofia muscolare
B Tubercolosi
C Rosolia
D Epatite
E AIDS

413 Le basi pirimidiniche presenti nell'RNA sono:

A adenina e uracile
B guanina e uracile
C citosina e guanina
D adenina e timina
E uracile e citosina

414 Come vengono chiamate le pieghe della membrana interna dei mitocondri?

A Matrici
B I mitocondri non hanno membrana interna
C Creste
D Perossisomi
E Lisosomi

415 Lo scambio di sostanze tra i tessuti e il sangue avviene a livello dei seguenti vasi:

A vene
B capillari
C arteriole
D arterie
E villi

416 I gemelli monozigoti sono identici perché:

A si sviluppano nello stesso utero
B si sviluppano a partire da un uovo e da due spermatozoi
C hanno la stessa composizione genica
D sono alimentati dallo stesso flusso ematico materno
E hanno gli stessi cromosomi sessuali

417 Gli spermatozoi vengono prodotti:
A nella prostata
B nei tubuli seminiferi
C nelle vescichette seminali
D nell'uretra
E nella vagina

418 Come viene definita la sintesi di RNA a partire da DNA?
A Trasformazione
B Traduzione
C Replicazione
D Duplicazione
E Trascrizione

419 L'endocitosi:
A può essere mediata da recettori
B permette di trasportare particelle verso l'esterno della cellula
C permette di trasportare esclusivamente sostanze di basso peso molecolare
D permette di trasportare solo proteine
E è una caratteristica esclusiva delle cellule dell'apparato digerente

420 Quanti cromosomi sono contenuti in uno spermatozoo umano?
A 46
B 23
C 24
D 21
E 22

421 La presenza di compartimenti subcellulari è una caratteristica:
A dei batteri
B dei virus
C degli eucarioti
D degli autotrofi
E dei cianobatteri

422 La pepsina è un enzima che agisce scindendo:
A le proteine in peptidi a pH basso
B le proteine in peptidi a pH alto
C i lipidi a pH basso
D i lipidi a pH alto
E gli zuccheri a pH neutro

423 Gli stimoli appartenenti ai cinque sensi vengono avvertiti dall'uomo tramite:
A effettori muscolari di vario tipo
B cute e annessi
C recettori di vario tipo
D neuroni motori
E interneuroni

424 La trisomia del cromosoma 21 determina:
A la sindrome di Turner
B la sindrome di cri du chat
C la sindrome di Klinefelter
D la sindrome di Down
E la sindrome di Marfan

425 Il sangue venoso si distingue dal sangue arterioso perché:
A contiene meno emoglobina
B ha una pressione più elevata
C scorre più velocemente
D è più alcalino
E contiene meno ossigeno e più anidride carbonica

426 Il colore della pelle di un individuo è primariamente determinato dalla presenza e dalla distribuzione di:
A carotene
B melanina
C emoglobina
D antocianine
E flavonoidi

427 Indicare i prodotti finali della digestione dei lipidi:
A glicerolo + acidi grassi
B glucosio + acidi grassi
C sali minerali + acqua
D amminoacidi
E fosfolipidi

428 Per sito attivo si intende:
A la parte di un enzima che interagisce con il substrato
B il punto di attacco di una fibra del fuso mitotico sul cromosoma
C il punto di inizio della duplicazione del DNA
D la subunità piccola di un ribosoma
E la parte reattiva di un acido carbonico

429 Nelle cellule di organismi eucarioti, l'RNA è localizzato:
A nella parete
B nel vacuolo
C solo nei ribosomi
D in nucleo, citoplasma e ribosomi
E ovunque

430 I pidocchi sono:
A aracnidi
B insetti
C nematodi
D molluschi
E crostacei

431 Perché se si respira dentro a un sacchetto in poco tempo le inspirazioni diventano più frequenti?

A Perché aumenta la concentrazione di CO_2
B Perché aumenta la concentrazione di O_2
C Perché diminuisce la concentrazione di N_2
D Perché diminuisce la concentrazione di H_2O
E Perché la CO_2 non può più reagire con l'H_2O

432 Indica quale tra le seguenti è una delle più tipiche funzioni biologiche delle proteine:

A la funzione di riserva energetica
B la funzione informativa
C la funzione impermeabilizzante
D la funzione catalitica
E la funzione di autoduplicazione

433 Durante lo sviluppo, dalle cellule embrionali, simili fra loro, derivano cellule differenti, per esempio cellule muscolari e cellule nervose. Qual è la causa di questo differenziamento?

A Le cellule esprimono geni differenti
B Il DNA delle cellule è differente
C Le cellule possiedono geni differenti
D Il DNA si modifica durante lo sviluppo
E Le cellule contengono ed esprimono gli stessi geni, sostanze presenti nell'ambiente però fanno sì che le cellule si differenzino

434 Quale, tra le seguenti affermazioni, è corretta?

A Il sangue venoso parte dal ventricolo sinistro e attraverso le vene cave raggiunge i tessuti
B Il sangue arterioso parte dal ventricolo destro e attraverso l'aorta si porta ai tessuti
C Il sangue venoso parte dal ventricolo destro e giunge ai polmoni attraverso le arterie polmonari
D Il sangue venoso parte dal ventricolo sinistro e giunge ai polmoni attraverso le vene polmonari
E Il sangue venoso parte dal ventricolo destro e giunge ai polmoni attraverso le vene polmonari

435 L'acetilcolina è un neurotrasmettitore che:

A agisce solo a livello di sistema nervoso centrale
B impedisce alla noradrenalina di legarsi ai propri recettori
C viene liberata in seguito a un impulso nervoso
D agisce solo a livello dei mitocondri
E viene prodotto all'inizio dai dendriti neuronali

436 La trascrizione di un segmento di DNA contenente il 20% di adenina produrrà una sequenza di:

A DNA contenente il 40% di timina
B RNA contenente il 20% di timina
C RNA contenente il 20% di uracile
D DNA contenente il 40% di uracile
E DNA contenente l'80% di timina

437 Quale delle seguenti affermazioni riguardanti le proteine è ERRATA? Le proteine:

A possono agire come catalizzatori di reazioni metaboliche
B possiedono più ordini di strutture tridimensionali
C costituiscono il materiale ereditario
D sono costituenti delle membrane
E sono costituenti dei ribosomi

438 La teoria di Darwin così come è stata esposta nell' "Origine delle specie" verteva principalmente su:

A il modo come si estinguono le specie
B l'adattamento "evolutivo" della specie, in particolare animali, all'ambiente
C l'origine della vita
D i sistemi riproduttivi delle specie
E la trasmissione dei caratteri ereditari

439 Quali sono i tre componenti di un acido nucleico?

A Base azotata, esoso e fosfato
B Base azotata, pentoso e fosfato
C Base azotata, esoso e solfato
D Base azotata, pentoso e solfato
E Amminoacido, pentoso e fosfato

440 In biologia cellulare, cosa indica la sigla AUC?

A Anti UK-101 cellulare
B Qualsiasi preparato anti-ulcera a base di colloidi
C Un codone che codifica per un amminoacido
D Anticorpo unificato di tipo C
E Allievi ufficiali di complemento

441 Da una coppia di genitori sani nasce un bambino affetto da una patologia ereditaria autosomica recessiva. Quale è la probabilità che questa coppia abbia un altro figlio affetto?

A 0
B 3/4
C 1/2
D 1/3
E 1/4

442 Qual è il primo stadio della respirazione cellulare?

- A La glicolisi
- B L'ossidazione dell'acido piruvico
- C La chemiosmosi
- D La catena di trasporto degli elettroni
- E Il ciclo di Krebs

443 La maggior parte delle cellule procariotiche ha dimensioni comprese tra:

- A 20 e 25 nm
- B 2 e 5 nm
- C 1 e 10 nm
- D 100 e 150 μm
- E 0,5 e 5 μm

444 I virus possono moltiplicarsi solo all'interno di una cellula ospite perché:

- A non possiedono DNA
- B non possiedono proteine
- C sono privi di capacità biosintetica
- D sono molto sensibili ai raggi UV
- E sono troppo piccoli

445 Quale reazione catalizza l'enzima trascrittasi inversa?

- A La traduzione dell'RNA in senso inverso
- B La trascrizione del DNA partendo dalla sequenza di terminazione e procedendo verso il promotore
- C La trascrizione dell'mRNA a partire da uno stampo a DNA
- D La trascrizione di DNA virale utilizzando RNA come stampo
- E La trascrizione di DNA batterico utilizzando RNA come stampo

446 Qual è il prodotto finale del ciclo di Calvin che si verifica all'interno del cloroplasto?

- A Una molecola di glucosio
- B Gliceraldeide-3-fosfato
- C Ribulosio difosfato
- D Ossigeno
- E Anidride carbonica

447 Quale tra le seguenti affermazioni è corretta?

- A Gli eterotrofi non dipendono da un apporto energetico esterno
- B Gli autotrofi non hanno bisogno di nutrienti
- C Gli autotrofi possono utilizzare come nutrienti sostanze inorganiche
- D Gli autotrofi non utilizzano la respirazione
- E Gli eterotrofi non utilizzano la respirazione

448 Nel modello molecolare del DNA proposto da Watson e Crick le basi azotate sono accoppiate secondo la regola A-T e C-G. Se un campione di DNA contiene il 28% di A, quale sarà la percentuale di C?

- A 22%
- B 28%
- C 44%
- D 56%
- E Non è possibile stabilirlo

449 Le ghiandole sebacee del derma producono?

- A Sudore
- B Melanina
- C Una sostanza che lubrifica la pelle
- D Goccioline di tessuto adiposo
- E Muco

450 Quali, tra le seguenti molecole, non sono tra quelle fondamentali nei viventi?

- A Acidi nucleici
- B Proteine
- C Lipidi
- D Carboidrati
- E Idrocarburi

451 Il bilancio energetico nei sistemi biologici è misurato in:

- A cal o kcal
- B watt
- C celsius
- D kgm
- E gradi centigradi

452 La tripletta di nucleotidi AAT presente in una molecola di DNA subisce una mutazione, trasformandosi nella tripletta AAC. Ciò nonostante, dopo la traduzione, non si ha alcun cambiamento nella funzionalità della proteina che si forma. Ciò perché:

- A l'mRNA ha corretto la mutazione
- B il tRNA della cellula trasporta solo l'amminoacido corrispondente alla tripletta AAT
- C la proteina, una volta formata, si corregge per poter svolgere la propria funzione
- D la proteina, una volta formata, subisce una mutazione inversa
- E il codice del DNA è ridondante

453 La fosforilazione ossidativa è una reazione:

- A citoplasmatica
- B mitocondriale
- C ribosomiale
- D nucleare
- E extracellulare

454 Nell'uomo, qual è il numero diploide?

A 46
B 21
C 43
D 22
E 23

455 Indicare quale delle seguenti caratteristiche è comune a virus, procarioti ed eucarioti:

A presenza di nucleo
B possibilità di replicazione autonoma
C presenza di ribosomi
D capacità biosintetiche autonome
E presenza di un programma genetico

456 Quale fattore principale definisce il limite di dimensione di una cellula?

A La concentrazione di sali nel citoplasma
B La possibilità di accumulare ATP
C Il rapporto tra volume e superficie
D La presenza di organuli delimitati da membrana
E La rigidità della membrana plasmatici

457 Cosa sono i cofattori enzimatici?

A Le sostanze su cui l'enzima va ad agire
B Vitamine con funzione enzimatica che interferiscono con il pH della cellula
C Sostanze chimiche che interferiscono con l'attività enzimatica
D Sostanze inorganiche che affiancano gli enzimi
E Molecole organiche che innalzano l'energia di attivazione

458 La struttura secondaria di una proteina è data:

A dalle interazioni tra i gruppi R del polipeptide
B dal ripiegamento del polipeptide prodotto da legami a idrogeno
C dall'unione di 2 o più catene polipeptidiche
D dalla forma tridimensionale del polipeptide
E dalla sequenza dei suoi amminoacidi

459 Nelle cellule dei mammiferi, la principale funzione del reticolo endoplasmatico rugoso è quella di:

A aumentare la tolleranza verso alcuni farmaci
B partecipare alla demolizione dei farmaci o di altre sostanze potenzialmente nocive
C sintetizzare ormoni sessuali
D assemblare le proteine secrete dalla cellula
E sintetizzare lipidi

460 La membrana cellulare è descritta dal modello a mosaico fluido, così detto perché:

A i fosfolipidi che la costituiscono sono l'uno addossato all'altro
B le glicoproteine che la costituiscono sono saldamente legate tra loro, come i tasselli di un mosaico
C la compongono proteine e fosfolipidi che possono muoversi lateralmente
D non avendo legami con il citoscheletro e con le fibre della matrice extracellulare, può cambiare facilmente la propria forma
E al microscopio elettronico appare costituita da tessere che formano una struttura simile a un mosaico

461 Cos'è la pleiotropia?

A Un sinonimo di codominanza
B L'effetto sommativo di più geni su un unico fenotipo
C L'effetto di un singolo gene su più di un carattere
D L'effetto di più geni su un singolo carattere
E Una malattia genetica

462 Le piastrine si formano:

A nei muscoli scheletrici
B nel midollo osseo
C nel rene
D nelle vene
E nella cartilagine

463 Le cellule possono inglobare particelle liquide con un processo chiamato:

A esocitosi
B trasporto passivo
C fagocitosi
D pinocitosi
E trasporto attivo

464 Durante lo sviluppo embrionale, come si chiama la struttura a 3 strati di cellule?

A Archenteron
B Zigote
C Blastocele
D Gastrula
E Blastula

465 Quanto misura il potenziale a riposo di un neurone?

A +70 mV
B +35 mV
C 0
D –50 mV
E –70 mV

466 **Le vitamine sono:**

A sostanze da cui l'organismo ottiene calorie
B sostanze necessarie per l'attività degli enzimi
C sostanze non necessarie per la vita dell'organismo
D sostanze che si trovano solo negli agrumi
E le unità fondamentali delle proteine strutturali

467 **Da quanti filamenti polinucleotidici è formata la molecola del DNA?**

A Uno
B Due
C Tre
D Quattro
E Migliaia

468 **In quale struttura del nefrone il filtrato prende il nome di urina?**

A Nella capsula di Bowmann
B Nel tubulo prossimale
C Nel tubulo distale
D Nel dotto collettore
E Nell'ansa di Henle

469 **Le proteine sono polimeri costituiti:**

A dall'unione di più molecole di acidi bicarbossilici
B da unità monosaccaridiche unite da legami glicosidici
C dall'unione di più molecole di acidi grassi
D da più amminoacidi legati tra loro da legami peptidici
E da più amminoacidi legati tra loro con legami amidici

470 **La respirazione cellulare avviene:**

A negli organismi eterotrofi e autotrofi
B solo in presenza di luce solare
C in risposta a variazione chimica del DNA
D solo negli organismi eterotrofi
E in risposta a cambiamenti dell'ambiente

471 **Indicare quale delle seguenti affermazioni su un individuo omozigote per un determinato allele è errata.**

A Può avere un fratello eterozigote
B Ciascuna delle sue cellule somatiche possiede due copie dell'allele
C Trasmette l'allele a tutti i suoi figli
D I suoi genitori dovevano essere necessariamente omozigoti per quell'allele
E Ciascuno dei suoi gameti maturi contiene una copia dell'allele

472 **Una cellula umana con 22 autosomi e un cromosoma Y è:**

A un uovo
B una cellula anomala
C uno spermatozoo
D una cellula somatica di un maschio
E uno zigote

473 **In quale parte del corpo portano il sangue le arterie succlavie?**

A Nel torace
B Nell'addome
C Nelle spalle e nelle braccia
D Nelle gambe
E Nella testa e nel collo

474 **La membrana cellulare è attraversata per osmosi da:**

A ioni
B sali complessi
C acqua
D grosse molecole polari neutre
E amminoacidi e monosaccaridi

475 **Quale delle seguenti macromolecole è un omopolimero?**

A Il glicogeno
B Il DNA
C L'emoglobina
D L'RNA
E Una glicoproteina

476 **Ponendo una cellula in una soluzione ipertonica:**

A la cellula affiora alla superficie del liquido
B non succede nulla di particolare
C la cellula si rigonfia e scoppia
D la cellula si raggrinzisce
E la cellula si divide

477 **Con il termine "enzima" si usa definire:**

A un polisaccaride
B un fosfolipide
C un catalizzatore di processi biologici
D una vitamina
E una varietà di collagene

478 **Quale dei seguenti processi avviene durante la mitosi?**

A Separazione dei cromatidi fratelli di ogni cromosoma
B Formazione di cellule aploidi
C Ricombinazione tra cromosomi
D Appaiamento dei cromosomi omologhi
E Duplicazione del DNA

479 Quale tra i seguenti tipi di legame partecipa alla sintesi delle proteine:
- A peptidico
- B ionico
- C idrofobico
- D glicosidico
- E fosfodiesterico

480 Quali tra le seguenti cellule si trova nel sangue?
- A Melanociti
- B Cheratinociti
- C Piastrine, leucociti ed eritrociti
- D Enterociti
- E Eritrociti e melanociti

481 Un carattere ereditario è detto recessivo quando:
- A è legato al sesso
- B è autosomico
- C non si manifesta nell'eterozigote
- D si manifesta nell'eterozigote
- E si manifesta nell'omozigote dominante

482 Quale dei seguenti fenomeni è permesso dal crossing-over?
- A Segregazione
- B Traslocazione
- C Linkage
- D Variabilità genetica dei gameti
- E Formazione dei gameti

483 I lisosomi sono:
- A organuli citoplasmatici contenenti enzimi digestivi
- B ormoni secreti dalla tiroide
- C enzimi secreti dal pancreas
- D organuli presenti nel nucleo
- E pigmenti respiratori

484 I cromosomi si legano alle fibre del fuso mitotico mediante:
- A i telomeri
- B le costrizioni secondarie
- C il citoscheletro
- D i centromeri
- E i chiasmi

485 Quali possibili genotipi può avere il padre di un figlio di gruppo sanguigno B e madre 0?
- A A, B o AB
- B A, B o 0
- C Soltanto B
- D B o AB
- E B o 0

486 L'interazione tra gli ormoni steroidei e gli organi bersaglio avviene in virtù della presenza di particolari molecole dette recettori. In quale comparto o organulo delle cellule degli organi bersaglio sono localizzati questi recettori?
- A Nei lisosomi
- B Sulla membrana plasmatica
- C Nei mitocondri
- D Nel citoplasma
- E Nel reticolo endoplasmatico

487 Qual è la vera causa della contrazione muscolare?
- A Accumulo di glicogeno
- B Impulso elettrico
- C Liberazione di Ca^{2+}
- D Sintesi di ATP nella fibra muscolare
- E Deformazione dell'actina

488 Gli assoni mielinizzati organizzano:
- A la corteccia cerebellare
- B i nuclei della base
- C il cervelletto
- D la corteccia telencefalica
- E la sostanza bianca del midollo spinale

489 Durante la digestione, qual è la funzione dell'enzima carbossipeptidasi?
- A Nell'intestino, demolisce i polipeptidi in singoli amminoacidi
- B Nello stomaco, avvia la digestione chimica delle proteine
- C Nell'intestino, idrolizza peptidi proteici in catene più corte
- D Nello stomaco, scinde i disaccaridi in monosaccaridi
- E Nell'intestino, scinde i grassi in acidi grassi e glicerolo

490 In conseguenza della fecondazione l'unica struttura che lo spermatozoo trasferisce alla cellula uovo è:
- A il nucleo
- B la membrana plasmatica
- C il flagello
- D i mitocondri
- E l'acrosoma

491 Se un gene è localizzato sul cromosoma X, esso viene trasmesso dal padre a:
- A metà delle figlie femmine
- B tutti i figli maschi
- C tutte le figlie femmine
- D metà dei figli maschi
- E tutti i figli indipendentemente dal sesso

492 **Chi scoprì la penicillina?**

- A Alexander Fleming
- B Jonas Salk
- C Marie Curie
- D Andrea Vesalio
- E Louis Pasteur

493 **Indicare quale delle seguenti affermazioni sull'appaiamento complementare delle basi del DNA è errata.**

- A Il numero delle guanine è uguale a quello delle citosine
- B L'appaiamento fra le basi avviene tramite legami idrogeno
- C La timina si appaia sempre con l'adenina
- D Le purine si appaiano sempre con le purine e le pirimidine con le pirimidine
- E Svolge un ruolo importante nella replicazione del DNA

494 **Quale fra le seguenti molecole è presente nell'RNA:**

- A timina
- B ribosio
- C glucosio
- D desossiribosio
- E desmina

495 **Che tipo di funzione svolgono gli zuccheri?**

- A Principalmente plastica
- B Principalmente energetica
- C Principalmente strutturale
- D Principalmente catalizzatrice
- E Nessuna delle precedenti

496 **Quali delle seguenti correlazioni è errata?**

- A Virus / RNA
- B Batteri / parete cellulare
- C Batteri / DNA circolare
- D Eucarioti / mitocondri
- E Virus / ribosomi

497 **Incrociando due eterozigoti Aa quale percentuale di eterozigoti si ottiene?**

- A 0%
- B 25%
- C 75%
- D 100%
- E 50%

498 **L'acetilcolina è un:**

- A neurotrasmettitore
- B ormone steroideo
- C enzima del succo enterico
- D pigmento della cute
- E pigmento biliare

499 **Se doveste far esaminare il vostro astragalo dal medico specialista, dovreste togliervi:**

- A la camicia
- B i pantaloni
- C gli occhiali
- D le scarpe e le calze
- E normalmente l'astragalo non è coperto da alcun indumento

500 **Quale dei seguenti agenti è un virus responsabile di malattia nell'uomo?**

- A La salmonella
- B L'agente della tubercolosi
- C La spirocheta
- D L'agente responsabile del vaiolo
- E L'agente responsabile della malaria

Soluzioni

Quesito	Risposta	Quesito	Risposta	Quesito	Risposta	Quesito	Risposta	Quesito	Risposta	Quesito	Risposta	Quesito	Risposta	Quesito	Risposta	Quesito	Risposta	Quesito	Risposta
1	E	2	E	3	B	4	E	5	B	6	D	7	C	8	D	9	A	10	B
11	C	12	B	13	B	14	B	15	C	16	D	17	A	18	E	19	C	20	A
21	A	22	E	23	B	24	D	25	B	26	D	27	B	28	E	29	E	30	C
31	C	32	B	33	D	34	B	35	B	36	A	37	E	38	B	39	E	40	C
41	B	42	D	43	E	44	C	45	A	46	B	47	D	48	E	49	C	50	D
51	A	52	A	53	B	54	D	55	C	56	A	57	D	58	B	59	D	60	E
61	A	62	E	63	A	64	D	65	C	66	B	67	C	68	E	69	C	70	C
71	D	72	C	73	B	74	E	75	A	76	A	77	A	78	E	79	D	80	A
81	E	82	D	83	D	84	D	85	E	86	B	87	D	88	B	89	B	90	B
91	E	92	A	93	B	94	C	95	E	96	E	97	A	98	E	99	C	100	D
101	A	102	A	103	A	104	B	105	A	106	B	107	A	108	D	109	A	110	B
111	C	112	E	113	A	114	A	115	B	116	E	117	D	118	C	119	D	120	D
121	C	122	E	123	D	124	A	125	C	126	B	127	E	128	B	129	E	130	D
131	A	132	A	133	D	134	C	135	A	136	B	137	C	138	B	139	D	140	A
141	B	142	C	143	C	144	E	145	C	146	B	147	D	148	D	149	E	150	D
151	C	152	E	153	D	154	E	155	A	156	B	157	B	158	D	159	B	160	D
161	C	162	D	163	A	164	E	165	E	166	E	167	D	168	D	169	E	170	E
171	C	172	B	173	D	174	D	175	C	176	C	177	E	178	E	179	E	180	A
181	D	182	D	183	B	184	D	185	A	186	C	187	D	188	A	189	E	190	D
191	D	192	A	193	E	194	A	195	B	196	D	197	E	198	A	199	B	200	E
201	C	202	C	203	B	204	C	205	C	206	C	207	A	208	C	209	C	210	C
211	B	212	C	213	C	214	C	215	B	216	C	217	A	218	A	219	A	220	D
221	C	222	C	223	C	224	E	225	E	226	A	227	B	228	E	229	D	230	B
231	B	232	E	233	D	234	B	235	D	236	B	237	B	238	A	239	A	240	E
241	E	242	C	243	D	244	A	245	E	246	A	247	C	248	E	249	C	250	D
251	E	252	B	253	D	254	B	255	E	256	C	257	E	258	C	259	B	260	E
261	A	262	C	263	D	264	D	265	A	266	E	267	B	268	A	269	A	270	D
271	C	272	D	273	E	274	E	275	A	276	D	277	D	278	A	279	D	280	E
281	E	282	C	283	E	284	B	285	C	286	E	287	A	288	E	289	C	290	A
291	D	292	B	293	A	294	C	295	A	296	B	297	E	298	A	299	A	300	A

Quesito	Risposta	Quesito	Risposta	Quesito	Risposta	Quesito	Risposta	Quesito	Risposta	Quesito	Risposta	Quesito	Risposta	Quesito	Risposta	Quesito	Risposta	Quesito	Risposta
301	C	302	C	303	A	304	E	305	B	306	C	307	B	308	C	309	C	310	E
311	D	312	C	313	A	314	B	315	E	316	D	317	B	318	B	319	D	320	D
321	E	322	B	323	B	324	B	325	C	326	E	327	A	328	B	329	C	330	B
331	E	332	B	333	A	334	A	335	A	336	A	337	D	338	B	339	B	340	B
341	A	342	E	343	B	344	A	345	C	346	C	347	B	348	A	349	D	350	A
351	B	352	A	353	C	354	C	355	E	356	E	357	B	358	E	359	C	360	A
361	C	362	B	363	B	364	D	365	A	366	A	367	D	368	B	369	B	370	A
371	E	372	E	373	C	374	E	375	C	376	B	377	A	378	E	379	A	380	B
381	B	382	B	383	D	384	A	385	A	386	A	387	A	388	A	389	A	390	A
391	B	392	C	393	E	394	C	395	C	396	A	397	E	398	D	399	C	400	B
401	E	402	D	403	C	404	C	405	E	406	C	407	A	408	C	409	B	410	D
411	B	412	A	413	A	414	C	415	B	416	C	417	B	418	E	419	A	420	B
421	C	422	A	423	C	424	D	425	E	426	B	427	A	428	A	429	D	430	B
431	A	432	D	433	A	434	C	435	C	436	C	437	C	438	B	439	B	440	C
441	E	442	A	443	E	444	C	445	D	446	B	447	C	448	A	449	C	450	E
451	A	452	E	453	B	454	A	455	E	456	C	457	D	458	B	459	D	460	C
461	C	462	B	463	D	464	D	465	E	466	B	467	B	468	D	469	D	470	A
471	D	472	C	473	C	474	C	475	A	476	D	477	C	478	A	479	A	480	C
481	C	482	D	483	A	484	D	485	D	486	D	487	C	488	E	489	A	490	A
491	C	492	A	493	D	494	B	495	B	496	E	497	E	498	A	499	D	500	D

parte seconda

CHIMICA

Quesiti

501 In una soluzione, il soluto può essere:

A un solido
B un liquido
C un gas
D un gas oppure un liquido
E un gas, un liquido, oppure un solido

502 Calcolare i coefficienti stechiometrici della reazione:

$$a\,P + b\,HNO_3 + c\,H_2O \rightarrow d\,H_3PO_4 + e\,NO$$

A a=3; b=10; c=2; d=3; e=5
B a=1; b=5; c=2; d=3; e=5
C a=3; b=5; c=1; d=3; e=5
D a=3; b=5; c=2; d=3; e=5
E a=3; b=5; c=1; d=3; e=5

503 Una reazione è detta esotermica:

A quando procede con assorbimento di calore dall'esterno
B quando è esplosiva
C quando procede con sviluppo di calore
D quando non può avvenire
E quando è spontanea

504 Nella doppia elica del DNA le due catene polinucleotidiche sono unite tra loro:

A da due legami idrogeno tra ogni coppia di basi
B da tre legami idrogeno tra ogni coppia di basi
C da legami fosfodiestere tra i residui di pentoso
D da due o tre legami idrogeno tra coppie di basi
E da legami idrogeno tra i residui di pentoso

505 Data la reazione:

$$Zn + Cu^{2+} \rightleftarrows Zn^{2+} + Cu$$

è corretto dire che:

A Zn acquista elettroni
B Zn è l'agente ossidante
C Cu^{2+} è l'agente ossidante
D Zn viene ridotto
E Cu^{2+} perde elettroni

506 Un catione sodio, rispetto ad un atomo di sodio, ha:

A un elettrone in più
B un protone in più
C un neutrone in meno
D lo stesso numero di massa
E un protone in meno

507 Quanti grammi di HCl (PM = 36) sono contenuti in 100 ml di una soluzione 1 M?

A 0,25
B 1,1
C 2
D 3,6
E 3,8

508 Qual è il numero di ossidazione dell'idrogeno in HF?

A +1
B 0
C –2
D –1
E +2

509 Nel GPL usato come carburante per motori a scoppio la lettera P sta per:

A propene
B propanolo
C propandiolo
D propano
E propantriolo

510 Quale delle seguenti soluzioni di cloruro di potassio è più diluita?

A 100 ml di soluzione 2 M
B 1 l di soluzione 0,2 M
C 50 ml di soluzione 0,1 M
D 500 μl di soluzione 5 M
E 1 l di soluzione 0,01 M

511 Una mole di acqua (PM = 18) pesa:

A 18 g
B 18 kg
C 1 g
D 36 g
E 1,8 g

512 Dalla reazione $CaO + H_2O$ cosa si ottiene?

- A $Ca(OH)$
- B $CaO_2 + H_2$
- C $Ca(OH)_2$
- D $Ca^{2+} + OH^- + H_2O$
- E $Ca(OH) + O_2$

513 Il pH di una soluzione 0,01 M di HCl è:

- A 2
- B 1
- C 3
- D 10^{-2}
- E 0,5

514 Indicare quale delle seguenti formule è errata.

- A $NH_4H_2PO_4$
- B H_2ClO_4
- C K_2SO_4
- D $KHSO_4$
- E KH_2PO_4

515 Qual è fra questi l'idrossido ferrico?

- A $Fe(OH)_2$
- B $Fe(OH)_3$
- C Fe_2O_3
- D FeO
- E FeOH

516 Indicare quale elemento si riduce nella reazione:

$$Zn + FeCl_2 \rightleftarrows ZnCl_2 + Fe$$

- A Il cloro di $FeCl_2$
- B Il ferro di $FeCl_2$
- C Il cloro di $ZnCl_2$
- D Lo zinco metallico
- E Nessun elemento varia il proprio stato di ossidazione

517 Il numero di ossidazione dell'idrogeno nell'acqua ossigenata (H_2O_2) è:

- A +2
- B 0
- C –1
- D +1/2
- E +1

518 In una soluzione acquosa la concentrazione degli ioni OH^- è 10^{-2} M. Il pH della soluzione è:

- A 2
- B 12
- C 7
- D 9
- E 0,02

519 Qual è il numero di ossidazione del cromo nel composto $Al_2(CrO_4)_3$?

- A + 2
- B + 4
- C – 4
- D + 6
- E – 6

520 Indicare quale delle seguenti sostanze dà in acqua una soluzione basica:

- A HCl
- B SO_3
- C CaO
- D CO_2
- E CH_3COOH

521 In una reazione chimica il catalizzatore agisce:

- A aumentando il numero di urti con cui le molecole di reagenti si urtano per dare i prodotti
- B abbassando l'energia di attivazione della reazione
- C aumentando la velocità con cui si muovono le molecole dei reagenti
- D favorendo l'attrazione reciproca fra le molecole dei reagenti
- E favorendo le reazioni endotermiche

522 Se in una reazione chimica un elemento subisce una riduzione, significa che il suo numero di ossidazione è diventato:

- A uguale a zero
- B più positivo o meno negativo
- C il doppio di come era prima
- D più negativo o meno positivo
- E negativo

523 I legami che definiscono la struttura primaria delle proteine sono:

- A adipici
- B peptidici
- C a ponte di idrogeno
- D dativi
- E disolfuro

524 Una soluzione è ipertonica rispetto al sangue quando:

- A la pressione osmotica è uguale a quella del sangue
- B la pressione osmotica è superiore a quella del sangue
- C la concentrazione dello ione idrogeno è superiore a quella del sangue
- D la concentrazione dello ione idrogeno è uguale a quella del sangue
- E la pressione osmotica è inferiore a quella del sangue

525 Attraverso una membrana semipermeabile:

A il solvente passa liberamente in entrambi i sensi
B il soluto passa liberamente in entrambi i sensi
C il solvente passa in un solo senso
D il passaggio del solvente è ridotto a metà
E il passaggio del soluto è ridotto a metà

526 Indicare quale dei seguenti atomi tende a formare molecole biatomiche:

A Na
B O
C K
D Ca
E Fe

527 Quando in una reazione di ossido-riduzione, una specie perde elettroni:

A si ossida quindi è riducente perché fa ridurre
B si riduce quindi è ossidante perché fa ossidare
C si ossida e si riduce contemporaneamente
D si riduce
E si comporta da ossidante

528 Qual è il nome del composto $ClCH_2CH_2OH$?

A Cloruro di etile
B Alcol etilico
C 3 cloropropanolo
D 3 cloroetanolo
E 2 cloroetanolo

529 Sapendo che il numero di massa di un atomo è 15 e che il suo numero atomico è 7 ne segue che il numero di neutroni contenuti nel sopra descritto atomo è:

A 8
B 14
C 15
D 7
E 22

530 Indicare la reazione di neutralizzazione.

A $NaCl \rightarrow Na^+ + Cl^-$
B $2 H_2 + O_2 \rightarrow 2 H_2O$
C $HCl + KOH \rightarrow KCl + H_2O$
D $H_2O_2 \rightarrow H_2O + 1/2\ O_2$
E $BaCl_2 + Na_2SO_4 \rightarrow BaSO_4 + 2 NaCl$

531 Non appartiene ai metalli di transizione:

A Fe
B Zn
C Pb
D Ag
E Cu

532 L'entropia è la funzione di stato correlata:

A alla temperatura del sistema
B al calore del sistema
C all'energia interna del sistema
D all'entalpia del sistema
E al disordine del sistema

533 Date le seguente soluzioni: glucosio 0,1 M, acido acetico 0,1 M, acido acetico 0,2 M e NaCl 0,1 M; quale ha la pressione osmotica maggiore a parità di temperatura?

A Nessuna delle soluzioni elencate è osmoticamente attiva
B Glucosio 0,1 M
C Acido acetico 0,1 M
D Acido acetico 0,2 M
E NaCl 0,1 M

534 Quante moli di glucosio ($C_6H_{12}O_6$) sono contenute in 900 g di tale sostanza?

A 38
B 150
C 75
D 5
E 50

535 Quale massa ha un atomo formato da 9 protoni, 10 neutroni, 9 elettroni?

A Circa 9 u.m.a.
B Circa 19 u.m.a.
C Circa 10 u.m.a.
D Circa 28 u.m.a.
E Circa 18 u.m.a.

536 Quanti equivalenti sono contenuti in una mole di $Al(OH)_3$?

A 4
B 3
C 2
D 7
E 1

537 Il pH di una soluzione acquosa 2 molare di NaCl è uguale a:

A 2,0
B 7,0
C 7,2
D 9,0
E Nessuna delle altre risposte è corretta

538 Qual è la formula dell'ossido di calcio?

A CaO_2
B CaO
C $Ca(O_2)_2$
D Ca_2O
E KO_2

QUESITI

539 L'ossido di magnesio corrisponde alla formula:

- A MgO
- B MgO_2
- C Mg_2O_2
- D $Mg(OH)_2$
- E $Mg_2(OH)_2$

540 L'aria è una miscela gassosa, da cos'è composta?

- A ossigeno 20%, azoto 79% ed altri gas
- B ossigeno 79%. azoto 20% ed altri gas
- C ossigeno 60%, azoto 40%
- D ossigeno 40%, azoto 30% ed altri gas
- E ossigeno 50%, azoto 50%

541 La temperatura di ebollizione di un liquido:

- A cresce con la densità del liquido
- B dipende dalla pressione esercitata sul liquido
- C diminuisce con la densità del liquido
- D dipende dalla massa del liquido
- E è una costante fisica assoluta

542 Il legame tra l'ossigeno e l'idrogeno in una molecola d'acqua è:

- A di coordinazione
- B covalente
- C ionico
- D a idrogeno
- E dativo

543 In una soluzione basica:

- A la concentrazione degli ioni H^+ è maggiore della concentrazione degli ioni OH^-
- B la concentrazione dei cationi è inferiore alla concentrazione degli anioni
- C la concentrazione dei cationi è maggiore della concentrazione degli anioni
- D la concentrazione degli ioni H^+ corrisponde alla concentrazione degli ioni OH^-
- E la concentrazione degli ioni H^+ è inferiore alla concentrazione degli ioni OH^-

544 Un chetone è un composto:

- A organico che possiede un gruppo funzionale OH
- B inorganico che contiene ossigeno
- C organico che possiede un gruppo funzionale CO
- D fortemente acido
- E inorganico che possiede un gruppo funzionale CO

545 L'aria atmosferica, filtrata delle particelle solide, è:

- A una soluzione di più gas
- B una miscela eterogenea di più gas
- C una dispersione non colloidale di più gas
- D un miscuglio di più gas
- E nessuna delle altre risposte è corretta

546 Che cosa si intende con il termine di orbitale?

- A la posizione dell'elettrone
- B un cerchio attorno all'atomo
- C la distanza massima dell'orbita con più energia
- D l'orbita descritta dall'elettrone attorno al nucleo
- E la regione di spazio nella quale è massima la probabilità di trovare l'elettrone

547 Individuare, tra le seguenti sostanze, l'acido forte:

- A acido acetico
- B acido carbonico
- C idrossido di sodio
- D acido oleico
- E acido cloridrico

548 Le molecole di acqua sono:

- A nessuna delle altre risposte
- B apolari
- C totalmente dissociate in ioni
- D polari
- E acide

549 Come sono ordinati gli elementi nella tavola periodica?

- A Secondo il numero atomico crescente
- B Secondo il peso atomico
- C Secondo le proprietà chimiche
- D Secondo le proprietà fisiche
- E In funzione degli elettroni di conduzione

550 Quanti grammi pesano 5 moli di acqua?

- A 5
- B 18
- C 50
- D 90
- E $5 \cdot 10^{23}$

551 Nelle reazioni di ossido-riduzione avvengono sempre trasferimenti di:

- A nucleoni
- B neutrini
- C elettroni
- D neutroni
- E protoni

552 **Una millimole è:**
- A 0,01 moli
- B pari a 10^{-3} moli
- C pari a 10^{3} moli
- D 1000 moli
- E un'unità di misura per la massa

553 **Il composto KH corrisponde a:**
- A idronio di potassio
- B idruro di potassio
- C idrossido di cripto
- D idrossido di potassio
- E potassio idrato

554 **Le proprietà chimiche di un atomo sono determinate dal suo:**
- A peso atomico
- B numero atomico
- C numero di neutroni
- D carattere metallico
- E numero di massa

555 **Nella semireazione $Cu^{2+} + 2e^{-} \rightarrow Cu$, il rame:**
- A non si riduce, né si ossida
- B cede due elettroni
- C si riduce perché acquista due elettroni
- D si ossida e si riduce contemporaneamente
- E si ossida

556 **Due elettroni nel medesimo orbitale differiscono per:**
- A il loro numero quantico di spin
- B il loro numero quantico principale
- C la loro velocità
- D la loro massa
- E il numero quantico del momento angolare

557 **I legami fra gli atomi di carbonio negli alcani di che tipo sono?**
- A Tutti π
- B Non è stato ancora possibile determinarlo
- C A volte σ e a volte π
- D Tutti σ
- E Dativi

558 **Indicare in quale delle seguenti sostanze il legame è dovuto principalmente a forze elettrostatiche:**
- A Br_2
- B sodio
- C diamante
- D cloruro di sodio
- E acido cloridrico

559 **Indicare per l'equazione di stato dei gas perfetti la definizione corretta:**
- A è valida per molecole piccole
- B è valida solo per una mole di gas
- C è valida per molecole puntiformi che non interagiscono
- D è valida per gas che reagiscono
- E è valida per gas sciolti in acqua

560 **Quale delle seguenti soluzioni ha il pH minore?**
- A HCl 0,2 M
- B NaOH 0,1 M
- C HCl 0,1 M
- D HCl 0,8 M
- E HCl 0,01 M

561 **L'acido solfidrico è:**
- A H_2SO_4
- B HNO_3
- C H_2SO_3
- D H_2S
- E HNO_2

562 **Se si aumenta di 100 volte la concentrazione degli ioni $[H_3O^+]$ in una soluzione con 6 come pH iniziale, quale pH finale si ottiene?**
- A pH 10
- B pH 4
- C pH 2
- D pH 8
- E pH 7

563 **La riduzione di un'aldeide produce:**
- A un'ammina
- B un acido carbossilico
- C un alcol primario
- D un alcol secondario
- E acqua

564 **Quale membrana viene usata per mettere in evidenza la pressione osmotica?**
- A Membrana permeabile
- B Membrana impermeabile
- C Membrana semipermeabile
- D Non si usano membrane speciali
- E Membrana inossidabile

565 **Quale carica ha un sistema formato da 7 protoni, 7 neutroni e 6 elettroni?**
- A – 6
- B – 1
- C 0
- D + 1
- E + 7

566 Il legame di coordinazione o dativo è un legame:

A ionico
B a idrogeno
C covalente
D dipolo-dipolo
E doppio

567 Gli elettroliti sono sostanze:

A che in acqua si scompongono in ioni
B insolubili in acqua
C solubili nei grassi
D che in acqua non si dissociano
E che allo stato solido conducono bene la corrente elettrica

568 Indicare in quale delle seguenti sostanze il legame è dovuto principalmente a forze elettrostatiche:

A sodio
B cloruro di sodio
C acido cloridrico
D diamante
E acqua

569 In base alla loro costante di dissociazione acida, ordinare in ordine decrescente i seguenti acidi: acido fosforico H_3PO_4, acido nitrico HNO_3 e acido acetico CH_3COOH.

A $CH_3COOH > H_3PO_4 > HNO_3$
B $CH_3COOH > HNO_3 > H_3PO_4$
C $HNO_3 > H_3PO_4 > CH_3COOH$
D $HNO_3 > CH_3COOH > H_3PO_4$
E $H_3PO_4 > HNO_3 > CH_3COOH$

570 A quale dei seguenti valori si avvicina maggiormente il pH di una soluzione acquosa 10^{-10} M di HCl?

A pH 11
B pH 5
C pH 7
D pH 9
E pH 10

571 Cosa si intende per chimica organica?

A lo studio dei composti dell'azoto
B Lo studio che riguarda le relazioni tra chimica e il regno minerale
C Lo studio dei composti del carbonio
D Lo studio dei processi che avvengono negli organi animali
E Lo studio che riguarda le relazioni tra chimica e il regno animale e vegetale

572 Una soluzione che presenta pH = 7,4 (il pH normale del sangue) si deve definire:

A debolmente basica
B fortemente acida
C debolmente acida
D neutra
E isotonica al sangue

573 Una sola delle molecole sottoindicate non ha alcun doppietto elettronico libero. Quale?

A Metano
B Dietiletere
C Ammoniaca
D Acqua
E Idrogeno solforato

574 A quale pH si ha la maggior concentrazione in idrogenioni?

A 4
B 4,5
C 7
D 8
E 12

575 Quanti grammi di carbonio sono contenuti in 5 moli di $C_2H_4O_2$?

A 10
B 120
C 60
D 20
E 24

576 Quanti equivalenti sono contenuti in una mole di H_3PO_4?

A 3
B 4
C 8
D 1
E 1/3

577 Dati l'anione cloro (Cl^-) (numero atomico 17) e l'atomo di argon (Ar) (numero atomico 18), indicare l'affermazione corretta:

A Cl^- possiede un elettrone in più rispetto a Ar
B Cl^- ha lo stesso numero atomico di Ar
C Cl^- possiede lo stesso numero di protoni di Ar
D Ar e Cl^- hanno la stessa configurazione elettronica esterna
E Sia Ar che Cl^- possiedono 17 elettroni

578 Identificare la sequenza esatta nell'ordine: proteina, lipide, zucchero.

A Mioglobina, glucosio, acido arachidonico
B Trigliceride, collagene, saccarosio
C Cheratina, colesterolo, fruttosio
D Emoglobina, fruttosio, acido palmitico
E Collagene, fruttosio, colesterolo

579 Quale dei seguenti isotopi radioattivi è usato nella terapia del cancro?

A Ossigeno-15 (^{15}O)
B Cobalto-60 (^{60}Co)
C Trizio (^{3}H)
D Sodio-24 (^{24}Na)
E Fosforo-32 (^{32}P)

580 Partendo da una soluzione di acido cloridrico con pH = 1 (soluzione A), desidero ottenere una soluzione con pH = 4 (soluzione B). Di quante volte devo diluire la soluzione A per ottenere la soluzione B?

A 3
B 4
C 104
D 1000
E 10000

581 Indicare, fra i seguenti, l'acido biprotico:

A H_3PO_4
B H_2SO_4
C HNO_2
D HCl
E HCOOH

582 La struttura elettronica del sodio (Z = 11) è la seguente:

A $1s^2\,2s^2\,3s^2\,3p^4\,3d^1$
B $1s^2\,2s^2\,2p^4\,3s^2\,3p^1$
C $1s^2\,2s^2\,2p^5\,3s^2$
D $1s^2\,2s^2\,2p^6\,3s^1$
E $1s^1\,2s^1\,2p^6\,3s^2\,3p^3$

583 In una titolazione di 25 ml di una soluzione di HCl (acido cloridrico) sono stati utilizzati 11,5 ml di NaOH (idrossido di sodio) 0,2 M. Qual è la concentrazione della soluzione di HCl?

A 0,092 M
B 1 M
C 0,2 M
D 0,02 M
E 0,0092 M

584 I raggi beta sono costituiti da particelle che corrispondono per carica e massa a un:

A nucleo di elio
B protone
C neutrone
D nucleo di idrogeno
E elettrone

585 Il legame covalente polarizzato si può formare tra:

A atomi a diversa elettronegatività
B atomi dello stesso elemento
C atomi con la stessa configurazione elettronica
D ioni con carica di segno opposto
E atomi che possono cedere e acquistare elettroni

586 Nella reazione tra una mole di acetato di ammonio e una mole di acido cloridrico si formano:

A una mole di acido acetico e una mole di cloruro di ammonio
B una mole di acido acetico e due moli di cloruro di ammonio
C una mole di cloruro di acetile e una mole di ammoniaca
D una mole di acetammide e una mole di cloruro di ammonio
E nessuno dei prodotti sopraindicati

587 Che cosa è la cromatografia?

A Un metodo per colorare i composti chimici
B Un metodo per riconoscere le sostanze chimiche facendole reagire col cromo
C Un metodo di scrittura chimica
D Un metodo per rilevare le proprietà ottiche delle sostanze
E Un metodo per separare le sostanze chimiche che formano una miscela

588 I trigliceridi sono costituiti da:

A carbonio e idrogeno
B carbonio, idrogeno, ossigeno e azoto
C carbonio, idrogeno, ossigeno e fosforo
D carbonio, idrogeno, ossigeno e zolfo
E carbonio idrogeno e ossigeno

589 Indicare quale delle seguenti variazioni NON influenza lo stato di equilibrio della reazione esotermica $H_{2(gas)} + I_{2(gas)} \rightleftarrows 2\,HI_{(gas)}$:

A aumento della temperatura
B aumento della pressione
C aumento della concentrazione reagenti
D aumento della concentrazione prodotti
E aumento del numero di moli di idrogeno

590 **Data la seguente reazione chimica all'equilibrio:**

$$C_{(s)} + 2\,H_{2(g)} \rightarrow CH_{4(g)}$$

Qual è l'equazione che ne descrive l'equilibrio, secondo la legge dell'azione di massa?

A $K_c = [CH_4] / [H_2]^2$
B $K_c = [CH_4]\,[H_2]\,[C]$
C $K_p = [CH_4]\,[H_2]^2\,[C]$
D $K_p = [CH_4] / [H_2]\,[C]$
E $K_c = [H_2] / 2$

591 **Raddoppiando la concentrazione degli ioni H^+ di una soluzione contenente inizialmente solo acqua pura a 25 °C, il pH risultante sarà:**

A 5,0
B 6,0
C 6,7
D 7,3
E 14

592 **Quante molecole sono contenute in 92 g di alcol etilico (PM = 46)?**

A 2
B $1{,}2 \cdot 10^{24}$
C $2 \cdot 10^{23}$
D $6{,}02 \cdot 10^{23}$
E $1{,}2 \cdot 10^{24}$

593 **Una soluzione acquosa A contiene due millimoli per litro dell'acido forte HCl e una soluzione acquosa B contiene una millimole per litro di HCl. Il pH della soluzione A:**

A è inferiore a quello della soluzione B
B è superiore a quello della soluzione B
C è uguale a quello della soluzione B
D è pari al doppio di quello della soluzione B
E è pari alla metà di quello della soluzione B

594 **Se due soluzioni acquose hanno la stessa concentrazione espressa in osmolarità esse hanno anche:**

A lo stesso pH
B la stessa conducibilità elettrica
C la stessa densità
D la stessa temperatura di congelamento
E la stessa forza ionica

595 **Il peso equivalente del ferro (PA = 55,84) nel cloruro ferrico è circa:**

A 55,84
B 27,92
C 18,61
D 13,96
E 167,52

596 **Il pH di una soluzione di idrossido di sodio avente una concentrazione di ossidrilioni pari a 10^{-2} moli/litro è:**

A 2
B 12
C compreso tra 7 e 9
D $-\log 10^{-2}$
E minore di 7

597 **Quanti grammi di un soluto al 2% (peso/volume) sono sciolti in 200 ml di soluzione?**

A 2 g
B 20 g
C 40 g
D 4 g
E 10 g

598 **La formula seguente:**

R–CH–COOH
||
O

rappresenta un:

A α-chetoacido
B α-amminoacido
C estere
D acido grasso
E sterolo

599 **L'osmolarità di una soluzione:**

A è proporzionale al volume totale della soluzione
B dipende dal peso molecolare ma non dalla concentrazione dei soluti
C è correlata al numero di particelle individuali nell'unità di volume, e non alla loro natura
D aumenta con la viscosità della soluzione
E diminuisce con il pH della soluzione

600 **Una semireazione di ossidazione è sempre caratterizzata da:**

A aumento del numero di elettroni
B aumento degli atomi di ossigeno
C perdita di atomi di idrogeno
D diminuzione del numero di ossidazione dell'elemento che si ossida
E perdita di elettroni

601 **Quale delle seguenti molecole può formare legami a idrogeno con l'acqua?**

A CH_4
B $MgCl_2$
C CH_3CH_2COOH
D O_2
E $CH_3–(CH_2)_2–CH_3$

602 Una soluzione che ha pH = 8 viene definita:

A fortemente acida
B neutra
C debolmente basica
D fortemente basica
E debolmente acida

603 Indicare la normalità di una soluzione di H_2SO_4 0,5 M:

A 1
B 0,1
C 0,5
D 0,25
E 2

604 Un grammo equivalente di $Ca(OH)_2$ è uguale a:

A una mole
B mezza mole
C due moli
D un quarto di mole
E quattro moli

605 Quali sono le condizioni di temperatura e pressione in cui una mole di ossigeno occupa il volume di 22,4 litri?

A 0 K e 2 atm
B 398 K e 1 atm
C 0 K e 1 atm
D 273 K e 1 atm
E 0 °C e 2 atm

606 Una soluzione acquosa di acido solforico 0,1 M contiene:

A 0,1 mol di acido in 100 ml di soluzione
B 0,001 mol di soluto in 1 litro di soluzione
C 0,1 mol di acido in 10 litri di acqua
D 1 ml di acido in 1 ml di soluzione
E 0,0001 mol di acido in 1 ml di soluzione

607 Avendo un litro di una soluzione di acido forte a pH = 2 per ottenere un pH = 5 è necessario diluire a:

A 1000 litri
B 100 litri
C 50 litri
D 3 litri
E 7 litri

608 Gli elementi di transizione:

A hanno accentuato carattere metallico
B hanno elevata elettronegatività
C hanno più stati di ossidazione diversi
D sono molto instabili
E formano ossidi acidi

609 Un atomo in condizioni neutre contiene 8 elettroni, 8 protoni e 9 neutroni. Il peso atomico risulta quindi:

A 8
B 9
C 16
D 17
E 25

610 Qual è la formula del fosfato di potassio?

A K_3PO_4
B K_2PO_3
C KPO_4
D PFO_4
E K_2PO_4

611 Sapendo che il peso atomico del calcio è 40 e il peso atomico del cloro è 35 ne segue che 110 g di cloruro di calcio contengono:

A 51,33 g di cloro
B 79,66 g di cloro
C 70 g di cloro
D 80 g di cloro
E 85,56 g di cloro

612 Quanti grammi di HCl (PM = 36) sono contenuti in 100 ml di una soluzione 1 M?

A 0,25
B 1,1
C 2
D 3,6
E 3,8

613 In quale delle seguenti sostanze il legame tra gli atomi è di natura ionica?

A Diamante
B Ammoniaca
C Bromuro di potassio
D Acido cloridrico
E Acqua

614 A 2,5 moli di CO_2 (P.M. = 44) corrispondono:

A 2,5 g
B 110 g
C 17,6 g
D 132 g
E 46,5 g

615 Una micromole di atomi contiene:

A $6{,}023 \cdot 10^{23}$ atomi
B $6{,}023 \cdot 10^{17}$ atomi
C un numero di atomi che dipende dal numero atomico
D $6{,}023 \cdot 10^{17}$ grammi
E $6{,}023 \cdot 10^{20}$ atomi

QUESITI

616 Quale fra le seguenti sostanze ha il punto di ebollizione più alto, alla stessa pressione esterna?

A Acqua
B Etere etilico
C Alcol etilico
D Cloruro di idrogeno
E Metano

617 Quale delle seguenti soluzioni è meno acida?

A $[H_3O^+] = 2,5 \cdot 10^{-4}$ M
B $[OH^-] = 5 \cdot 10^{-5}$ M
C $[H_3O^+] = 1 \cdot 10^{-3}$ M
D $[OH^-] = 1 \cdot 10^{-9}$ M
E $[H_3O^+] = 5 \cdot 10^{-2}$ M*

618 Nella molecola CH_4 i quattro legami tra carbonio e idrogeno sono:

A legami a idrogeno
B legami dativi
C legami covalenti
D legami ionici
E legami metallici

619 Una soluzione 1 molare contiene 40 g di un composto in mezzo litro di soluzione. Qual è il peso molecolare del composto?

A 40
B 80
C 4
D 20
E 8

620 Quale elemento corrisponde alla configurazione elettronica $1s^2\ 2s^2\ 2p^3$?

A Ossigeno
B Azoto
C Idrogeno
D Ferro
E Fluoro

621 Qual è la $[H^+]$ di una soluzione a pH = 6?

A 10^6 M
B 10^{-6} M
C $6 \cdot 10^{-1}$ M
D $6 \cdot 10^{-6}$ M
E 6 M

622 Una soluzione acquosa 10^{-6} M di KOH presenta una concentrazione di ioni OH^- pari a:

A 10^{-6} M
B 10^{-12} M
C 10^6 M
D $6 \cdot 10^{-2}$ M
E 10^{-8} M

623 Le forze che tengono unite fra loro le molecole di ammoniaca sono:

A forze di Van der Waals
B legami ionici
C legami covalenti
D legami a idrogeno
E legami dativi

624 La seguente struttura elettronica:

$$1s^2\ 2s^2\ 2p^6\ 3s^2\ 3p^6$$

è riferibile:

A a un alogeno
B a un elemento di transizione
C a un gas nobile
D a un metallo alcalino-terroso
E a un elemento radioattivo

625 Quale, tra le seguenti attribuzioni di simboli è corretta?

A S = sodio
B An = antimonio
C Mn = magnesio
D F = fosforo
E Cu = rame

626 Indicare quale, tra le seguenti sostanze, disciolta in acqua darà luogo a una soluzione con pH > 7:

A acido cloridrico
B idrossido di sodio
C cloruro di sodio
D acido perclorico
E cloruro di ammonio

627 Il simbolo del nichel è:

A Nc
B N
C Ni
D Ne
E Nl

628 Quale fra i seguenti elementi, appartiene al gruppo dei "gas nobili", diciottesimo gruppo della tavola periodica degli elementi?

A Bario
B Azoto
C Idrogeno
D Argon
E Tungsteno

629 L'acido glutammico è:

A un amminoacido
B un dolcificante prodotto dagli amidi
C un derivato dal glucosio
D un acido corrosivo e velenoso
E una molecola achirale

630 **Il peso equivalente del calcio (PA = 40,08) nel carbonato di calcio è:**

A 10,02
B 13,36
C 40,08
D 80,16
E 20,04

631 **In una soluzione acquosa del volume complessivo di 500 ml sono presenti 20 g di idrossido di sodio. Sapendo che il peso formula dell'idrossido di sodio è 40, la concentrazione della soluzione è:**

A 1 molare
B 1 molale
C 20% peso/peso
D 20% peso/volume
E 0,5 molare

632 **La reazione fra H_2SO_4 e NaOH produce:**

A anidride solforica e acqua
B ossido di sodio e solfuro di idrogeno
C solfuro di sodio e acqua
D solfato di sodio e acqua
E solfito di sodio e acqua

633 **L'acido solforico ha peso molecolare 98. A quanti grammi corrispondono 3 moli di questo acido?**

A 7
B 20
C 98
D 294
E Il triplo del numero di Avogadro

634 **A una certa temperatura e alla pressione di 0,2 atmosfere, volumi uguali di due gas diversi:**

A contengono sempre lo stesso numero di molecole
B hanno lo stesso peso molecolare
C hanno la stessa massa
D hanno la stessa densità
E contengono sempre lo stesso numero di atomi

635 **Un grammo di idrogeno contiene più atomi di un grammo di ossigeno:**

A falso, il numero di atomi è identico
B vero l'opposto
C vero
D dipende dal tipo di isotopo naturale considerato
E dipende dalle condizioni di temperatura e pressione

636 **La pressione osmotica è una proprietà:**

A dello stato gassoso
B dello stato di soluzione solida
C delle soluzioni allo stato liquido
D dei solventi puri allo stato liquido
E solo delle soluzioni non acquose

637 **Nella reazione 2 HBr + $I_2 \rightarrow$ 2 HI + Br_2:**

A il bromo si riduce e lo iodio si ossida
B il bromo si ossida e lo iodio si riduce
C il bromo e lo iodio si ossidano e il potassio si riduce
D il potassio si riduce e lo iodio si ossida
E il potassio e il bromo si ossidano e lo iodio si riduce

638 **La formula del nitrato di calcio è:**

A $CaNO_3$
B Ca_2NO_3
C $Ca(NO_3)_2$
D $Ca_2(NO_3)_3$
E $Ca(NO_2)_2$

639 **Il numero di protoni, neutroni ed elettroni dello ione Mg^{2+}, con numero atomico 12 e numero di massa 24 è:**

A 12 protoni, 12 neutroni, 12 elettroni
B 12 protoni, 14 neutroni, 10 elettroni
C 14 protoni, 10 neutroni, 10 elettroni
D 12 protoni, 12 neutroni, 10 elettroni
E 24 protoni, 24 neutroni, 12 elettroni

640 **1,5 moli di ossido di calcio (PM = 56) corrispondono a:**

A 56 g
B 57,5 g
C 84 g
D 37,3 g
E 1,5 g

641 **L'acido X ha pK = ; l'acido Y ha pK = 4. Quale delle seguenti affermazioni è CORRETTA?**

A L'acido Y è un acido inorganico forte
B L'acido X è 100 volte più forte dell'acido Y
C L'acido X è due volte più dissociato dell'acido Y
D L'acido X è un acido debolissimo
E L'acido Y è 100 volte più forte dell'acido X

642 **La concentrazione espressa in moli per litro di idrogenioni nel sangue è compresa fra:**

A 0,000001 - 0,0001
B 0,00000001 - 0,0000001
C 0,00000 - 0,0000001
D 0,00002 - 0,000002
E 0,0000007 - 0,000001

CHIMICA

643 **Il peso equivalente di un acido biprotico:**
- A corrisponde al peso di una mole
- B è espresso in grammi
- C è espresso da un numero sempre intero
- D è metà del peso molecolare relativo
- E è il doppio del peso molecolare relativo

644 **Qual è la normalità di una soluzione al 4% di NaOH (P.M. = 40)?**
- A 1 N
- B 0,1 N
- C 0,4 N
- D 4 N
- E 10 N

645 **Addizionando 900 ml di acqua pura a 100 ml di una soluzione di acido forte avente pH = 4, il pH della soluzione è:**
- A invariato
- B circa 3,9
- C 5
- D 3
- E 4,5

646 **Il peso molecolare dell'acqua è 18. Pertanto 2 moli di acqua corrispondono a:**
- A 36 chilogrammi
- B 36 grammi
- C 2 chilogrammi
- D 18 grammi
- E 2 grammi

647 **La densità di un liquido è 1,08 kg/l. Ciò significa che:**
- A 10 ml pesano 10,8 g
- B 1 ml pesa 1,08 kg
- C 1 l pesa 10,8 g
- D 10 ml pesano 108 mg
- E 1 l pesa 1080 mg

648 **Cosa sono i tioli?**
- A Composti organici contenenti tre gruppi –OH
- B Composti organici contenenti un gruppo –SH
- C Composti inorganici contenenti zolfo
- D Composti organici contenenti un gruppo $-SO_2$
- E Composti organici contenenti fosforo

649 **Gli alogeni sono un gruppo di elementi caratterizzati da:**
- A basso valore di potenziale di ionizzazione
- B alto valore di elettronegatività
- C basso valore di elettronegatività
- D basso valore di affinità elettronica
- E notevole inerzia chimica

650 **L'atomo di Se, con numero di massa 80 e numero atomico 34, contiene nel nucleo:**
- A 34 protoni e 94 neutroni
- B 34 protoni e 80 neutroni
- C 34 protoni e 34 neutroni
- D 34 protoni e 46 neutroni
- E 94 neutroni e 46 protoni

651 **0,5 moli di He con massa atomica 4 sono mescolate con 0,5 moli di O_2 con massa atomica 16. In condizioni standard di pressione e temperatura il volume occupato dalla miscela gassosa è pari a:**
- A 11,2 litri
- B 20 litri
- C 22,4 litri
- D 36 litri
- E 44,8 litri

652 **Un metallo alcalino, in presenza di ossigeno:**
- A forma l'ossido corrispondente
- B forma l'idrossido corrispondente
- C resta inalterato essendo scarsamente reattivo
- D reagisce in rapporto stechiometrico 1:1
- E forma l'anidride corrispondente

653 **La polimerizzazione del monomero CF_2CF_2 dà origine a un polimero comunemente definito:**
- A polivinile
- B polietilene
- C poliuretano
- D perfluorocarburo
- E teflon

654 **Tra quelli riportati, indicare il composto più ricco d'ossigeno:**
- A alcano
- B alcol monofunzionale
- C chetone monofunzionale
- D acido carbossilico monofunzionale
- E aldeide monofunzionale

655 **Il tiofene è un eterociclo contenente:**
- A azoto
- B ossigeno
- C fosforo
- D zolfo
- E azoto e zolfo

656 **Il cloruro di ammonio in acqua dà:**
- A un sistema tampone
- B un'idrolisi neutra
- C un'idrolisi basica
- D una reazione di neutralizzazione
- E un'idrolisi acida

657 **Quanti grammi di HCl (PM = 36) sono contenuti in 10 ml di una soluzione 2 M?**

A 2
B 0,72
C 7,2
D 36
E 72

658 **L'effetto di un catalizzatore su una reazione chimica di equilibrio è quello di:**

A spostare l'equilibrio a destra
B accelerare il raggiungimento dell'equilibrio
C spostare l'equilibrio a sinistra
D aumentare il valore della costante di equilibrio
E far avvenire la reazione in modo non violento

659 **Nella titolazione tra HCl e NH_3 il punto di equivalenza si raggiunge a:**

A pH = 7
B pH = 0
C pH = 14
D pH < 7
E pH > 7

660 **Nella reazione tra anidride acetica ed etanolo si forma:**

A etere dietilico
B etilene
C etano
D acetato di etile
E nessun composto

661 **Una soluzione 2 M di NaCl (PM = 58) in acqua è formata da:**

A 232 mg di NaCl in 2 ml di soluzione
B 116 mg di NaCl in 1 litro di soluzione
C 29 g di NaCl in 1 litro di soluzione
D 2 moli di NaCl in 1 ml di acqua
E 1 mole di NaCl in 100 ml di soluzione

662 **Glucosio e fruttosio:**

A hanno diverso numero di atomi di C
B hanno diverso gruppo funzionale
C hanno diverso peso molecolare
D sono entrambi disaccaridi
E sono entrambi polisaccaridi

663 **Il benzene è un:**

A alcol
B acido organico
C chetone
D idrocarburo aliciclico
E idrocarburo ciclico

664 **I legami a idrogeno si formano fra due molecole d'acqua perché la molecola d'acqua è:**

A Lineare
B Apolare
C Polare
D Grande
E Idrofoba

665 **Le formule degli ioni fluoro, nitrito e solfito sono:**

A Fl^-, NO_3^- , SO_3^{2-}
B F^-, NO_2^- , SO_3^{2-}
C Fr^-, NH_2, S^{2-}
D F^-, NH_3, SO_2
E F^-, NO_3^- , $SO_4{}^2$

666 **Aggiungendo idrossido di calcio a una soluzione:**

A il pH cresce
B il pH diminuisce
C il pH non varia
D il pH diventa minore di 7
E il pH diventa maggiore di 10

667 **Quale dei seguenti glucidi NON è un monosaccaride?**

A Glucosio
B Galattosio
C Saccarosio
D Fruttosio
E Ribosio

668 **L'ibridazione sp^3 è presente nel:**

A H_2
B butano
C butene
D benzene
E cicloalchene

669 **Nella titolazione tra CH_3COOH (acido acetico) e NaOH il punto di equivalenza si raggiunge a:**

A pH = 7
B pH = 0
C pH = 14
D pH < 7
E pH > 7

670 **Sapendo che i pesi atomici degli elementi H,O,N sono rispettivamente 1, 16 e 14, qual è il PM dell'acido nitrico?**

A 63
B 79
C 50
D 47
E 64

671 La struttura $R–NH_2$ caratterizza:
A le ammidi
B le ammine primarie
C le ammine secondarie
D i nitrili
E le immine

672 Il composto Cl_2O_7 è:
A anidride ipoclorosa
B anidride clorica
C anidride perclorica
D anidride clorosa
E pentossido di cloro

673 In quale dei seguenti campioni è contenuto il maggior numero di molecole?
A 1 mole di H_3PO_4 (PM = 98)
B 1 mole di mioglobina (PM = 17.000)
C 1 mole di H_2O_2 (PM = 34)
D 1 mole di H_2O (PM = 18)
E Tutti i composti precedenti contengono lo stesso numero di molecole

674 Il cosiddetto "indurimento degli oli" consiste in:
A clorurazione dei grassi
B deidrogenazione degli oli
C deidrogenazione dei grassi
D idrogenazione degli oli
E solidificazione degli oli

675 Gli alchini sono idrocarburi contenenti almeno:
A un legame semplice
B un legame doppio
C un legame triplo
D un atomo d'azoto
E due legami doppi

676 Il propanolo è un:
A idrocarburo aromatico
B alcol
C aldeide
D chetone
E etere

677 L'entità della dissociazione dell'acido acetico in soluzione acquosa, a parità di altre condizioni (concentrazione, temperatura) è diminuita dall'aggiunta alla soluzione di:
A un acido forte
B cloruro di sodio
C una base forte
D glucosio
E una base debole

678 La formula C_2H_4 rappresenta:
A propano
B etilene
C benzene
D acetilene
E alcol etilico

679 Quale delle seguenti caratteristiche non si può attribuire all'acqua?
A Un elevato potere solvente
B Un elevato calore specifico
C Una elevata conducibilità elettrica
D Densità maggiore del ghiaccio
E Punto di ebollizione relativamente alto

680 Quale tra questi non è una lega metallica?
A Bronzo
B Ottone
C Acciaio
D Ghisa
E Titanio

681 Quale coppia è collegata e tenuta assieme da legami (ponti) idrogeno?
A Etanolo-sodio metallico
B Acqua-metano
C Propano-butano
D Etanolo-isopropanolo
E Benzene-fenantrene

682 Alcol propilico normale e alcol isopropilico sono:
A isomeri di posizione
B isomeri ottici
C enantiomeri
D isomeri cis-trans
E non sono isomeri

683 Quale di queste sostanze è un acido grasso?
A CH_3CH_2OH
B $C_6H_5–COOH$
C CH_3NH_2
D CH_3CH_3
E $C_{13}H_{27}–COOH$

684 Nella formazione di una mole di CO_2 a partire da carbonio e ossigeno, secondo la reazione $C + O_2 \rightarrow CO_2$, si produce una quantità di calore pari a 93,6 kcal. La reazione può essere definita:
A spontanea
B irreversibile
C equilibrata
D omogenea
E esotermica

685 **Una mole di $Ba_3(PO_4)_2$ pesa 601,96 g e contiene:**

A 60,196 molecole
B 60,196 molecole
C $0,6 \cdot 10^{23}$ molecole
D $1,81 \cdot 10^{24}$ atomi di bario
E $1,2 \cdot 10^{23}$ atomi di fosforo

686 **Il raggio dell'atomo di H, approssimativamente misura:**

A 10 Avogadro
B $2 \cdot 10^{-8}$ m
C 8 mm
D $2 \cdot 10^{-9}$ cm
E 100 pm

687 **Nella disintegrazione di un radioisotopo il tempo di dimezzamento:**

A è costante nel tempo
B aumenta nel tempo
C diminuisce nel tempo
D dipende dalla quantità dell'isotopo
E dipende dal numero dei neutroni

688 **Sapendo che il peso atomico del ferro è 55, dello zolfo è 32 e dell'ossigeno è 16 ne segue che facendo reagire 55 g di ferro con la quantità stechiometrica di acido solforico si ottengono:**

A 0,1 moli di solfato ferroso
B 0,5 moli di solfato ferroso
C 1,0 moli di solfato ferroso
D 2,0 moli di solfato ferroso
E 0,33 moli di solfato ferroso

689 **L'attività di un enzima dipende dalla temperatura, e si raddoppia per ogni aumento di 10 °C; se la temperatura aumenta di 20 °C, qual è l'aumento percentuale dell'attività dell'enzima?**

A 100%
B 200%
C 300%
D 400%
E 500%

690 **Sapendo che il peso formula dell'acido fosforico (H_3PO_4) è 98 una soluzione contenente 196 g per litro ha la seguente concentrazione normale:**

A 4
B 6
C 8
D 2
E 0,5

691 **Nell'ammoniaca (NH_3) i numeri di ossidazione di idrogeno e azoto sono rispettivamente:**

A −3, +1
B −1, −3
C +1, +3
D +1, −3
E −2, −3

692 **Il numero di molecole contenute in una mole di qualsiasi sostanza è:**

A 10^{23}
B $6,02 \cdot 10^{23}$
C $6,02 \cdot 10^{-23}$
D $6,02 \cdot 10^{9}$
E $22,414 \cdot 10^{23}$

693 **Secondo Planck la luce e le altre forme di energia sono "pacchetti" di:**

A fotoni
B bosoni
C quanti
D barioni
E elettroni

694 **Per quale dei seguenti elementi è caratteristica la formazione di ioni colorati?**

A Alcalini
B Alcalino terrosi
C Di transizione
D Alogeni
E Idrogeno e ossigeno

695 **Quale tra i seguenti elementi NON è un elemento di transizione?**

A Ferro
B Cobalto
C Manganese
D Alluminio
E Cromo

696 **Un numero di atomi pari a $6,02 \cdot 10^{23}$ costituisce:**

A una mole di atomi
B tutti gli atomi noti
C una molecola di atomi
D un numero quantico di atomi
E un numero a caso di atomi

697 **Indicare la differenza esistente tra l'atomo e uno ione qualsiasi di uno stesso elemento:**

A differenza di protoni o elettroni
B differenza di elettroni
C differenza di numero di massa
D differenza di elettroni e neutroni
E non vi è differenza

CHIMICA

698 Data la seguente equazione di reazione: $AgNO_3 + NaCl \rightarrow AgCl$, individuare l'affermazione corretta.

- A È completa
- B Tra i reagenti manca la specie AgCl
- C Tra i prodotti manca la specie NO_3
- D Tra i prodotti manca la specie $NaNO_3$
- E Tra i prodotti manca la specie O_2

699 Quale tra questi è un composto chimico?

- A Ferro
- B Acqua
- C Vino
- D Latte
- E Ottone

700 Quale delle seguenti sostanze è un polimero?

- A biossido di carbonio
- B aspirina
- C cellulosa
- D gas naturale
- E glucosio

701 Facendo reagire due moli di idrogeno con 4 moli di cloro, quante moli di acido cloridrico si formano?

- A 6
- B 2
- C 8
- D 4
- E 3

702 Sapendo che il peso atomico del bario è 137 e del cloro 35, un litro di soluzione 0,5 M di cloruro di bario ne contiene:

- A 207 g
- B 135 g
- C 35 g
- D 103,5 g
- E 86 g

703 Quale sostanza chimica rappresenta la componente principale dei vetri?

- A Carbonato di calcio
- B Silice
- C Piombo
- D Carburo di tungsteno
- E Carbonio

704 Come viene rappresentata la normalità?

- A m
- B M
- C No
- D N
- E n

705 Gli omega tre sono:

- A acidi grassi saturi
- B acidi grassi monoinsaturi
- C acidi grassi ossigenati
- D acidi grassi contenenti azoto
- E acidi grassi polinsaturi

706 Il composto N_2O_5 è:

- A anidride nitrica
- B ipoazotite
- C anidride nitrosa
- D monossido di azoto
- E tetrossido di diazoto

707 Nella reazione tra idrossido di calcio e acido carbonico si ottiene:

- A carbonato acido di calcio e ossigeno
- B carbonato di calcio e acqua
- C carbonato di calcio e idrogeno
- D carbonato di calcio e ossigeno
- E bicarbonato di calcio e idrogeno

708 Bilanciare la seguente reazione: $a\ Al_2(SO_4)_3 + b\ NH_3 + c\ H_2O \rightarrow d\ Al(OH)_3 + e\ (NH_4)_2SO_4$

- A a=1; b=6; c=3; d=5; e=3
- B a=1; b=3; c=6; d=4; e=2
- C a=3; b=6; c=3; d=1; e=3
- D a=1; b=6; c=6; d=2; e=3
- E a=1; b=4; c=4; d=1; e=2

709 Quando una reazione procede con assorbimento di calore dall'esterno, è detta:

- A esotermica
- B isoterma
- C isotropa
- D endotermica
- E endoergonica

710 Se si aumenta di 100 volte la concentrazione degli ioni OH^- in una soluzione con un pH iniziale di 8, quale valore di pH finale si ottiene?

- A pH 10
- B pH 9
- C pH 12
- D pH 6
- E pH 7

711 In quale dei seguenti composti è contenuto il maggior numero di molecole?

- A 100 g di H_2SO_4 (PM = 98)
- B 100 g di NaOH (PM = 40)
- C 100 g di CO_2 (PM = 44)
- D 100 g di CO (PM = 28)
- E Tutti i composti precedenti contengono lo stesso numero di molecole

QUESITI

712 Quando un elettrolita si dissocia in soluzione:

- A abbiamo tutti cationi perché gli anioni si legano all'acqua
- B abbiamo cationi e anioni
- C abbiamo tutti anioni
- D un elettrolita non si dissocia per definizione
- E abbiamo sempre più cationi che anioni

713 Gli alogeni appartengono al:

- A gruppo I A della tavola periodica
- B gruppo II A della tavola periodica
- C gruppo III A della tavola periodica
- D gruppo VII A della tavola periodica
- E gruppo IV A della tavola periodica

714 Quale dei seguenti elementi è un gas nobile?

- A F
- B Cl
- C H
- D Br
- E Ne

715 Una soluzione $1{,}0 \cdot 10^{-7}$ M di NaCl contiene:

- A $1{,}0 \cdot 10^{-7}$ g di NaCl in un litro
- B $1{,}0 \cdot 10^{-6}$ moli di NaCl in 10 litri
- C $1{,}0 \cdot 10^{-7}$ mg di NaCl in un litro
- D $1{,}0 \cdot 10^{-7}$ millimoli di NaCl in un litro
- E $1{,}0 \cdot 10^{-7}$ moli di NaCl in un kg di acqua

716 Cosa si intende per soluzione?

- A una dispersione omogenea di due o più specie chimiche una nell'altra, in proporzioni variabili entro un campo finito di valori
- B una dispersione di due o più specie chimiche una nell'altra
- C è un termine astratto
- D il prodotto di una reazione chimica
- E una miscela fra due qualsiasi specie chimiche

717 Le formule degli ioni calcio, nitrato e fosfato sono:

- A Ca^{2+}, NO_2^-, PO_3^{2-}
- B Ca^{2+}, NO_3^-, PO_4^{3-}
- C Cl^-, NO_3^-, PO_4^{3-}
- D Ca^{2-}, NO_3^+, PO_4^{2-}
- E Ca^{2-}, NO_2^-, PO_4^{2-}

718 Quale delle seguenti soluzioni esercita la pressione osmotica maggiore, a parità di temperatura?

- A Cloruro di sodio 0,1 M
- B Acido acetico 0,1 M
- C Glucosio 0,1 M
- D Cloruro di bario 0,1 M
- E Acido formico 0,2 M

719 Quale, tra le seguenti attribuzioni di simboli, non è corretta?

- A Ca = calcio
- B Ce = cesio
- C Mn = manganese
- D B = boro
- E Hg = mercurio

720 Un metallo, reagendo con l'ossigeno, dà origine a:

- A un ossido acido
- B un sale
- C un ossido basico
- D un idrossido
- E un acido

721 Il pH:

- A aumenta quando la concentrazione idrogenionica diminuisce
- B aumenta quando la concentrazione idrogenionica aumenta
- C diminuisce quando la concentrazione idrogenionica diminuisce
- D aumenta quando la concentrazione ossidrilionica diminuisce
- E diminuisce quando la concentrazione ossidrilionica aumenta

722 Indicare quale dei seguenti composti non è un elettrolita:

- A acido forte
- B base
- C sale solubile
- D benzene
- E acido debole

723 Che cos'è la citosina?

- A Un amminoacido
- B Uno zucchero
- C Una vitamina
- D Un acido grasso
- E Una base azotata

724 Nell'idrolisi di un protide naturale semplice si formano:

- A D-amminoacidi
- B ammine
- C monosaccaridi
- D acidi grassi
- E L-amminoacidi

725 I metalli alcalino-terrosi appartengono al:

- A gruppo I A della tavola periodica
- B gruppo II A della tavola periodica
- C gruppo III A della tavola periodica
- D gruppo VII A della tavola periodica
- E gruppo IV A della tavola periodica

726 Si forma un legame covalente:

A tra atomi con valori di elettronegatività molto diversi
B tra atomi con valori di elettronegatività di poco differenti oppure uguali
C tra atomi con valori di elettronegatività di poco differenti purché non uguali
D tra atomi del I e II gruppo della tavola periodica
E tra atomi del I e VII gruppo della tavola periodica

727 Il composto X-O-H in cui X rappresenta un elemento chimico:

A è un acido se X = Na
B è una base se X = Cl
C è un acido se X è un elemento degli ultimi gruppi della tavola periodica
D è un acido se X è un elemento alcalino terroso
E è un acido se X è un elemento alcalino

728 Il composto HNO_3 è:

A un acido monoprotico
B un acido biprotico
C un acido triprotico
D un acido poliprotico
E un acido anfipatico

729 Un litro di soluzione di acido cloridrico contiene 0,001 moli di acido. Indicare quale delle seguenti affermazioni è esatta:

A il pH della soluzione è 3
B il pH della soluzione è 10
C il pOH della soluzione è 3
D il pH della soluzione è 2
E il pH della soluzione è 4

730 Le formule degli ioni alluminio, solfato, ammonio e solfuro sono:

A Al^{3+}, SO_4^{2-} , NH_3^+ , SO_3^-
B Al^{3+}, SO_4^{2-} , NH_4^+ , S^{2-}
C Al^-, SO_4^{2+} , NH_4^+ , SO_3^-
D Al^{3+}, SO_2^{2-} , NH_4^+ , SO_4^-
E Al^{3+}, SO_2^{2-} , NH_4^+ , S^{2-}

731 Si definisce racemo:

A una miscela in parti eguali di due enantiomeri
B una miscela in parti eguali di due diasteroisomeri
C un composto otticamente attivo
D un composto con due centri chirali equivalenti
E una qualsiasi miscela di due enantiomeri

732 Gli orbitali ibridi sp^2 sono in numero di:

A 5
B 4
C 1
D 2
E 3

733 Nella reazione: $Zn + 2\,HCl \rightarrow ZnCl_2 + H_2$:

A Zn si ossida
B nessun elemento si ossida perché si ha solo riduzione
C nessun elemento si ossida perché non è una reazione di ossido-riduzione
D Cl si ossida
E H si ossida

734 Dalla reazione tra acido solfidrico e idrossido rameoso si ottiene:

A solfuro rameoso e acqua
B solfato rameoso e acqua
C solfito rameoso e acqua
D solfato rameico e acqua
E solfuro rameico e acqua

735 Il composto Cd_2O:

A è l'ossido di cadmio
B è l'ossido di rame
C è l'anidride di cadmio
D non esiste
E è il biossido di cadmio

736 Quante moli di NaOH sono presenti in 10 litri di soluzione acquosa di tale sostanza a pH = 6?

A 10
B 0,006
C 0,001
D 0,00001
E 0,000001

737 Indicare quale dei seguenti sali, disciolto in acqua, dà reazione basica:

A NaCl
B Na_2SO_4
C KCl
D $KHCO_3$
E $AlCl_3$

738 Quale dei seguenti composti è un amminoacido?

A Adrenalina
B Colina
C Treonina
D Istamina
E Uridina

QUESITI

739 Un amminoacido è una:

- A sostanza contenente i gruppi funzionali carbossilico e amminico
- B sostanza contenente i gruppi funzionali alcolico e amminico
- C sostanza che per idrolisi produce proteine
- D sostanza ottenuta per idrolisi dei trigliceridi
- E proteina semplice

740 Una soluzione è ipotonica rispetto al sangue quando:

- A la concentrazione dell'ossigeno è uguale a quella del sangue
- B la concentrazione dell'idrogeno è inferiore a quella del sangue
- C la pressione osmotica è uguale a quella del sangue
- D la pressione osmotica è superiore a quella del sangue
- E la pressione osmotica è inferiore a quella del sangue

741 L'isotopo carbonio-14 (^{14}C) ha una emivita di 5730 anni. Dopo 17.190 anni la sua radioattività iniziale sarà ridotta a:

- A un mezzo
- B un terzo
- C un quarto
- D un ottavo
- E un sedicesimo

742 Gli elettroni contenuti negli orbitali di tipo *s* e *p* hanno numero quantico secondario *l* rispettivamente:

- A 0 e 1
- B 2 e 3
- C –1 e –2
- D 0 e –1
- E 1 e 2

743 Lo ione Na^+:

- A è un anione bivalente
- B è un anione monovalente
- C è un catione monovalente
- D proviene dalla ionizzazione di un alogeno
- E è un catione bivalente

744 Quale delle seguenti proprietà dei reagenti viene sempre conservata durante una reazione chimica e si ritrova nei prodotti?

- A Stato di aggregazione
- B Temperatura
- C Numero di ossidazione
- D Massa
- E Colore

745 Nell'acqua, solvente polare, si scioglie meglio:

- A un olio
- B NaCl
- C un grasso
- D il benzene
- E la benzina

746 La maggiore concentrazione di ioni OH^- è presente a pH:

- A 2
- B 5
- C 8
- D 7
- E 11

747 Il glucosio è un:

- A lipide
- B disaccaride
- C aldopentoso
- D aldoesoso
- E chetoesoso

748 Dato che il peso molecolare dell'acqua è 18, 9 g di questa sostanza contengono circa:

- A 18 molecole
- B 9 molecole
- C 18 miliardi di molecole
- D 9 miliardi di molecole
- E trecentomila miliardi di miliardi di molecole

749 Facendo reagire 4 moli di H_2 con 2 moli di O_2 quante moli di acqua si formano?

- A 8
- B 1
- C 4
- D 2
- E 6

750 Una molecola d'acqua:

- A contiene 10 elettroni
- B pesa 18 grammi
- C possiede un momento di dipolo elettrico nullo
- D ha legami ionici
- E ha peso molecolare pari a 10 grammi

751 Il pH è:

- A un modo per esprimere la concentrazione degli ioni H^+
- B una misura della pressione dell'idrogeno in soluzioni non acquose
- C un altro modo per esprimere la costante di Planck h
- D il simbolo della neutralità di una soluzione
- E l'unità di misura della pressione osmotica

QUESITI

752 Il litio è:
- A un minerale
- B un sale
- C un metallo
- D un isotopo radioattivo dell'idrogeno
- E un acido

753 Il carbonato di sodio è:
- A un estere
- B un sale
- C un sapone
- D una base
- E un acido

754 Che cosa è il ghiaccio secco?
- A Ghiaccio ottenuto da acqua deionizzata
- B Anidride carbonica solida
- C Ghiaccio ottenuto da soluzioni concentrate di NaCl
- D Ghiaccio a consistenza farinosa
- E Ghiaccio alla temperatura di –100°C

755 Il comune zucchero da cucina è:
- A il fruttosio
- B il glucosio
- C il saccarosio
- D il maltosio
- E il lattosio

756 Si definiscono isomeri, composti ...
- A con diversa formula molecolare ma stessa disposizione nello spazio
- B che appartengono alla stessa serie omologa
- C che hanno gli stessi punti di fusione
- D che non appartengono alla stessa serie omologa
- E che hanno la stessa formula molecolare e diversa disposizione nello spazio

757 Il cloruro di sodio, il carbonato di sodio e il cloruro d'ammonio sono sostanze che in soluzione acquosa:
- A danno soluzioni neutre
- B si dissociano completamente solo a grande diluizione
- C precipitano
- D danno soluzioni con pH diversi
- E danno soluzioni acide

758 In una soluzione la concentrazione di ossidrilioni è $1 \cdot 10^{-3}$ M. Il pH della soluzione è:
- A 3
- B 9
- C 10
- D 11
- E 13

759 La presenza di un alogeno (che è caratterizzato da un'elevata elettronegatività) su un acido carbossilico a dare un alogenuro acilico del tipo:

$$\mathrm{R{-}\overset{\overset{\displaystyle O}{\|}}{C}{-}Cl}$$

come modifica la reattività?
- A Diminuisce la reattività nei confronti di nucleofili, in quanto rende δ^- il carbonio del gruppo C=O
- B Aumenta la reattività nei confronti di nucleofili, in quanto rende ancora più δ^- il carbonio del gruppo C=O
- C Diminuisce la reattività nei confronti di nucleofili, in quanto rende δ^+ il carbonio del gruppo C=O
- D Aumenta la reattività nei confronti di nucleofili, in quanto rende ancora più δ^+ il carbonio del gruppo C=O
- E Non modifica in nessun modo la reattività

760 Il peso molecolare dell'acqua è 18. Quante moli di acqua vi sono in un litro a 4 °C?
- A 1 mole
- B 100 moli
- C 22,4 moli
- D 55,5 moli
- E 18 moli

761 Se il peso molecolare della proteina mioglobina è 17.000:
- A una molecola di mioglobina è costituita da 17.000 atomi
- B una mole di mioglobina pesa 17.000 kg
- C una mole di mioglobina pesa 17 kg
- D una molecola di mioglobina è costituita da 170 amminoacidi
- E una molecola di mioglobina è costituita da 17.000 amminoacidi

762 Due nuclidi hanno entrambi numero atomico 6 ma uno ha numero di massa 12 e l'altro 13. I due nuclidi si differenziano per:
- A numero di neutroni
- B numero di protoni
- C numero di elettroni
- D simbolo chimico
- E potenziale ionico

763 Quale dei seguenti acidi è debole?
- A Acido perclorico
- B Acido solforico
- C Acido bromidrico
- D Acido acetico
- E Acido cloridrico

764 **Il numero di ossidazione del C in H_2CO_3 è:**

A – 4
B + 4
C + 2
D + 6
E – 2

765 **Indicare la normalità di una soluzione di H_2SO_4 1 M:**

A 0,5
B 1
C 0,25
D 0,1
E 2

766 **Il numero atomico del potassio è 19. Qual è il numero totale di elettroni dello ione K^+?**

A 17
B 20
C 19
D 38
E 18

767 **Nella titolazione tra HCl e NaOH il punto di equivalenza si raggiunge a:**

A pH = 7
B pH = 0
C pH = 14
D pH < 7
E pH > 7

768 **Le proprietà chimiche degli elementi di uno stesso gruppo dipendono dal numero di:**

A elettroni totali
B elettroni di valenza
C neutroni
D protoni
E elementi contenuti nel gruppo

769 **Quale delle seguenti sostanze è un elettrolita debole?**

A NaCl
B KOH
C HI
D HCOOH
E H_2SO_4

770 **Indicare quale delle seguenti sostanze non è un carboidrato:**

A il glucosio
B la cellulosa
C l'amido
D il ribosio
E la glicina

771 **Per reazione di un acido ossidante con idrossido di sodio si forma:**

A il sale sodico con liberazione di ossigeno
B ossido di sodio
C un sale acido
D il sale sodico dell'acido
E il sale dell'acido e sodio metallico

772 **Indicare il nome corretto del composto $Fe(ClO_4)_3$:**

A ipoclorito ferrico
B cloruro ferroso
C perclorato ferrico
D ipoclorito ferroso
E perclorato ferroso

773 **Se reagiscono 2 moli di acido cloridrico con 1 mole di idrossido di bario, quante moli di cloruro di bario si formano?**

A 2
B 1
C 0,5
D 3
E 6

774 **Individuare l'affermazione errata:**

A un sistema tampone può essere formato da un acido debole e il sale contenente la base coniugata dell'acido debole
B una soluzione 0,5 M di HCl viene completamente neutralizzata da uno stesso volume di una soluzione 0,5 M di NaOH
C in una soluzione a pH = 3 la concentrazione degli ioni $H_3O^+ = 10^{-3}$ M
D una soluzione con una concentrazione degli ioni $H_3O^+ = 10^{-8}$ M è acida
E una soluzione contenente $H_3O^+ = 10^{-6}$ M è meno acida di una soluzione contenente $H_3O^+ = 10^{-4}$ M

775 **Da sinistra a destra, lungo un periodo della tavola periodica:**

A aumentano il volume atomico e l'energia di ionizzazione
B aumenta l'elettronegatività mentre diminuisce il volume atomico
C diminuisce l'elettronegatività mentre aumenta il carattere metallico
D aumenta l'affinità elettronica mentre diminuisce elettronegatività
E diminuiscono l'affinità elettronica e l'energia di ionizzazione

CHIMICA

QUESITI

776 Gli isotopi di uno stesso elemento:
- A hanno diverso numero atomico
- B hanno diverso numero di elettroni
- C non hanno differenze
- D hanno diverso numero di neutroni
- E hanno diverso numero di protoni

777 Un sale sciolto in acqua conferisce alla soluzione proprietà acide. Quale delle affermazioni seguenti è corretta?
- A Non è possibile che ciò accada
- B Si tratta di un fenomeno di elettrolisi
- C Si tratta di un fenomeno di idrolisi
- D Si è verificata una dialisi dell'acqua
- E Il sale conteneva un acido come impurezza

778 Miscelando 100 ml di una soluzione di NaOH 1 M con 100 ml di una soluzione di HCl 1 M si ottiene:
- A una soluzione acida
- B una soluzione basica
- C un precipitato
- D una soluzione salina a pH neutro
- E una soluzione satura

779 CO rappresenta la formula di:
- A monossido di carbonio
- B acido carbonico
- C metano
- D anidride carbonica
- E carbone minerale

780 Il valore della costante di equilibrio di una reazione in fase liquida può cambiare se varia:
- A la temperatura
- B la concentrazione dei reagenti
- C il volume di reazione
- D la velocità di formazione dei prodotti
- E la pressione

781 Le caratteristiche chimiche di un atomo dipendono:
- A dal suo numero di massa
- B dal numero di protoni presenti nel nucleo
- C dal numero di elettroni che esso possiede
- D dal numero di protoni e neutroni
- E dal numero di cariche negative

782 Quante millimoli di glucosio (PM = 180) sono contenute in 1,8 g di glucosio?
- A 10
- B 100
- C 1,8
- D 1
- E 1000

783 Quale fra questi è il metano?
- A CH_4
- B C_2H_4
- C C_6H_6
- D C_2H_6
- E C_6H_4

784 Individuare l'affermazione errata:
- A è chiamato catione un atomo che possiede elettroni in meno rispetto al numero di protoni
- B è chiamato catione un atomo che possiede elettroni in più rispetto al numero di neutroni
- C la carica elettrica di uno ione corrisponde alla quantità di elettroni che esso ha acquistato o perduto
- D è chiamato anione un atomo che possiede elettroni in più rispetto al numero di protoni
- E il legame ionico si forma tra ioni di segno opposto

785 Se si aggiunge una sostanza acida a un certo volume di acqua pura:
- A il pH aumenta
- B la concentrazione degli idrogenioni diminuisce
- C la concentrazione degli ossidrilioni diminuisce
- D il rapporto tra ossidrilioni e idrogenioni non varia
- E la temperatura aumenta

786 La mole:
- A è la quantità in grammi, di una determinata sostanza, uguale al peso molecolare della sostanza stessa
- B è la misura della massa di una sostanza in relazione al suo volume
- C rappresenta il numero di atomi presente in un grammo di una determinata sostanza
- D è un composto chimico che si forma per combinazione di una base con un sale
- E è la quantità di una sostanza in grado di reagire con un ugual peso di una sostanza diversa

787 Un elemento possiede una elevata affinità elettronica, quindi:
- A tende a formare legami covalenti con ogni tipo di atomo
- B è dotato di basso potenziale di ionizzazione
- C è dotato di elevata elettronegatività
- D non è possibile prevedere il suo comportamento in presenza di un elemento diverso
- E in soluzione, forma legami covalenti con l'acqua

788 **Quale tra i meccanismi proposti descrive correttamente la formazione di un legame covalente omopolare?**

A Condivisione di un doppietto elettronico da parte di due atomi identici
B Cessione di un elettrone da un atomo donatore a un atomo ricevente
C Fusione dei nuclei di due atomi
D Condivisione completa del corredo elettronico di due atomi diversi
E Condivisione di un doppietto elettronico da parte di due atomi diversi

789 **Quanti atomi di azoto sono presenti in una mole di azoto gassoso alla temperatura di 0 °C e alla pressione di 1 atm?**

A 1.000.000.000
B 1000
C Un numero uguale al peso molecolare del gas
D Un numero di Avogadro di atomi
E Il doppio del numero di Avogadro

790 **Dato un sale poco solubile in acqua, quale tra le seguenti affermazioni è corretta?**

A La concentrazione della soluzione aumenta comunque aggiungendo sale al solvente
B Il sale è in gran parte dissociato nei suoi ioni costituenti
C Per aumentare la solubilità del sale devo aggiungere altro sale alla soluzione
D Quando si raggiunge il limite di solubilità del sale nelle condizioni sperimentali definite, il sale precipita sul fondo del recipiente
E La solubilità del sale è indipendente dalla temperatura

791 **Sapendo che la CO_2 ha peso molecolare 44 e che i pesi atomici di C e O sono rispettivamente 12 e 16, qual è la percentuale di ossigeno in peso nella CO_2?**

A 36,4
B 27,3
C 30,4
D 72,7
E 63,6

792 **Rispettivamente, il numero di protoni, neutroni ed elettroni dello ione Ca^{2+}, con numero atomico 20 e numero di massa 40 è:**

A 20 protoni, 20 neutroni, 20 elettroni
B 20 protoni, 20 neutroni, 19 elettroni
C 20 protoni, 40 neutroni, 18 elettroni
D 20 protoni, 20 neutroni, 18 elettroni
E 20 protoni, 40 neutroni, 20 elettroni

793 **I glucidi sono composti organici contenenti:**

A carbonio, idrogeno
B carbonio, idrogeno, ossigeno
C carbonio, idrogeno, ossigeno, azoto
D carbonio, idrogeno, azoto
E carbonio, idrogeno, ossigeno, fosforo

794 **Qual è il pH di una soluzione di NaOH 0,01 M?**

A 12
B 2
C 0,13
D 10
E 0,01

795 **Dato il composto chimico A, di peso molecolare 50, quale tra le seguenti soluzioni, preparate sciogliendo A in acqua, contiene una maggiore quantità di A per litro di soluzione?**

A Soluzione al 10% peso/volume
B Soluzione 1 molare
C Soluzione al 5% peso/volume
D Soluzione 0,5 molale
E Soluzione contenente 20 grammi di A per litro di soluzione

796 **L'unità di massa atomica:**

A è uguale alla dodicesima parte della massa dell' isotopo 12 del carbonio
B è uguale alla massa dell'atomo di idrogeno
C è uguale alla massa dell'elettrone
D è uguale a 1 grammo
E rappresenta la massa di un atomo di carbonio

797 **I seguenti composti chimici contengono tutti almeno un doppio legame. Quale ne contiene 2?**

A 2 butene
B Acetone
C Acido α-cheto propanoico (acido piruvico)
D Ciclopentene
E Formaldeide

798 **Il volume di una mole di gas perfetto, in condizioni standard, corrisponde a:**

A 1 litro
B N (numero di Avogadro) litri
C 22,4 litri
D 0,082 litri
E dipende dalla natura del gas

799 **La formula del bicarbonato di calcio è:**

A $CaCO_3$
B $Ca(HCO_3)_2$
C $CaHCO_3$
D $Ca_3(CO_3)_2$
E $CaHCO_2$

CHIMICA

QUESITI

800 Un acido reagisce con una base per formare acqua e un sale. Questo processo è chiamato:

A esterificazione
B idrolisi
C combustione
D neutralizzazione
E catalisi

801 A temperatura e pressione ambiente, in che stato fisico si trova il metano?

A Liquido
B Solido
C Dipende da dove viene estratto
D Gas
E Esterificato

802 Quale indicazione può far supporre che un composto binario sia ionico?

A Dei due elementi che lo costituiscono uno appartiene al gruppo I e l'altro al gruppo VII
B I due elementi che lo compongono sono entrambi non-metalli
C Il composto conduce la corrente elettrica solo allo stato solido
D I due elementi che lo compongono sono entrambi metalli
E I due elementi che lo costituiscono sono entrambi dello stesso periodo

803 Il composto formato dagli ioni Fe^{3+} e SO_4^{2-} ha formula:

A $Fe_2(SO_4)_3$
B $Fe_2(SO_4)_2$
C Fe_2SO_4
D $FeSO_4$
E $Fe(SO_4)_2$

804 La formula del solfuro di sodio è:

A Na_2SO_4
B Na_2SO_3
C $NaSO_4$
D NaS
E Na_2S

805 Una soluzione neutra è caratterizzata:

A da una pressione osmotica uguale a quella atmosferica
B dalla concentrazione dell'idrogeno uguale a quella dell'ossigeno
C dalla concentrazione dello ione idrogeno uguale a quella dello ione ossigeno
D dalla concentrazione dello ione idrogeno uguale a quella dello ione ossidrile
E da un composto contenente un egual numero di atomi di idrogeno e di ossigeno

806 Una mole di $Ba(NO_3)_2$ pesa 261,35 g e contiene:

A 261.350 molecole
B 261,35 molecole
C $6{,}022 \cdot 10^{23}$ molecole
D $1{,}2 \cdot 10^{24}$ atomi di bario
E $1{,}2 \cdot 10^{24}$ atomi di azoto

807 Se un atomo possiede un'elevata affinità elettronica e un'elevata energia di ionizzazione, forma facilmente:

A uno ione positivo
B un composto aromatico
C un catione
D un gas nobile
E un anione

808 Mescolando soluzioni contenenti quantità equimolari di NH_3 e di H_2SO_4 si ottiene una soluzione:

A acida
B basica
C neutra
D iposmotica
E titolata

809 Indica tra i seguenti atomi quali sono tra loro isotopi:

A un atomo formato da 10 protoni, 10 neutroni e 10 elettroni e un atomo da 10 protoni, 10 neutroni e 9 elettroni
B un atomo formato da 17 protoni, 17 neutroni e 17 elettroni e un atomo da 17 protoni, 18 neutroni e 17 elettroni
C un atomo formato da 11 protoni, 12 neutroni e 10 elettroni e un atomo da 11 protoni, 12 neutroni e 11 elettroni
D un atomo formato da 20 protoni, 20 neutroni e 19 elettroni e un atomo da 20 protoni, 20 neutroni e 20 elettroni
E un atomo formato da 10 protoni, 11 neutroni e 10 elettroni e un atomo da 11 protoni, 11 neutroni e 11 elettroni

810 Individuare l'affermazione errata:

A una soluzione presenta proprietà fisiche e chimiche uguali in ogni suo punto
B la pressione di un gas influenza la solubilità di quel gas in un liquido
C una soluzione è una miscela omogenea
D in un miscuglio eterogeneo non è sempre possibile riconoscere e separare i vari componenti
E una lega è una soluzione omogenea di metalli

811 Allo scopo di prevedere la polarità di una molecola occorre conoscere:

A soltanto l'affinità elettronica dei suoi atomi
B la dimensione e la disposizione spaziale degli atomi nella molecola
C soltanto dimensione dei suoi atomi
D soltanto l'elettronegatività dei suoi atomi
E l'elettronegatività e la disposizione spaziale degli atomi nella molecola

812 Da cosa è indicato il numero di moli dei reagenti e prodotti in una reazione chimica?

A Dai coefficienti stechiometrici
B Dal numero di atomi dei reagenti e prodotti
C Non è indicato nell'equazione di reazione
D Dal numero di atomi
E Dal numero di ossidazione dei reagenti e dei prodotti

813 Come si preparano 100 ml di una soluzione acquosa di NaCl (PM = 58) all'1,5% peso/volume?

A Si pesa l'1,5% di 58 g di NaCl e si aggiungono 100 ml di acqua
B Si pesano 1,5 g di NaCl e si aggiungono 100 ml di acqua
C Si pesano 1,5 g di NaCl e si aggiunge acqua fino al volume totale della soluzione di 100 ml
D Si pesano 58 · 1,5 g di NaCl e si aggiunge 1 litro di acqua
E Si pesano 1,5 g di NaCl e si aggiunge 1 litro di acqua

814 Calcolare la temperatura di ebollizione di una soluzione acquosa 2,5 molale di NaCl (assumendo K_{eb} = 0,5).

A 100 °C
B 102,5 °C
C 105 °C
D –102,5 °C
E 125 °C

815 Come viene definito un legame in cui gli elettroni vengono condivisi tra due atomi uguali?

A Legame covalente apolare
B Legame a idrogeno
C Legame covalente polare
D Legame ionico
E Legame non covalente

816 Quale dei seguenti è un elemento chimico?

A La candeggina
B Il mercurio
C L'acciaio
D La trielina
E Il bronzo

817 La cellulosa è un:

A disaccaride
B polimero di glucosio
C monosaccaride
D trisaccaride
E polimero di amminoacidi

818 A parità di peso molecolare, qual è la classe di composti che presenta un punto di ebollizione più elevato?

A Aldeidi
B Alogenuri alchilici
C Alcoli
D Alcani
E Alcheni

819 Durante le reazioni chimiche, gli atomi:

A possono subire variazioni del numero di elettroni che circondano il nucleo
B subiscono processi che coinvolgono le particelle del nucleo
C subiscono variazioni del numero atomico
D conservano invariata la configurazione elettronica
E conservano invariata la configurazione elettronica esterna

820 Diminuendo il valore del pH di una soluzione da 5 a 2 la concentrazione degli OH^- in soluzione:

A aumenta di 1000 volte
B diminuisce di 3 volte
C aumenta di 3 volte
D diminuisce di 100 volte
E diminuisce di 1000 volte

821 Sono metalli di transizione:

A Kr, Xe, Rn
B Sn, Sb, Pb
C Si, Ge, Sn
D Fe, Cu, Zn
E Fe, Ca, Ba

822 Il numero quantico secondario indica:

A la dimensione dell'orbitale
B l'orientamento dell'orbitale nello spazio
C il senso di rotazione dell'elettrone intorno al proprio asse
D l'energia dell'elettrone
E la forma dell'orbitale

823 L'idrossido di alluminio ha formula:

A Al_2O_3
B $Al(OH)_3$
C $Al_3(OH)_3$
D $AlOH$
E $Al(OH)_2$

CHIMICA

824 Secondo il principio di esclusione di Pauli:

- A solo quattro elettroni possono occupare lo stesso orbitale
- B gli elettroni si distribuiscono in modo da occupare il maggior numero di orbitali
- C gli elettroni occupano gli orbitali disponibili a più elevato livello di energia
- D solo due elettroni possono occupare lo stesso orbitale
- E gli elettroni occupano gli orbitali disponibili a più basso livello di energia

825 Indicare, nell'ordine, i corretti coefficienti della seguente reazione:

$$C_6H_{12}O_6 + O_2 \rightarrow CO_2 + H_2O.$$

- A 1, 6, 6, 6
- B 1, 3, 6, 6
- C 1, 1, 1, 1
- D 1, 2, 6, 6
- E 1, 2, 1, 1

826 Uno ione Mg^{2+} differisce da un atomo di Mg in quanto lo ione Mg^{2+} ha:

- A un protone in più
- B un elettrone in meno
- C due protoni in più
- D due elettroni in più
- E due elettroni in meno

827 Quale dei seguenti composti è un elettrolita?

- A Esano
- B Glucosio
- C Nitrato di potassio
- D Fenolo
- E Butano

828 Le formule di risonanza di un composto:

- A sono strutture che presentano la stessa disposizione degli atomi nello spazio ma differiscono per la disposizione dei legami
- B sono un esempio di isomeria conformazionale
- C sono strutture con la stessa disposizione dei legami nello spazio, che legano indifferentemente atomi diversi
- D sono un esempio di isomeria ottica
- E sono strutture che differiscono per la disposizione degli atomi nello spazio

829 Uno ione Ca^{2+} differisce da un atomo di Ca in quanto lo ione Ca^{2+} ha:

- A più protoni
- B meno protoni
- C un elettrone in più
- D più elettroni
- E due elettroni in meno

830 Il cesio è il metallo alcalino più elettropositivo, il fluoro l'alogeno più elettronegativo. Tra loro quindi:

- A formano legami ionici
- B formano legami covalenti
- C non posso formare legami
- D formano legami di coordinazione
- E formano legami sia ionici sia covalenti

831 Quale alternativa identifica correttamente i composti organici riportati in figura?

1

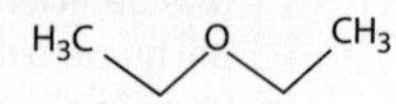
2

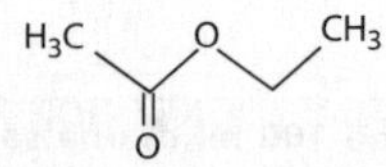
3

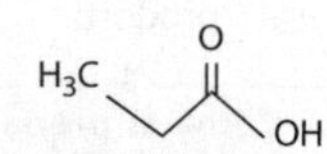
4

- A 1. Alcano; 2. Estere; 3. Etere; 4. Acido
- B 1. Alcano; 2. Anidride; 3. Estere; 4. Acido
- C 1. Alcano; 2. Estere; 3. Acido; 4. Etere
- D 1. Alcano; 2. Etere; 3. Ammide; 4. Acido
- E 1. Alcano; 2. Etere; 3. Estere; 4. Acido

832 In una reazione di ossidoriduzione:

- A avviene uno scambio di protoni
- B avviene uno scambio di neutroni
- C avviene uno scambio di elettroni
- D nessuna delle altre alternative è corretta
- E vengono prodotti composti radioattivi

833 Tra i seguenti composti solo uno, sciolto nell'acqua, darà una soluzione neutra. Quale?

- A HCl
- B $Al(OH)_3$
- C H_2CO_3
- D NH_4Cl
- E KCl

834 Un atomo con 9 protoni, 10 neutroni e 10 elettroni:

- A è un atomo neutro di peso atomico 19 appartenente al VII gruppo
- B è un anione di peso atomico 10 appartenente al VII gruppo
- C è un anione di peso atomico 10 appartenente al I periodo
- D è un anione di peso atomico 19 e appartenente al VII gruppo
- E è un atomo neutro di peso atomico 19 appartenente ai gas nobili

835 Quale affermazione riguardante la teoria acido-base secondo Bronsted-Lowry è FALSA?
- A La base coniugata di HNO_3 è NO_3^-
- B La base coniugata di H_2SO_4 è SO_4^-
- C L'acido coniugato di $H_2PO_4^-$ è H_3PO_4
- D La base coniugata di HCl è Cl^-
- E L'acido coniugato dell'ammoniaca è NH_4^+

836 Dati $PA_{Na} = 22,99$, $PA_{Cl} = 35,45$, stabilire a quanti grammi di composto equivalgono 1,5 moli di cloruro di sodio (NaCl).
- A 34,48
- B 53,17
- C 876,6
- D 58,44
- E 87,66

837 Quale tra le seguenti reazioni NON è tipica degli alcani?
- A Addizione elettrofila
- B Sostituzione
- C Deidrogenazione
- D Alogenazione
- E Combustione

838 Quale dei seguenti elementi è un alogeno?
- A At
- B Co
- C B
- D Ti
- E Ag

839 Quanti grammi di soluto al 20% (peso/peso) sono presenti in 200 g di soluzione?
- A 20
- B 40
- C 60
- D 80
- E 200

840 Data la reazione:

$$H_2 + PbO \rightarrow Pb + H_2O$$

Quale delle seguenti affermazioni è corretta?
- A Il piombo è l'agente riducente
- B Il piombo si riduce, l'ossigeno si ossida
- C L'ossigeno è l'agente ossidante
- D Il piombo si riduce, l'idrogeno si ossida
- E Il piombo si ossida, l'idrogeno si riduce

841 25°C corrispondono a ... gradi Kelvin.
- A 298,15
- B 0
- C 25
- D 273,15
- E 298

842 Quale tra le soluzioni indicate ha la più alta pressione osmotica:
- A glicerolo 400 mM
- B fruttosio 450 mM
- C NaCl 300 mM
- D $CaCl_2$ 150 mM
- E KOH 200 mM

843 Quale di queste affermazioni è corretta?
- A A pH 5 si ha la stessa concentrazione di H^+ e di OH^-
- B A pH 5 la concentrazione di OH^- è maggiore di quella di H^+
- C A pH 5 la concentrazione di OH^- è minore di quella di H^+
- D A pH 5 non ci sono H^+
- E A pH 5 non ci sono OH^-

844 Per ottenere un sale si devono far reagire:
- A un acido e un idrossido
- B nessuna delle altre alternative è corretta
- C un idrossido e l'acqua
- D un acido e l'acqua
- E un acido e un'anidride

845 Due isotopi dello stesso elemento hanno lo stesso:
- A numero di neutroni ed elettroni
- B numero di neutroni
- C numero di protoni ed elettroni
- D numero di protoni e neutroni
- E numero di massa

846 Calcolare il peso molecolare di $HClO_4$ (assumendo che i numeri di massa di H, Cl e O siano rispettivamente 1, 35 e 16).
- A Non si può determinare
- B 52
- C 55
- D 100
- E 99

847 In che cosa consiste la massa atomica relativa di un atomo?
- A Nella massa di un atomo espressa in grammi
- B Nel rapporto tra la massa dell'atomo in esame e la sedicesima parte della massa dell'isotopo 16 dell'ossigeno
- C Nella massa di una mole di atomi dell'elemento in esame
- D Nessuna delle altre alternative è corretta
- E Nel rapporto tra la massa dell'atomo in esame e la dodicesima parte della massa dell'isotopo 12 del carbonio

848 Quanti atomi sono contenuti in una mole di ferro? [numero di massa 56, numero atomico 26]

A $56 \cdot 6{,}022 \cdot 10^{23}$
B 6,022
C $6{,}022 \cdot 10^{23}$
D 26
E 56

849 Indicare la formula dello iodato di potassio:

A KIO_3
B KIO_2
C KIO_4
D KI
E $KHIO_3$

850 Quale di queste attribuzioni di simbolo è corretta?

A Fluoro = F
B Potassio = P
C Manganese = Mg
D Sodio = S
E Azoto = Az

851 Indicare tra le seguenti sostanze, quella che si scioglie in un solvente polare.

A Un sapone
B Acetato di potassio
C Un idrocarburo
D Un lipide semplice
E Olio

852 In un legame dativo:

A vi è un trasferimento completo di elettroni da un atomo all'altro
B il doppietto elettronico che unisce due atomi è fornito da un solo elemento, detto donatore, mentre l'altro elemento è detto accettore
C gli elettroni vengono condivisi tra due atomi uguali
D vi è un trasferimento completo di elettroni da un atomo all'altro solo se gli atomi sono diversi
E il doppietto elettronico che unisce due atomi è fornito da entrambi gli elementi

853 In 500 ml di soluzione acquosa sono disciolti 36 g di glucosio (MM = 180 u). La molarità della soluzione è:

A 0,1 M
B 0,2 M
C 0,4 M
D 1 M
E 2 M

854 Ordinare in ordine crescente di elettronegatività i seguenti elementi: Ca, Cl, K.

A Cl < K < Ca
B Cl < Ca < K
C Ca < Cl < K
D K < Ca < Cl
E K < Cl <Ca

855 Gli elementi chimici conosciuti attualmente sono:

A 46
B più di 100
C 6347
D 27.842
E 134.971

856 Nell'immagine sono schematizzati due andamenti di reazione.

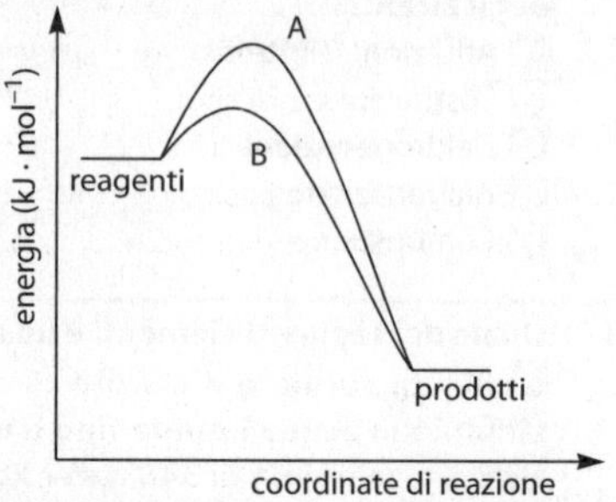

Prendendo il percorso A come riferimento, il percorso B è dovuto:

A alla presenza di un difetto di reagente
B a una temperatura meno elevata
C alla presenza di un eccesso di reagente
D all'aggiunta di un catalizzatore
E a una temperatura più elevata

857 Le proprietà chimiche degli elementi sono determinate:

A dal numero atomico
B dalla tavola periodica degli elementi
C dal numero di massa
D dal loro pH
E dal numero di neutroni presenti nel nucleo

858 Il peso molecolare del glucosio ($C_6H_{12}O_6$) è 180. Quanti grammi di glucosio è necessario pesare per ottenere 200 ml di una soluzione 0,1 molare di glucosio?

A 18 g
B 3,6 g
C 36 g
D 90 g
E 180 g

QUESITI

859 Le particelle costituenti un solido:
- A sono sempre ioni
- B hanno una discreta libertà di movimento
- C hanno solo possibilità di oscillare attorno a posizioni fisse
- D sono libere di muoversi
- E sono immobili

860 Nel sistema periodico degli elementi, gli atomi Be, Mg, e Ca appartengono al secondo gruppo (2A) e quindi tutti:
- A possono dare uno ione con carica negativa
- B hanno due elettroni nell'orbitale *p* più esterno
- C sono fortemente elettronegativi
- D possono dare un catione con 3 cariche positive
- E hanno due elettroni nell'orbitale *s* più esterno

861 $NaHCO_3$ è la formula:
- A del carbonato di sodio
- B dell'acetato di sodio
- C del carbonato basico di sodio
- D del bicarbonato di sodio
- E dell'acido carbonico

862 Il sale da cucina è il cloruro di sodio, NaCl, solubile in acqua liquida fino a una concentrazione massima di 348 g per kg di acqua a temperatura ambiente. Se si prova a sciogliere in quantità maggiore senza variare la temperatura:
- A il sale in eccesso si raccoglie sul fondo del recipiente
- B il sale in eccesso galleggia sulla superficie della soluzione
- C l'acqua comincia a bollire
- D l'acqua solidifica
- E il sale evapora

863 Quale tra questi elementi non esiste?
- A Lutezio
- B Einstenio
- C Euterpio
- D Indio
- E Mendelevio

864 Le trasformazioni chimiche si differenziano dalle trasformazioni fisiche perché:
- A non variano con la temperatura
- B comportano variazioni di volume
- C comportano formazione e scissione di legami
- D comportano cambiamenti di stato
- E procedono a pressione costante

865 Quale dei seguenti composti è un acido carbossilico?
- A HCOOH
- B $CH_3–CH_2–CHO$
- C $CH_3–CH_2–SH$
- D $CH_3–CO–CH_3$
- E $CH_3–CH_2–CH_2OH$

866 Per le aldeidi la nomenclatura ufficiale prevede la desinenza:
- A -ano
- B -ale
- C -ino
- D -ene
- E -olo

867 Indicare l'idrocarburo.
- A C_6H_{14}
- B CH_3CH_2OH
- C $HCOOCH_2$
- D CH_3OH
- E CH_3COOH

868 Un litro di soluzione acida ha un pH uguale a 3. Viene diluita fino a quando il pH diventa uguale a 4. Quale sarà il suo volume finale?
- A 3 litri
- B 4 litri
- C 10 litri
- D 0,1 litri
- E 2 litri

869 Un composto ha formula minima CH_2O e peso molecolare 180. Qual è la sua formula molecolare?
- A $C_6H_6O_6$
- B $C_2H_{14}O_2$
- C $C_5H_{10}O_5$
- D $C_6H_{12}O_6$
- E $C_7H_{14}O_7$

870 La precipitazione è il processo che avviene quando:
- A la reazione chimica avviene a una velocità fuori controllo
- B viene impiegato l'enzima precipitasi
- C la reazione dà luogo a prodotti più pesanti dei reagenti
- D la reazione dà luogo a prodotti più leggeri dei reagenti
- E i prodotti di reazione non sono solubili nel mezzo

QUESITI

871 **L'elemento radioattivo tecnezio si utilizza in campo medico. Indicare il numero di elettroni, protoni e neutroni in un atomo di $^{99}_{43}Tc$.**
- A 43, 43, 56
- B 43, 43, 43
- C 43, 43, 57
- D 43, 43, 58
- E Nessuna delle altre risposte è corretta

872 **Indicare quale tra le soluzioni indicate ha la più alta pressione osmotica:**
- A urea 400 mM
- B glucosio 250 mM
- C glicerolo 450 mM
- D saccarosio 150 mM
- E lattosio 200 mM

873 **Quali dei seguenti composti non può formare legami a idrogeno?**
- A H_2O
- B KCl
- C NH_3
- D CH_3OH
- E CH_3COOH

874 **Data la reazione: $2\,Al + Fe_2O_3 \rightarrow Al_2O_3 + 2\,Fe$**
- A l'alluminio è l'agente ossidante
- B il ferro si ossida l'ossigeno si riduce
- C l'alluminio si ossida, il ferro si riduce
- D il ferro si ossida, l'alluminio si riduce
- E l'ossigeno è l'agente ossidante

875 **La simbologia 5 N_2, rappresenta:**
- A 5 molecole di azoto
- B $5 \times 6 \times 10^{23}$ atomi di azoto
- C 5 atomi di azoto
- D 6×10^{23} molecole di azoto
- E 10 atomi di azoto

876 **L'energia di un orbitale dipende:**
- A dal numero di elettroni che contiene
- B dai tre numeri quantici n, l, m_L
- C dai quattro numeri quantici
- D esclusivamente dal numero quantico principale
- E dal numero quantico principale ed in minor misura da quello secondario

877 **Indicare quale tra le seguenti costanti di equilibrio identifica la reazione maggiormente spostata verso sinistra:**
- A $K_{eq} = 2 \times 10^5$
- B $K_{eq} = 2 \times 10^{-5}$
- C $K_{eq} = 5 \times 10^2$
- D $K_{eq} = 5 \times 10^{-2}$
- E $K_{eq} = 2 \times 10^{-2}$

878 **Per ossidazione del metanolo si può ottenere:**
- A propanolo
- B metano
- C etanolo
- D formaldeide
- E acido acetico

879 **Dati $PA_{Zn} = 65$, $PA_S = 32$ e $PA_O = 16$, calcolare il peso molecolare di $ZnSO_4$.**
- A 46
- B 161
- C 168
- D 145
- E 113

880 **A quanti grammi di composto equivalgono 0,2 moli di ossido di calcio? [$PA_{Ca} = 40$, $PA_O = 16$]**
- A 5,6
- B 11,2
- C 28
- D 2,8
- E 112

881 **Quale di queste formule è corretta?**
- A $NaCl_2$
- B H_3CO_3
- C H_5PO_3
- D NaH_2PO_4
- E CaH_2PO_3

882 **Un acido carbossilico si può ottenere per idrolisi di:**
- A un nitrile
- B un chetone
- C un'ammina alifatica
- D un etere
- E un alcano

883 **Quale dei seguenti sistemi NON è eterogeneo?**
- A Soluzione
- B Schiuma
- C Sospensione
- D Fumo
- E Emulsione

884 **Indicare il fenomeno naturale che NON comporta reazioni chimiche.**
- A Digestione del cibo ingerito
- B Maturazione di una mela
- C Comparsa dell'arcobaleno
- D Ingiallimento delle foglie in autunno
- E Degradazione di una busta di plastica per esposizione alla luce solare

885 L'atomo di un elemento con carattere metallico presenta normalmente nei suoi composti un numero di ossidazione:

- A positivo
- B tanto più positivo quanto più nobile è il metallo
- C di valore sempre uguale a zero
- D di valore uguale al suo potenziale di ossidazione
- E negativo o nullo

886 Quale dei seguenti acidi presenta la base coniugata più forte?

- A H_2SO_4
- B H_2O
- C HNO_3
- D CH_3COOH
- E HCl

887 La formula generale di un etere (R = radicale alchilico) è:

- A R-O-R'
- B R-COOH
- C R-CHO
- D R-OH
- E R-COOR'

888 Quale dei seguenti è un elemento chimico?

- A Ottone
- B Paraffina
- C Alluminio
- D Bronzo
- E Salgemma

889 Per preparare 250 ml di NaOH 1M (PM = 40) occorrono:

- A 40 g di NaOH
- B 1 g di NaOH
- C 150 g di NaOH
- D 10 g di NaOH
- E 250 g di NaOH

890 L'acqua è:

- A una sostanza elementare
- B una miscela omogenea
- C una soluzione
- D un composto chimico
- E tutte le altre alternative sono corrette

891 Il gruppo —COOH è caratteristico:

- A degli acidi carbossilici
- B degli eteri
- C dei chetoni
- D delle aldeidi
- E degli alcooli

892 L'acido cloridrico è un acido forte perché:

- A la sua costante di dissociazione ha un valore maggiore di 1
- B è un acido poco ionizzato
- C reagisce con poche sostanze
- D la sua costante di dissociazione ha un valore compreso tra 10^{-4} e 10^{-1}
- E è sempre concentrato

893 Una reazione di ossidoriduzione è un processo chimico in cui:

- A la specie chimica riducente acquista elettroni
- B è sempre coinvolto l'ossigeno
- C aumenta il numero di ossidazione dei reagenti e diminuisce quello dei prodotti
- D diminuisce il numero di ossidazione dell'ossidante e aumenta il numero di ossidazione del riducente
- E vengono scambiati elettroni e protoni tra le specie chimiche coinvolte

894 Chi ha formulato la seguente espressione "Volumi uguali di gas differenti, nelle stesse condizioni di temperatura e pressione, contengono lo stesso numero di molecole"?

- A Boyle e Mariotte
- B Charles
- C Gay-Lussac
- D Avogadro
- E Cannizzaro

895 La reazione $RCOOH + R_1OH \rightarrow RCOOR_1 + H_2O$ è:

- A una redox
- B una alchilazione
- C una esterificazione
- D un coupling
- E una condensazione aldolica

896 Il numero di ossidazione dell'azoto nello ione NO_3^- è:

- A +3
- B +5
- C −4
- D +2
- E −1

897 Sapendo che il peso molecolare di H_2O è 18, in 100 ml di acqua sono presenti circa:

- A 8,5 moli
- B 16,5 moli
- C 2,5 moli
- D 1800 moli
- E 5,5 moli

898 Quale dei seguenti è un elemento chimico?

A Il topazio
B Il tannino
C Il legno
D L'acido solforico
E Lo iodio

899 Il pH di una soluzione acquosa di HCl 0,015 M rispetto al pH di una soluzione acquosa di HNO3 0,015 M è:

A dipendente dai volumi delle soluzioni
B uguale
C circa il triplo
D la metà
E il doppio

900 Le basi azotate presenti negli acidi nucleici sono:

A basi puriniche: alanina e guanina; basi pirimidiniche: citosina, tirosina e uracile
B basi puriniche: adenina e citosina; basi pirimidiniche: guanina, timina e uracile
C basi puriniche: adenina, citosina, guanina; basi pirimidiniche: timina e uracile
D basi pirimidiniche: adenina e guanina; basi puriniche: citosina, timina e uracile
E basi puriniche: adenina e guanina; basi pirimidiniche: citosina, timina e uracile

901 Un chetone è un composto:

A inorganico che possiede un gruppo funzionale CO
B organico che possiede un gruppo funzionale CO
C fortemente acido
D inorganico che contiene ossigeno
E organico che possiede un gruppo funzionale OH

902 Qual è il numero di ossidazione di Cl in $HClO_3$?

A 3
B –5
C –3
D 4
E 5

903 Quale dei seguenti elementi segue l'idrogeno nel primo gruppo della tavola periodica degli elementi?

A Litio
B Calcio
C Berillio
D Boro
E Elio

904 In quale composto il numero di ossidazione del C è +4?

A CO
B CO_2
C CH_3OH
D HCOOH
E CH_4

905 L'ammoniaca (PM = 17) ha una temperatura di ebollizione di –33 °C, mentre il metano (PM = 16) di –162 °C. Questa differenza può essere spiegata dal fatto che:

A sono più numerose le forze di Van der Waals presenti tra le molecole di ammoniaca rispetto a quelle tra le molecole di metano
B nel legame N–H non c'è ibridazione dell'azoto
C il legame N–H è più forte del legame C–H
D tra le molecole di ammoniaca si formano legami a idrogeno
E tra le molecole di metano si formano legami a idrogeno

906 Secondo il principio di Aufbau, quale dei seguenti orbitali verrà occupato prima da un elettrone?

A 4*f*
B 6*s*
C 5*p*
D 4*d*
E 5*s*

907 La struttura elettronica $1s^2\ 2s^2\ 2p^6\ 3s^1$ corrisponde a un:

A elemento del terzo gruppo
B metallo di transizione
C gas nobile
D metallo alcalino
E non metallo

908 Nella tavola periodica le righe prendono il nome di:

A periodi
B gruppi
C sottogruppi
D livelli
E configurazioni

909 Quale tra i seguenti atomi tende a formare molecole biatomiche?

A Ca
B K
C O
D Na
E Cu

910 In un litro di soluzione 2 M di NH_4Br (PA di Br = 80) sono contenuti:

A 196 g di NH_4Br
B 1 mole di NH_4Br
C 98 g di NH_4Br
D 1 eq di NH_4Br
E 0,5 moli di NH_4Br

911 Qual è il tipo di legame che si instaura tra sodio e cloro nel cloruro di sodio?

A Legame ionico
B Legame covalente puro
C Legame covalente polare
D Legame a idrogeno
E Forza di Van der Waals

912 Qual è il nome corretto di $Cu(NO_2)_2$?

A Nitrito di rame (I)
B Nitrito rameoso
C Nitrato rameoso
D Nitrato rameico
E Nitrito rameico

913 Se una soluzione acquosa ha pH = 7,3, la $[H^+]$ è:

A 1/(7,3)
B $10^{-7,3}$
C 10^{-14}
D 10
E 7,3

914 Indicare la formula molecolare corrispondente al fosfato acido di calcio.

A $Ca_3(PO_3)_2$
B $Ca_3(PO_4)_2$
C $Ca_2(PO_4)_3$
D $CaHPO_3$
E $CaHPO_4$

915 Indicare quale delle seguenti sequenze di acidità è esatta:

A $H_2CO_3 > HCl > HI > HBr$
B $H_3PO_4 > HCOOH > HCl > HI$
C $HClO_4 > HCl > H_3PO_4 > H_2CO_3$
D $HCl > HBr > H_2CO_3 > H_2SO_4$
E $HClO_4 > H_2CO_3 > H_3PO_4 > HCl$

916 La denominazione più esatta per uno zucchero a 4 atomi di carbonio è:

A trisaccaride
B oligosaccaride
C chetoso
D tetroso
E trioso

917 In chimica, il simbolo Hg:

A indica l'acidità di una soluzione espressa in grammi
B è un'unità di misura della pressione
C è il simbolo del mercurio
D indica un derivato dell'elio
E è il simbolo dell'afnio

918 Se il peso molecolare del metano è 16 u.m.a., quante molecole di metano sono presenti in 160 g di metano?

A $6{,}02 \cdot 10^{24}$
B $6{,}02 \cdot 10^{23}$
C 10
D 16
E 160

919 Il nome del composto $C_{20}H_{42}$ è:

A eicosano
B ventano
C tetradecano
D didecano
E dodecano

920 Si consideri la reazione necessaria per neutralizzare 1 litro di soluzione 0,5 M di HCl, ottenendo come prodotto NaCl. Quale affermazione in merito è FALSA?

A La neutralizzazione può essere ottenuta aggiungendo 1 litro di soluzione 0,5 M di NaOH
B La neutralizzazione di HCl con NaOH dà come risultato NaCl che è un sale
C Una volta avvenuta la neutralizzazione di HCl, la soluzione di NaCl avrà pH = 7
D La soluzione che si forma, contenente NaCl, è acida a causa della forte acidità di HCl
E Aggiungendo 1 litro di una soluzione 0,5 M di NaOH, a seguito della neutralizzazione di HCl, si ottiene una soluzione 0,25 M di NaCl

921 Un litro di CO e un litro di CO_2, nelle stesse condizioni di temperatura e pressione:

A contengono $6{,}02 \times 10^{23}$ atomi di C
B hanno la stessa massa
C hanno la stessa densità
D contengono lo stesso numero di molecole
E hanno masse che stanno in rapporto 1:2

922 Il solfito acido di sodio corrisponde a:

A $NaHSO_3$
B $NaSO_3$
C $NaHSO_4$
D Na_2SO_3
E NaHS

CHIMICA

923 Quale delle seguenti affermazioni riguardanti la reazione tra CO_2 e NaOH è ERRATA?

- A Si tratta di una reazione di neutralizzazione
- B Uno dei prodotti è Na_2CO_3
- C Uno dei prodotti è H_2O
- D Uno dei prodotti è un sale
- E Il coefficiente stechiometrico di NaOH nella reazione bilanciata è 2

924 Il carbonio:

- A è un metallo
- B può avere numero di valenza 1, 2 e 4
- C nei confronti dell'idrogeno non presenta alcuna reattività
- D forma unicamente composti organici
- E possiede 4 elettroni nel guscio di valenza

925 L'anidride carbonica è costituita da:

- A carbonio e idrogeno
- B carbonio e azoto
- C carbonio e ossigeno
- D carbonio, idrogeno e ossigeno
- E idrogeno, ossigeno, carbonio, azoto

926 Osservare l'immagine in figura e scegliere l'affermazione corretta.

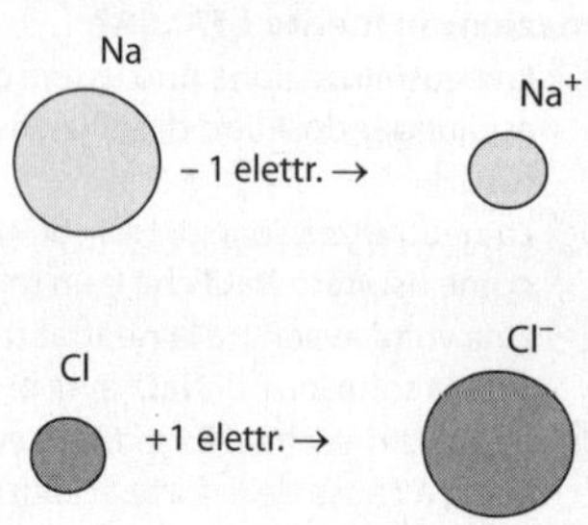

- A L'immagine è sbagliata perché il passaggio da Cl a Cl^- implica una diminuzione delle dimensioni, come accade anche passando da un elemento al successivo lungo il periodo
- B L'immagine è sicuramente sbagliata perché la variazione delle cariche elettriche non implica una variazione delle dimensioni
- C Na^+ deve avere una dimensione maggiore di Na a causa dell'acquisizione di una carica positiva, mentre la variazione di dimensioni del cloro è corretta
- D L'immagine è sicuramente corretta e rappresenta gli effetti della trasformazione di un atomo in un catione o in un anione
- E Come cresce la dimensione nel passaggio da Cl a Cl^-, così dovrebbe crescere la dimensione nel passaggio da Na a Na^+

927 Quali sono gli esatti coefficienti da utilizzare per bilanciare la seguente reazione redox?

$$K_2Cr_2O_7 + SO_2 + H_2SO_4 \rightarrow$$
$$\rightarrow Cr_2(SO_4)_3 + K_2SO_4 + H_2O$$

- A 1, 2, 1, 1, 2, 1
- B 2, 1, 1, 2, 1, 1
- C 1, 3, 1, 1, 1, 1
- D 1, 3, 1, 1, 1, 2
- E 1, 3, 1, 1, 3, 1

928 L'alcol metilico è solubile in acqua perché:

- A forma legami a idrogeno
- B provoca il fenomeno dell'idrolisi
- C forma complessi
- D va incontro a dissociazione
- E è una molecola apolare

929 Tra i seguenti legami, qual è il più lungo?

- A Legame semplice tra due atomi di C
- B Legame doppio tra due atomi di C
- C Legame triplo tra due atomi di C
- D Legame doppio tra un atomo di C e uno di O
- E Legame triplo tra due atomi di C

930 L'energia di attivazione di una reazione rappresenta:

- A la differenza fra l'energia dei prodotti e quella dei reagenti
- B la barriera energetica che i reagenti devono superare per trasformarsi nei prodotti
- C l'energia che si deve fornire solo nella fase iniziale di qualsiasi reazione
- D l'energia liberata durante il procedere di una reazione
- E l'energia che si libera una volta che la reazione è innescata

931 L'ebullioscopia:

- A indica la temperatura di ebollizione di un soluto
- B studia la variazione della temperatura di ebollizione dell'acqua in funzione della pressione
- C studia le sostanze che impediscono l'ebollizione dell'acqua
- D studia la variazione del punto di ebollizione di un solvente per aggiunta di un soluto
- E studia le sostanze che favoriscono l'ebollizione dell'acqua

932 La benzina è composta principalmente da:

- A idrocarburi alifatici da 6 a 12 atomi di carbonio
- B idrocarburi aromatici, tipo il benzene
- C derivati del benzopirene
- D derivati della paraffina
- E solventi polari

933 Quale delle seguenti risposte, riguardanti il prodotto ionico dell'acqua, è corretta?

A $K_w = [H^+] \cdot [OH^-] = 10^7$ a 25 °C
B $K_w = [H^+] \cdot [OH^-] = 10^{14}$ a 25 °C
C $K_w = [H^+] \cdot [OH^-] = 10^{-7}$ a 25 °C
D $K_w = [H^+] \cdot [OH^-] \cdot [H_2O] = 10^{-18}$ a 25 °C
E $K_w = [H^+] \cdot [OH^-] = 10^{-14}$ a 25 °C

934 Nel gruppo funzionale amminico primario è presente:

A un atomo di ossigeno
B un atomo di azoto e due atomi di ossigeno
C un atomo di azoto e due atomi di idrogeno
D un alogeno
E un atomo di azoto e un atomo di ossigeno

935 Considerando le proprietà del legame ionico, quale fra le seguenti affermazioni è ERRATA?

A Il cloruro di sodio è un composto ionico
B La differenza di elettronegatività fra gli elementi che costituiscono un composto ionico è elevata
C Il punto di fusione di un composto ionico è generalmente molto inferiore rispetto al punto di fusione di un composto molecolare
D La conducibilità elettrica di un composto ionico allo stato fuso è elevata
E L'unità molecolare di un composto ionico non è definibile

936 Per quale motivo gli alcheni sono più reattivi degli alcani?

A Per la presenza nella molecola del legame tra carbonio e gruppo ossidrilico
B Per la presenza nella molecola del legame doppio tra carbonio e ossigeno
C Per la presenza nella molecola del legame doppio tra carbonio e idrogeno
D Per la presenza nella molecola del legame doppio tra atomi di carbonio
E Per la presenza nella molecola del legame semplice tra atomi di carbonio

937 Per elettronegatività s'intende:

A una misura dell'attrazione che un atomo esercita sul doppietto elettronico di un legame covalente a cui partecipa
B la forza con cui due ioni dello stesso segno si respingono
C l'energia necessaria per strappare un elettrone da un atomo neutro
D l'energia che si libera nella formazione di un legame chimico
E la forza con cui due ioni si attraggono

938 Il nome corretto di $MgCl_2$ è:

A clorato di magnesio
B cloruro di magnesio
C cloruro di manganese
D clorurato di manganese
E ipoclorito di magnesio

939 Qual è il numero di ossidazione di ciascun atomo di arsenico nel composto As_2O_3?

A +6
B +3
C −6
D −3
E 0

940 In una soluzione acida:

A $[H^+]>[OH^-]$
B $[H^+]<[OH^-]$
C $[H^+]=[OH^-]$
D $[H^+]= 10^{-7}$
E $[OH^-]= 10^{-7}$

941 Quale dei seguenti composti NON è un'ammina aromatica?

A Pirrolo
B Piridina
C Anilina
D Butilammina
E Pirrolidina

942 Quante moli di soluto per litro contiene una soluzione 2 M?

A 1
B 0,2
C 0,002
D $2 \cdot 6{,}02 \cdot 10^{23}$
E 2

943 Quando due molecole di glucosio si uniscono per formare il maltosio:

A viene ceduta una molecola di H_2O
B viene assorbita una molecola di H_2O
C viene ceduta una molecola di O_2
D viene ceduta una molecola di H_2
E viene assorbita una molecola di H_2

944 Indicare quale fra i seguenti composti è un acido:

A NaCl
B NaOH
C LiCl
D KOH
E HCl

CHIMICA

945 Gli isomeri "cis" e "trans" sono:

A isomeri ottici
B isomeri conformazionali
C tautomeri
D enantiomeri
E isomeri geometrici

946 Gli idrocarburi sono composti:

A solubili in acqua
B polari
C apolari
D fortemente dissociati
E volatili

947 Qual è la forma geometrica di una ibridazione *sp*^{2}?

A Tetraedrica
B Nessuna di quelle proposte
C Quadrata
D Cubica
E Cilindrica

948 Quando l'idrogeno reagisce con l'ossigeno per formare l'acqua, passa dallo stato di ossidazione 0 a +1; si dice allora che l'idrogeno:

A si è ridotto
B ha acquistato elettroni
C si è ossidato
D si è ossidato e contemporaneamente ridotto
E è diventato uno ione

949 Un composto chimico ha una temperatura di ebollizione di 68 C° a pressione atmosferica. Si può affermare con assoluta certezza che il composto in condizioni standard:

A non è un gas
B è un gas
C è un solido
D non è un liquido
E non è un solido

950 Indicare quante moli di HCl sono presenti per litro in una soluzione di HCl a pH = 3:

A 0,001
B 0,1
C 3
D 10^3
E 0,003

951 Per "doppio legame" si intende un legame:

A derivante dalla compartecipazione di due coppie di elettroni
B fra due atomi
C fra due ioni
D fra uno ione bivalente positivo e uno ione bivalente negativo
E fra due molecole

952 Il numero di molecole contenuto in 200 g di $CaCO_3$ (PM = 100) è:

A 100
B 200
C 200 x 10^{23}
D 12,046 x 10^{23}
E impossibile da determinare

953 Disporre i seguenti acidi secondo la forza acida crescente (acido meno forte a sinistra; acido più forte a destra):
X) H_2S
Y) HNO_3
Z) HNO_2.

A X < Y < Z
B Z < Y < X
C X < Z < Y
D Y < X < Z
E Z < X < Y

954 I catalizzatori sono:

A acceleratori di reazione
B collanti potentissimi per attaccare il ferro
C specie di catodi
D altro nome per gli elementi del I gruppo del sistema periodico
E sostanze che fanno variare la K di equilibrio di una reazione

955 Individuare quale tra le seguenti affermazioni sui legami covalenti è vera.

A Possono formarsi solo tra atomi uguali
B Possono essere singoli, doppi o tripli
C Possono formarsi solo tra atomi diversi
D Coinvolgono i neutroni di atomi uguali o diversi tra loro
E Possono formarsi solo tra isotopi uguali

956 L'elettronegatività è:

A la capacità di un elemento di attrarre elettroni di un legame nel quale è coinvolto
B la capacità di formare ioni negativi
C l'energia necessaria per strappare un elettrone a uno ione negativo
D la capacità di condurre la corrente
E l'energia ceduta quando su un atomo giunge un elettrone dall'esterno

957 Il simbolo del rame è:

A Ra
B k
C Re
D Hg
E Cu

958 **Quale delle seguenti formule rappresenta un amminoacido?**

A $H_2N—CH_2—CH_2OH$
B $H_2N—CH_2—COOH$
C $H_2N—CH_2—CHO$
D $HOHN—CH_2—CH_2OH$
E $H_2N—CH_2—CH_3O$

959 **Tra le seguenti proprietà degli elementi presenta un andamento periodico:**

A la massa nucleare
B l'affinità elettronica
C il numero atomico
D il numero di massa
E la massa atomica

960 **Il pH dell'acqua pura a 25°C è:**

A 0
B 10
C 7
D 10^{-7}
E 10^{-1}

961 **L'alcol etilico, che è formato da atomi di carbonio, idrogeno e ossigeno, è un composto:**

A organico
B inorganico
C presente in giacimenti minerari
D basico
E polimerico

962 **Il propano è:**

A un cicloalcano
B un alchene
C un alchino
D un alcano
E un idrocarburo aromatico

963 **Secondo il principio di esclusione di Pauli un orbitale atomico può contenere al massimo:**

A due elettroni con spin antiparalleli
B due elettroni con spin paralleli
C tre elettroni con spin antiparalleli
D due elettroni purché differenti per il valore del numero quantico principale
E due elettroni e un neutrone

964 **L'anione derivante dall'atomo di idrogeno viene detto:**

A idrogenione
B ione idrogeno
C ossidrilione
D ione idrogenuro
E ione idruro

965 **Gli orbitali ibridi sp^2 si formano tra:**

A un orbitale *s* e un orbitale *p*
B un orbitale *s* e due orbitali *p*
C orbitali *sp* e orbitali *sp*
D un orbitale *p* e due orbitali *s*
E un orbitale *s* e tre orbitali *p*

966 **Qual è il nome del C_2H_6?**

A Butano
B Propano
C Etene
D Esano
E Etano

967 **Quale di queste formule è corretta?**

A Na_2SO_4
B $NaSO_4$
C $NaSO_3$
D Ca_2SO_4
E Ca_2SO_3

968 **Un ossidante è una sostanza contenente almeno un atomo che nella reazione considerata:**

A perde elettroni
B dà luogo a un ossido
C acquista elettroni
D sviluppa ossigeno
E acquista carica negativa

969 **L'entropia dell'universo:**

A diminuisce continuamente
B rimane costante
C è sempre in aumento essendo l'universo un sistema isolato
D tende a un valore unitario
E è nulla

970 **Nella reazione:**

$$2\,HNO_3 + 3\,H_2S \rightarrow 2\,NO + 3\,S + 4\,H_2O$$

A l'azoto si riduce mentre lo zolfo si ossida
B l'azoto si ossida mentre lo zolfo si riduce
C l'azoto si riduce mentre lo zolfo non cambia numero di ossidazione
D l'azoto non cambia numero di ossidazione mentre lo zolfo si ossida
E l'azoto e lo zolfo non si ossidano né si riducono

971 **La formula generale R–O–R' è caratteristica:**

A delle aldeidi
B degli eteri
C dei chetoni
D degli esteri
E degli alcoli

972 Una soluzione 0,5 M di un composto X contiene 50 g di composto per litro di soluzione. Qual è il peso molecolare del composto X?

A 100
B 500
C 10
D 25
E 50

973 La molalità di una soluzione indica:

A il numero di moli di soluto sciolte in 1 L di solvente
B il numero di moli di soluto sciolte in 1 kg di solvente
C il numero di moli di soluto sciolte in 1 kg di soluzione
D il numero di moli di soluto sciolte in 1 L di soluzione
E nessuna delle altre alternative è corretta

974 Una soluzione basica è caratterizzata:

A dalla concentrazione degli ioni ossidrile superiore a quella degli ioni idrogeno
B dalla concentrazione degli ioni ossidrile inferiore a quella degli ioni idrogeno
C dall'ossigeno disciolto a una pressione uguale a quella atmosferica
D dall'ossigeno disciolto a una pressione inferiore a quella atmosferica
E dalla concentrazione degli ioni ossidrile uguale a quella degli ioni idrogeno

975 C_6H_6 è la formula corrispondente al composto:

A esadiene
B esano
C cicloesano
D cicloesene
E benzene

976 Quale delle seguenti è la formula dell'acido solforico?

A H_2SO_3
B H_2SO_4
C H_2S
D $H_2S_2O_5$
E H_2SO_2

977 In una soluzione che ha pH = 7, la concentrazione di ioni OH^- è:

A 10^{-7}
B 10^{-14}
C 7
D 14
E 10^{7}

978 Qual è il nome del C_3H_8?

A Butano
B Etano
C Metano
D Triano
E Propano

979 Il composto MgH_2 è:

A acido magnesidrico
B idrossido di magnesio
C un idracido
D idrato di magnesio
E idruro di magnesio

980 Le reazioni caratteristiche del benzene sono di:

A sostituzione nucleofila
B sostituzione radicalica
C addizione elettrofila
D addizione nucleofila
E sostituzione elettrofila

981 Nella reazione $CO_2 + H_2O \rightarrow H_2CO_3$, il carbonio:

A si riduce
B si ossida
C non cambia numero di ossidazione
D cambia numero di ossidazione
E nessuna delle precedenti risposte è corretta

982 Mediante la reazione di saponificazione di un trigliceride si ottiene:

A glicerina e saponi
B sapone e zucchero
C glicerina e glucosio
D glucosio e saponi
E glicerolo e altri alcoli

983 Il numero quantico secondario, essendo n il numero quantico principale, può assumere tutti i valori compresi tra:

A 0 ed $n-1$, zero escluso ed $n-1$ incluso
B 0 ed $n-1$, zero incluso ed $n-1$ escluso
C $n-1$ ed $n+1$
D 0 ed $n-1$, zero incluso ed $n-1$ incluso
E $n+1$ ed $n+3$

984 Cosa si intende per "idrocarburo saturo"?

A Un idrocarburo con soli legami semplici
B Un idrocarburo con legami doppi
C Un carboidrato che non può formare ulteriori legami
D Un idrocarburo con almeno un legame doppio o triplo
E Un idrocarburo con legami tripli

985 Quale di queste sostanze è un monosaccaride?

A Maltosio
B Amilosio
C Saccarosio
D Galattosio
E Lattosio

986 Quando due atomi si legano, per energia di legame si intende:

A l'energia acquistata dagli atomi per la formazione del legame
B l'energia perduta dagli atomi per la formazione del legame
C l'energia donata da un atomo all'altro nella formazione del legame
D la somma del contenuto energetico di ciascun elettrone coinvolto nel legame
E nessuna delle alternative proposte è corretta

987 Le molecole di acqua:

A sono apolari
B sono completamente dissociate
C sono polari
D sono prive di legami idrogeno
E contengono legami polarizzati ma i dipoli si annullano a causa della forma della molecola

988 Il monosaccaride più comune nelle cellule viventi è:

A il fruttosio
B il maltosio
C l'amido
D il glucosio
E il saccarosio

989 Una soluzione di acido formico 0,1 M ($K_a = 4{,}8 \times 10^{-5}$) è:

A più acida di una soluzione 0,1 M di acido cloridrico
B meno acida di una soluzione 0,1 M di acido cloridrico
C acida come una soluzione 0,1 M di acido cloridrico
D neutra
E basica

990 Indicare in quale classe di sostanze, tra quelle che seguono, l'azoto è un importante elemento costituente:

A zuccheri
B acidi carbossilici
C esteri
D trigliceridi
E proteine

991 Indicare la soluzione con pressione osmotica maggiore:

A urea 0,1 M
B glucosio 0,1 M
C cloruro di sodio 0,05 M
D solfato di rame 0,05 M
E cloruro di calcio 0,05 M

992 La desinenza "one", secondo le regole internazionali di nomenclatura, spetta:

A ai sali di acidi a lunga catena
B agli esteri
C ai chetoni
D alle ammidi
E agli alcoli

993 Il peso atomico del ferro è 55,8. Pertanto:

A 55,8 atomi di ferro pesano 55,8 g
B un atomo di ferro pesa 55,8 g
C un grammoatomo di ferro pesa 55,8 g
D una mole di ferro pesa 55,8 mg
E una molecola di ferro pesa 55,8 g

994 Il composto KOH è:

A idrossido di sodio
B superossido di potassio
C perossido di potassio
D ossido acido di potassio
E idrossido di potassio

995 In una reazione di neutralizzazione si ha sempre che:

A il pH finale è uguale a quello iniziale
B il pH finale è minore di quello iniziale
C il pH finale è diverso da quello iniziale
D il pH finale è maggiore di quello iniziale
E la concentrazione finale degli ioni idrogeno è nulla

996 Una soluzione acquosa di glucosio (peso molecolare 180) alla concentrazione 0,2 molare è formata da:

A 180 g di glucosio per litro di soluzione
B 200 g di glucosio per litro di acqua
C 36 g di glucosio per litro di soluzione
D 0,4 g di glucosio per litro di solvente
E 360 mg di glucosio per 100 ml di soluzione

997 L'acido H_2CO_3 (acido carbonico) è:

A diprotico
B nessuna delle altre risposte è corretta
C triprotico
D pentaprotico
E monoprotico

998 Due atomi di zolfo che possiedono uguale numero atomico ma numero di massa diverso – rispettivamente 34 e 36 – rappresentano:

A due isomeri del medesimo elemento
B due isotopi del medesimo elemento
C due isotipi del medesimo elemento
D due elementi diversi
E un atomo e uno ione

999 In quali condizioni volumi uguali di gas perfetti diversi contengono lo stesso numero di molecole?

A Sempre alla pressione di 1 bar
B A uguale temperatura e pressione diversa
C A uguale pressione e temperatura diversa
D In condizioni di uguale pressione e uguale temperatura
E Sempre alla temperatura di 0 °C

1000 Un'ammina si definisce terziaria quando:

A l'atomo di azoto è legato a tre atomi di C
B l'atomo di azoto è legato a un atomo di C e due di H
C l'atomo di azoto è legato a due atomi di C e un atomo di H
D l'atomo di azoto è legato a tre atomi di idrogeno
E in nessuno dei casi indicati nelle altre alternative

Soluzioni

Quesito	Risposta	Quesito	Risposta	Quesito	Risposta	Quesito	Risposta	Quesito	Risposta	Quesito	Risposta	Quesito	Risposta	Quesito	Risposta	Quesito	Risposta	Quesito	Risposta
501	E	502	D	503	C	504	D	505	C	506	D	507	D	508	A	509	D	510	E
511	A	512	C	513	A	514	B	515	B	516	B	517	E	518	B	519	D	520	C
521	B	522	D	523	B	524	B	525	A	526	B	527	A	528	E	529	A	530	C
531	C	532	E	533	E	534	D	535	B	536	B	537	B	538	B	539	A	540	A
541	B	542	B	543	E	544	C	545	A	546	E	547	E	548	D	549	A	550	D
551	C	552	B	553	B	554	B	555	C	556	A	557	D	558	D	559	C	560	D
561	D	562	B	563	C	564	C	565	D	566	C	567	A	568	B	569	C	570	C
571	C	572	A	573	A	574	A	575	B	576	A	577	D	578	C	579	B	580	D
581	B	582	D	583	A	584	E	585	A	586	A	587	E	588	E	589	B	590	A
591	C	592	E	593	A	594	D	595	C	596	B	597	D	598	A	599	C	600	E
601	C	602	C	603	A	604	B	605	D	606	E	607	A	608	C	609	D	610	A
611	C	612	D	613	C	614	B	615	B	616	A	617	B	618	C	619	B	620	B
621	B	622	A	623	D	624	C	625	E	626	B	627	C	628	D	629	A	630	E
631	A	632	D	633	D	634	A	635	C	636	C	637	B	638	C	639	D	640	C
641	B	642	B	643	D	644	A	645	C	646	B	647	A	648	B	649	B	650	D
651	C	652	A	653	E	654	D	655	D	656	E	657	B	658	B	659	D	660	D
661	A	662	B	663	E	664	C	665	B	666	A	667	C	668	B	669	E	670	A
671	B	672	C	673	E	674	D	675	C	676	B	677	A	678	B	679	C	680	E
681	D	682	A	683	E	684	E	685	D	686	E	687	A	688	C	689	C	690	B
691	D	692	B	693	A	694	C	695	D	696	A	697	B	698	D	699	B	700	C
701	D	702	D	703	B	704	D	705	E	706	A	707	B	708	D	709	D	710	A
711	D	712	B	713	D	714	E	715	B	716	A	717	B	718	D	719	B	720	C
721	A	722	D	723	E	724	E	725	B	726	B	727	C	728	A	729	A	730	B
731	A	732	E	733	A	734	A	735	A	736	D	737	D	738	C	739	A	740	E
741	D	742	A	743	C	744	D	745	B	746	E	747	D	748	E	749	C	750	A
751	A	752	C	753	B	754	B	755	C	756	E	757	D	758	D	759	D	760	D
761	C	762	A	763	D	764	B	765	E	766	E	767	A	768	B	769	D	770	E
771	D	772	C	773	B	774	D	775	B	776	D	777	C	778	D	779	A	780	A
781	B	782	A	783	A	784	B	785	C	786	A	787	C	788	A	789	E	790	D
791	D	792	D	793	B	794	A	795	A	796	A	797	C	798	C	799	B	800	D

Quesito	Risposta	Quesito	Risposta	Quesito	Risposta	Quesito	Risposta	Quesito	Risposta	Quesito	Risposta	Quesito	Risposta	Quesito	Risposta	Quesito	Risposta	Quesito	Risposta
801	D	802	A	803	A	804	E	805	D	806	E	807	E	808	A	809	B	810	D
811	E	812	A	813	C	814	B	815	A	816	B	817	B	818	C	819	A	820	E
821	D	822	E	823	B	824	D	825	A	826	E	827	C	828	A	829	E	830	A
831	E	832	C	833	E	834	D	835	B	836	E	837	A	838	A	839	B	840	D
841	A	842	C	843	C	844	A	845	C	846	D	847	E	848	C	849	A	850	A
851	B	852	B	853	C	854	D	855	B	856	D	857	A	858	B	859	C	860	E
861	D	862	A	863	C	864	C	865	A	866	B	867	A	868	C	869	D	870	E
871	A	872	C	873	B	874	C	875	A	876	E	877	B	878	D	879	B	880	B
881	D	882	A	883	A	884	C	885	A	886	B	887	A	888	C	889	D	890	D
891	A	892	A	893	D	894	D	895	C	896	B	897	E	898	E	899	B	900	E
901	B	902	E	903	A	904	B	905	D	906	E	907	D	908	A	909	C	910	A
911	A	912	E	913	B	914	E	915	C	916	D	917	C	918	A	919	A	920	D
921	D	922	A	923	A	924	E	925	C	926	D	927	C	928	A	929	A	930	B
931	D	932	A	933	E	934	C	935	C	936	D	937	A	938	B	939	B	940	A
941	D	942	E	943	A	944	E	945	E	946	C	947	B	948	C	949	A	950	A
951	A	952	D	953	C	954	A	955	B	956	A	957	E	958	B	959	B	960	C
961	A	962	D	963	A	964	E	965	B	966	E	967	A	968	C	969	C	970	A
971	B	972	A	973	B	974	A	975	E	976	B	977	A	978	E	979	E	980	E
981	C	982	A	983	D	984	A	985	D	986	B	987	C	988	D	989	B	990	E
991	E	992	C	993	C	994	E	995	C	996	C	997	A	998	B	999	D	1000	A

parte terza

MATEMATICA

Quesiti

1001 $(x+y)\cdot(x-y)$ **è uguale a:**

A x^2+y^2
B x^2-y^2
C x^2+y^2-2xy
D x^2+y^2+2xy
E x^2-y^2+2xy

1002 **Tre vertici di un rettangolo nel piano cartesiano sono i punti (–2; 3), (3; 2) e (3; 3). Quale dei seguenti punti è il quarto vertice del rettangolo?**

A (2; –2)
B (–3; –3)
C (2; –3)
D (–3; 2)
E (–2; 2)

1003 **Un dado truccato a sei facce, con i numeri da 1 a 6, presenta con probabilità 1/3 la faccia con il 6 e le altre facce tutte con la stessa probabilità. Lanciando questo dado, qual è la probabilità che esca un numero pari?**

A 1/2
B 2/3
C 5/6
D 3/5
E 4/15

1004 **Scrivere in ordine crescente i seguenti numeri:**

$$a=10^{-15};\ b=10^{-16};\ c=10^{-5};\ d=20\cdot10^{-15}$$

A $a<b<c<d$
B $b<a<d<c$
C $a<b<d<c$
D $b<a<c<d$
E $b<c<a<d$

1005 **Qual è il valore della seguente espressione?**

$$\text{Log}\left(\frac{20}{3}\right)+\frac{1}{2}\text{Log } 81-\text{Log}\left(\frac{3}{5}\right)$$

A 2
B 100
C Log (9/4)
D Log 324
E 0

1006 **Qual è l'insieme delle soluzioni della disequazione $3e^x-5e^{-x}-2>0$?**

A Ogni x reale
B Nessun valore reale di x
C $\left\{x\in\mathbb{R}:x>\ln\left(\frac{5}{3}\right)\right\}$
D $\left\{x\in\mathbb{R}:x<-1,x>\frac{5}{3}\right\}$
E $\left\{x\in\mathbb{R}:-1<x\le\ln\left(\frac{5}{3}\right)\right\}$

1007 **Quale delle seguenti equazioni individua nel piano cartesiano la retta che passa per il punto (1; 1) ed è perpendicolare alla retta di equazione $y=3-x$?**

A $y=x$
B $y=x+3$
C $y=2-x$
D $y=\frac{1}{3}x+\frac{2}{3}$
E $y=-\frac{1}{3}x+\frac{4}{3}$

1008 **Si considerino i numeri:**

$$P=2^{300}\quad Q=4^{200}\quad R=8^{100}$$

Quale delle seguenti relazioni è vera?

A $P\le Q\le R$
B $P\le R\le Q$
C $R\le Q\le P$
D $Q\le P\le R$
E $Q\le R\le P$

1009 **Una circonferenza passa per i quattro vertici di un rettangolo che ha lati di lunghezza 6 e 12. Qual è l'area del cerchio delimitato da questa circonferenza?**

A 45π
B 90π
C $\sqrt{180}\,\pi$
D 18π
E 36π

MATEMATICA

1010 **Nel triangolo isoscele ABC la mediana AM misura 5 cm e la tangente dell'angolo ACB è 5/13. Qual è la misura, in cm, della base BC?**

A 5
B 10
C 13
D 18
E 26

1011 **Un triangolo rettangolo ha i cateti di lunghezza 1 e $\sqrt{3}$. Qual è la lunghezza dell'altezza relativa all'ipotenusa?**

A 2
B $\frac{\sqrt{3}}{2}$
C $\sqrt{2}$
D $\frac{\sqrt{2}}{2}$
E $\frac{3}{2}$

1012 **Quale delle seguenti radici ha lo stesso valore dell'espressione: $\sqrt{32}-\sqrt{8}+\sqrt{2}$?**

A $\sqrt{2}$
B $\sqrt{8}$
C $\sqrt{18}$
D $\sqrt{26}$
E L'espressione non è riducibile

1013 **L'area della porzione di piano *S* compresa tra le due semicirconferenze e il segmento AO di lunghezza *r* è:**

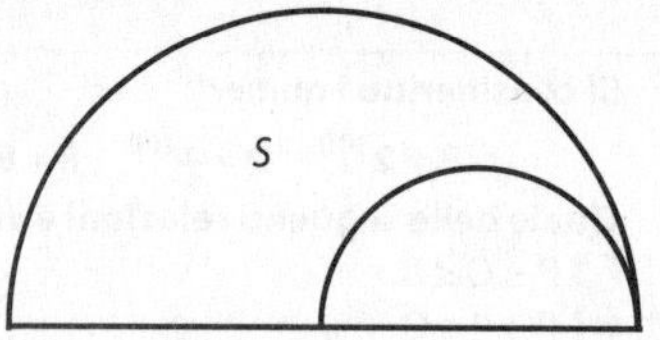

A $\frac{\pi r^2}{6}$
B $\frac{3\pi r^2}{8}$
C $\frac{\pi r^2}{10}$
D $\frac{r^2}{2}$
E $\frac{r^2}{3}$

1014 **Quale dei seguenti numeri è più vicino alla radice cubica di 101?**

A 5
B 10
C 11
D 33
E 34

1015 **Sia *c* un numero reale. Se $x = 2$ è una soluzione dell'equazione $2x^2 - x + 3c = 0$, allora *c* è uguale a:**

A −6
B −2
C 2
D 6
E nessuno dei valori indicati nelle altre opzioni di risposta

1016 **La differenza tra le aree di due quadrati è 81 e la differenza tra i loro perimetri è 12. Quanto è lungo il lato del quadrato più grande?**

A 10
B 15
C 18
D 20
E 21

1017 **Il radicale $\sqrt{3}$ è uguale a:**

A $\sqrt[4]{6}$
B $\sqrt[6]{27}$
C $\sqrt[8]{12}$
D $\sqrt[10]{32}$
E $\sqrt[12]{6561}$

1018 **Sia $f(x) = 5^x$. Allora $f(x+1) - f(x)$ è uguale a:**

A $4 \cdot 5^x$
B 5^x
C $5 \cdot 5^x$
D 5
E 1

1019 **Quale tra le seguenti espressioni di K rende vera l'identità $\text{sen}^4\alpha - \cos^4\alpha = K$?**

A $K = \cos 2\alpha$
B $K = -\cos 2\alpha$
C $K = \text{sen} 4\alpha$
D $K = \cos 4\alpha$
E $K = -\cos 4\alpha$

1020 Qual è l'equazione della parabola che ha per vertice l'origine degli assi cartesiani, asse di simmetria coincidente con l'asse delle ordinate e fuoco $F = \left(0; \frac{1}{10}\right)$?

A $y = 10x^2$

B $y = \frac{1}{10}x^2$

C $y = -\frac{1}{10}x^2$

D $y = -\frac{2}{5}x^2$

E $y = \frac{5}{2}x^2$

1021 Il resto della divisione del polinomio:

$$x^4 + 5x^3 - 7x + 6$$

per $x - 2$ è:

A $3x - 5$

B $x - 46$

C -4

D 6

E 48

1022 Sia $a = 1001^2 - 999^2$. Determinare quale delle seguenti relazioni è verificata.

A $a < 1000$

B $1000 < a < 3000$

C $3000 < a < 5000$

D $5000 < a < 7000$

E $a > 7000$

1023 All'inizio del 2007 ho comprato 1000 euro di azioni. Nel 2007 il valore è aumentato del 5% e nel 2008 del 10%. A fine del 2008 quanto avrò guadagnato rispetto all'inizio del 2007?

A 80 euro

B 100 euro

C 110 euro

D 115 euro

E 155 euro

1024 Se n è un intero positivo divisibile per 2, 5 e 7, quale delle seguenti affermazioni è vera?

I. $n^2 + 100$ è divisibile per 100

II. $n + 28$ è divisibile per 14

III. $n^2 + 1$ è divisibile per 2

A Solo I e II

B I, II e III

C Nessuna

D Solo I e III

E Solo II e III

1025 Tirando contemporaneamente cinque dadi con facce numerate da 1 a 6, qual è la probabilità di ottenere cinque numeri pari?

A $\frac{1}{6}$

B $\left(\frac{1}{6}\right)^5$

C $\frac{1}{10}$

D $\frac{1}{25}$

E $\frac{1}{32}$

1026 Quale delle seguenti è l'equazione di una retta perpendicolare alla retta $4x + 6y = 5$?

A $4x - 6y = 21$

B $x + 3y = 1$

C $3x - 2y = 14$

D $6x + 4y = 17$

E $2x + 3y = 5$

1027 Siano dati due triangoli rettangoli simili. Se il primo ha cateti di lunghezza 3 e 4 cm, e il secondo ha area pari al quadruplo dell'area del primo, qual è la lunghezza dell'ipotenusa del secondo triangolo?

A 5 cm

B 10 cm

C 20 cm

D 16 cm

E 12 cm

1028 Quanti sono i numeri reali che soddisfano l'equazione $x^4 + x^2 - 2 = 0$?

A 0

B 1

C 2

D 4

E Infiniti

1029 Determinare quale dei seguenti numeri coincide con $\frac{1}{\sqrt{2}} + \frac{1}{\sqrt{2}} + \frac{1}{\sqrt{2}} + \frac{1}{\sqrt{2}}$

A 2

B $\frac{1}{2}$

C $\sqrt{8}$

D $\frac{4}{4\sqrt{2}}$

E $\frac{1}{4\sqrt{2}}$

1030 I cateti di un triangolo rettangolo sono lunghi, rispettivamente, 303 e 404. Determinare la lunghezza dell'ipotenusa.

A 505
B 507
C 575
D 705
E 707

1031 Determinare quale delle seguenti funzioni soddisfa la relazione $f(-x) = -f(x)$ per ogni numero reale x.

A $\cos(x^3)$
B $\cos^3(x)$
C $\operatorname{sen}(x^2)$
D $\operatorname{sen}^2(x)$
E $\operatorname{sen}^3(x)$

1032 Un gruppo è costituito da 20 maschi con età media pari a 25 anni e da 10 femmine con età media pari a 37 anni. Qual è l'età media dell'intero gruppo?

A 27 anni
B 28 anni
C 29 anni
D 30 anni
E 31 anni

1033 La media aritmetica di un insieme di 4 numeri a, b, c, d è 25. Se eliminiamo i numeri a = 30 e c = 40 quanto vale la media aritmetica dei numeri rimasti?

A 10
B 15
C 22
D 23
E Non si può determinare

1034 Sia ABCDEF un esagono regolare. Determinare l'ampiezza dell'angolo AEB.

A 15°
B 30°
C 45°
D 20°
E 60°

1035 Una retta forma con il semiasse positivo delle ascisse un angolo di 45° e incontra l'asse *y* nel punto di coordinate (0; –3).Un'equazione della retta è:

A $y = -x + 3$
B $y = -x - 3$
C $y = x - 3$
D $y = x + 3$
E $y = -3x$

1036 Se in un triangolo rettangolo le proiezioni dei cateti sull'ipotenusa sono uguali rispettivamente a 6 cm e a 12 cm, allora l'area del triangolo è uguale a:

A $18\ cm^2$
B $18\sqrt{2}\ cm^2$
C $18\sqrt{3}\ cm^2$
D $36\sqrt{3}\ cm^2$
E $54\sqrt{2}\ cm^2$

1037 Per un viaggio un'agenzia turistica chiede 40 euro pro capite, se si raggiunge almeno il numero di 35 passeggeri. Inoltre, a ogni passeggero eccedente i 35, concede uno sconto del 25%. Quanto costa in totale il viaggio se i passeggeri sono 50?

A 1850,00 euro
B 1880,00 euro
C 1500,00 euro
D 1737,50 euro
E 2000,00 euro

1038 Le diagonali (ossia le linee che uniscono i vertici opposti) di un rombo misurano rispettivamente 4 cm e 8 cm.
Qual è il perimetro del rombo in cm?

A 16
B 24
C $8\sqrt{3}$
D $8\sqrt{5}$
E $16\sqrt{5}$

1039 Qual è la soluzione dell'equazione:

$$\log[(2x+1)/x] = 0\ ?$$

A $-1/2$
B -1
C $1/2$
D 1
E 2

1040 Se $f(n) = n + \sqrt{n}$, con n intero positivo, quale dei seguenti potrebbe essere uno dei valori di $f(n)$?

I. 5
II. 10
III. 12

A Solo III
B Nessuno
C Solo I e III
D I, II e III
E Solo II e III

QUESITI

1041 Una fabbrica di bulloni sostiene una spesa fissa mensile media di 120.000 euro (il mese commerciale è inteso di 30 giorni) e un costo di produzione di 3,15 euro per ogni bullone prodotto. Indicata con *y* la spesa giornaliera complessiva e con *x* il numero di bulloni prodotti in un giorno, individuare la relazione tra le variabili *x* e *y*.

A $y = 4000 + \frac{3,15}{x}$

B $y = 3,15x - 120000$

C $y = 4000 + 3,15x$

D $y = 120000 + 3,15x$

E $y = \frac{3,15}{x} - 4000$

1042 Tredici persone si stringono la mano. Ciascuna stringe la mano a tutte le altre. Quante sono le strette di mano in totale?

A 13
B 26
C 78
D 156
E 169

1043 Nel piano riferito a coordinate cartesiane l'equazione $y = x^2 - 4x + 3$ rappresenta una parabola che:

A ha il fuoco di coordinate $(2;-1)$
B ha il vertice di coordinate $(1;0)$
C ha la concavità rivolta verso il basso
D è simmetrica rispetto alla retta $x = 1$
E è simmetrica rispetto alla retta $x = 2$

1044 Se si raddoppia il raggio di una sfera, la sua superficie:

A raddoppia
B triplica
C quadruplica
D si moltiplica per 6
E si moltiplica per 2π

1045 La funzione reale di variabile reale $y = \frac{x+2}{\log(x-1)}$ è definita per:

A $x \geq 1$ con $x \neq 2$

B $x > 1$ con $x \neq 2$

C $1 < x \leq 2$

D $x \leq 1$

E $x > 1$

1046 Si ha un'urna contenente 8 palline bianche. Qual è il numero minimo di palline rosse che bisognerebbe aggiungere perché, estraendo due palline contemporaneamente, la probabilità che esse siano una bianca e una rossa sia 16/45?

A 10
B 2
C 3
D 5
E 8

1047 Quale delle seguenti disuguaglianze è VERA?

A $10^{100} < 100^{10}$

B $10^{-100} < 100^{-10}$

C $-10^{100} < -100^{10}$

D $10^{100} < -100^{10}$

E $100^{-10} < 10^{-100}$

1048 Se il $\log_b M = m$ e se $\log_b N = n$ il valore di $\log_b \frac{M}{N^k}$ vale:

A $M - N^k$

B $M - kN$

C $m - kn$

D $m - k^n$

E $\frac{b^m}{b^n} + k$

1049 Le soluzioni dell'equazione

$$\frac{3}{x^2-1} = \frac{1}{x^2-3}$$

sono:

A $-2; 2$
B $-2; 0$
C $1; 3$
D $-4; 4$
E l'equazione non ha soluzione

1050 Il rettangolo ABCD di lati $\overline{AB} = 8$ cm e $\overline{AD} = 4$ cm è inscritto in una circonferenza. Quanto vale la lunghezza della circonferenza?

A $5\sqrt{2}\pi$ cm

B $4\sqrt{5}\pi$ cm

C $8\sqrt{5}\pi$ cm

D 24 cm

E $\sqrt{20}\pi$ cm

MATEMATICA

1051 **Si consideri la funzione trigonometrica $y = \operatorname{tg} x$ con $0 < x \leq \pi$ (x esprime l'ampiezza dell'angolo in radianti). I valori della funzione $\operatorname{tg} 1$, $\operatorname{tg}\frac{\pi}{3}$, $\operatorname{tg} 3$, $\operatorname{tg}\pi$, disposti in ordine crescente, risultano:**

A $\operatorname{tg} 3$, $\operatorname{tg}\pi$, $\operatorname{tg} 1$, $\operatorname{tg}\frac{\pi}{3}$

B $\operatorname{tg} 1$, $\operatorname{tg} 3$, $\operatorname{tg}\pi$, $\operatorname{tg}\frac{\pi}{3}$

C $\operatorname{tg}\pi$, $\operatorname{tg} 1$, $\operatorname{tg}\frac{\pi}{3}$, $\operatorname{tg} 3$

D $\operatorname{tg}\frac{\pi}{3}$, $\operatorname{tg}\pi$, $\operatorname{tg} 3$, $\operatorname{tg} 1$

E $\operatorname{tg} 1$, $\operatorname{tg}\frac{\pi}{3}$, $\operatorname{tg} 3$, $\operatorname{tg}\pi$

1052 **L'equazione della circonferenza che ha centro in (2; 1) e passa per l'origine è:**

A $x^2 + y^2 = 5$

B $(x-2)^2 + (y-1)^2 = 5$

C $(x-2)^2 + (y-1)^2 = \sqrt{5}$

D $(x-2)^2 + (y-1)^2 = 25$

E $x^2 + 4x + y^2 + 2y = 0$

1053 **La distanza tra i punti di intersezione delle due rette $x = 3$ e $y = -4$ con gli assi misura:**

A −5

B −1

C 1

D 5

E 7

1054 **Supponiamo di avere due eventi A e B disgiunti tali che $P(A) = 0{,}3$ e $P(A \cup B) = 0{,}7$. Allora:**

A $P(B) = 0{,}3$

B $P(B) = 1$

C $P(B) = 0{,}4$

D la probabilità di B non è calcolabile

E $P(B) < 0{,}4$

1055 **Un quadrato e un triangolo equilatero hanno lo stesso perimetro. Qual è il rapporto tra il lato del quadrato e il lato del triangolo?**

A 1/2

B 2/3

C 1

D 4/3

E 3/4

1056 **Il punto $T(-k; k^2 + 1)$:**

A appartiene all'asse delle ascisse per il valore del parametro uguale a zero

B appartiene al semipiano negativo delle *x* per ogni valore di *k*

C appartiene al secondo quadrante per ogni valore del parametro *k*

D appartiene al semipiano positivo delle *y* per ogni valore del parametro *k*

E appartiene al semipiano positivo delle *y* solo se *k* è positivo

1057 **Calcolare $-\frac{2^6 - x^2}{x - 8}$:**

A $16 - x$

B $x - 8$

C $-x + 8$

D $-32 - x$

E $x + 8$

1058 **Sia *x* un numero reale tale che $x \log x < 0$. Ciò equivale a:**

A $0 < x < 1$

B $x > 1$

C $x < -1$

D $x < 0$

E $-1 < x < 0$

1059 **In una successione ereditaria nella quale gli eredi sono 4 fratelli, al maggiore di essi la defunta madre ha riservato la quota disponibile, cioè 1/3 dell'eredità. Supponendo che i quattro fratelli divideranno fra loro in parti uguali la rimanente quota dei 2/3, quale frazione dell'eredità spetterà al fratello maggiore?**

A 1/2

B 1/3

C 1/4

D 1/5

E 1/6

1060 **In un sistema di riferimento cartesiano nel piano, le rette di equazione $y = 2x + 3$, $y = 9 - x$:**

A si incontrano in un punto del primo quadrante

B si incontrano in un punto del secondo quadrante

C si incontrano in un punto del terzo quadrante

D si incontrano in un punto del quarto quadrante

E non si incontrano in alcun punto del piano

1061 Un soggetto abituato a bere un quarto di vino al giorno deve osservare una dieta che prevede al massimo un quinto di litro di vino al giorno. A quale quantità giornaliera minima di vino dovrà rinunciare?

A 10 ml
B 25 ml
C 50 ml
D 75 ml
E 100 ml

1062 Il sistema, per x e y reali:

$$\begin{cases} x^2 + y^2 - 9 = 0 \\ y = x - 5 \end{cases}$$

A ha infinite soluzioni
B ha due soluzioni coincidenti
C ha una sola soluzione
D ha due soluzioni distinte
E non ha soluzioni

1063 Da un mazzo di 40 carte (10 cuori, 10 quadri, 10 fiori, 10 picche) se ne estraggono tre; qual è la probabilità che siano tre figure fra le dodici presenti, supponendo di non rimettere la carta estratta nel mazzo?

A $\frac{11}{494}$
B $\frac{33}{1600}$
C $\frac{36}{1235}$
D $\frac{9}{10}$
E $\frac{33}{494}$

1064 Se il volume di un cubo è pari a 10^{-9} m^3 quanto vale in metri il lato del cubo?

A 10^{-27} m
B 10^{-18} m
C 10^{-9} m
D 10^{-6} m
E 10^{-3} m

1065 La funzione $y = \left(\frac{2}{7}\right)^{-x}$:

A è decrescente
B non è definita, perché $a < 1$
C è negativa per $x < 0$
D è negativa per $x > 0$
E è crescente

1066 L'espressione algebrica $\frac{4}{a-1} + \frac{a}{1-a}$ è uguale a:

A $\frac{4+a}{a-1}$
B $\frac{a-4}{a-1}$
C $\frac{a+4}{1+a}$
D $\frac{4-a}{a-1}$
E $a+1$

1067 L'equazione sen $2x = 2$:

A ha tra le soluzioni il numero $x = 1$
B ha tra le soluzioni il numero $x = \frac{\pi}{2}$
C ha tra le soluzioni il numero $x = 0$
D è una identità
E non ha soluzioni reali

1068 Determinare il più grande tra i seguenti numeri:

A sen 30°
B sen 50°
C cos 20°
D cos 40°
E cos 60°

1069 Tirando contemporaneamente due dadi, quante probabilità vi sono di ottenere un determinato numero su entrambi i dadi?

A $\frac{1}{36}$
B $\frac{1}{12}$
C $\frac{2}{6}$
D $\frac{1}{100}$
E $\frac{1}{6}$

1070 I partecipanti a una corsa a ostacoli sono 8. In quanti modi possibili si può stilare la classifica dei primi tre che taglieranno il traguardo?

A 512
B 336
C 24
D 3^8
E 21

MATEMATICA

1071 **Due triangoli sono sicuramente uguali quando sono uguali:**
- A le tre coppie di angoli
- B due lati e l'angolo compreso tra essi
- C due lati e la somma degli angoli interni
- D due lati e l'angolo opposto a uno di essi
- E un lato e l'angolo opposto a esso

1072 **È possibile suddividere la popolazione umana in quattro gruppi sulla base di due specificità antigeniche (A e B). Alcuni individui presentano la specificità A (gruppo A), altri la specificità B (gruppo B), altri entrambe (gruppo AB), e infine vi sono individui in cui non è espressa né l'una né l'altra specificità (gruppo 0). In uno studio sui gruppi sanguigni AB0 condotto su 6000 cinesi, 2527 avevano l'antigene A e 2234 l'antigene B, 1846 nessun antigene. Quanti individui avevano entrambi gli antigeni?**
- A Non si può rispondere
- B 293
- C 4154
- D 4761
- E 607

1073 **Due coni C_1 e C_2 circolari retti hanno uguale base di raggio R. L'altezza H_1 del cono C_1 è uguale alla metà dell'altezza H_2 del cono C_2.**

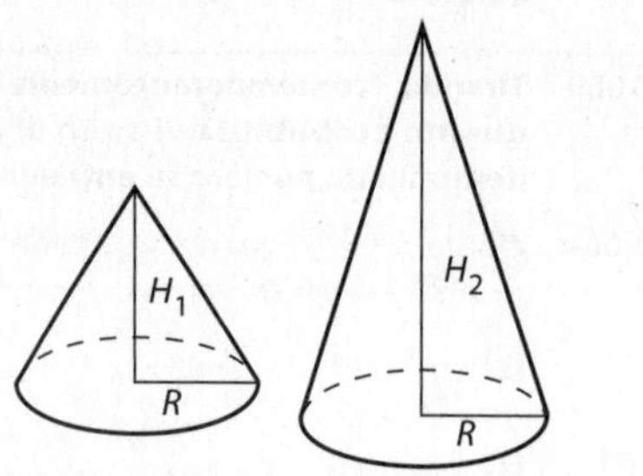

In che rapporto stanno i volumi V_1 e V_2 dei due coni?
- A $\frac{V_1}{V_2} = \frac{1}{2}$
- B $\frac{V_1}{V_2} = \frac{1}{3}$
- C $\frac{V_1}{V_2} = \frac{1}{4}$
- D $\frac{V_1}{V_2} = \frac{1}{9}$
- E $\frac{V_1}{V_2} = \frac{1}{\pi}$

1074 **4893 moltiplicato per 8754896 è uguale a:**
- A 42837706129
- B 42837706128
- C 42837706126
- D 42837706124
- E 42837706125

1075 **Se $4x + 1 = 9$, quanto vale $8x + 1$?**
- A 19
- B 18
- C 17
- D 16
- E 15

1076 **Le soluzioni dell'equazione:**

$$x^3 + 5x^2 - 6x = 0$$

sono:
- A tre, reali e coincidenti
- B tre reali, di cui solo una negativa
- C tre reali, di cui due negative e una positiva
- D solo una, uguale a +1
- E solo una, uguale a 0

1077 **Se il logaritmo in base 8 di un numero x vale $1/2$, il numero è:**
- A 2
- B $2\sqrt{2}$
- C 4
- D $1/2$
- E $\sqrt{2}$

1078 **Data una circonferenza di raggio r, il rapporto tra l'area del quadrato circoscritto e l'area del quadrato inscritto in essa è pari a:**
- A $\sqrt{2}$
- B 4
- C 2
- D $2\sqrt{2}$
- E dipende dalla lunghezza del raggio della circonferenza

1079 **Se $a = \log_3\frac{3}{5} + \log_3\frac{5}{7} + \log_3\frac{7}{9}$, allora:**
- A $0 < a < 1$
- B $a = -1$
- C $-1 < a < 0$
- D $a > 1$
- E a è irrazionale

1080 **In una serie ordinata di 41 dati la mediana è:**
- A la media aritmetica del 19° e 20° dato
- B il 21° dato
- C il 20° dato
- D la media aritmetica del 21° e 20° dato
- E un dato compreso tra il 20° e il 21°

1081 **Sapendo che $\log_2 x^5 = 15$, il valore di x è:**

A 5

B 2^2

C 3

D 3^2

E 2^3

1082 **A proposito della retta $y = mx + q$ rappresentata nella figura**

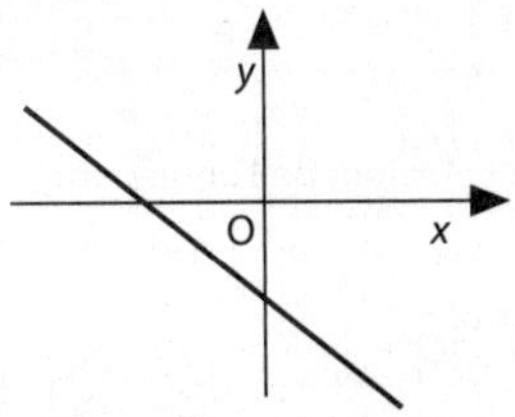

è possibile affermare che:

A $m < 0 \wedge q > 0$

B $m < 0 \wedge q < 0$

C $m \geq 0 \wedge q < 0$

D $m > 0 \wedge q > 0$

E $m < 0 \wedge q \geq 0$

1083 **Con riferimento agli angoli piani e alle loro unità di misura in gradi (°) e radianti (rad), trovate la corretta uguaglianza:**

A 360° = angolo piatto

B 45° = angolo retto

C 135° = angolo acuto

D 180° = π rad

E 90°= π /4 rad

1084 **La disequazione $x(x+1) < 0$ è verificata per valori di x:**

A esterni all'intervallo $(-1, 0)$

B interni all'intervallo $(-1, 0)$ estremi inclusi

C interni all'intervallo $(-1, 0)$ estremi esclusi

D negativi

E di un insieme diverso da quelli delle risposte precedenti

1085 **Se l'equazione $x^2 + ax + b = 0$ ha soluzioni 5 e 1, il discriminante vale:**

A 4

B 16

C 56

D 29

E 6

1086 **Nello spazio, due rette che non si incontrano:**

A sono sicuramente parallele

B giacciono sicuramente in piani diversi

C giacciono sicuramente nello stesso piano

D possono essere parallele

E non sono sicuramente parallele

1087 **Nell'insieme dei numeri reali, la disequazione $x^2 < -9$ è verificata per:**

A qualunque valore di x

B valori di x esterni all'intervallo $(-3, 3)$ estremi esclusi

C valori di x interni all'intervallo $(-3, 3)$ estremi inclusi

D nessun valore di x

E valori di x interni all'intervallo $(-3, 3)$ estremi esclusi

1088 **Una moneta è lanciata quattro volte. Qual è la probabilità P di ottenere quattro croci sapendo che le prime due volte si è ottenuto croce?**

A $\frac{1}{2}$

B $\frac{1}{4}$

C $\frac{1}{2} < P < \frac{3}{4}$

D $P < \frac{1}{4}$

E $\frac{3}{8}$

1089 **Quale delle seguenti quaterne di numeri è ordinata secondo valori crescenti?**

A $\frac{27}{101}$; $2{,}7 \cdot 10^{-1}$; $271 \cdot 10^{-3}$; $\frac{27}{99}$

B $271 \cdot 10^{-3}$; $2{,}7 \cdot 10^{-1}$; $\frac{27}{101}$; $\frac{27}{99}$

C $\frac{27}{101}$; $\frac{27}{99}$; $271 \cdot 10^{-3}$; $2{,}7 \cdot 10^{-1}$

D $\frac{27}{101}$; $2{,}7 \cdot 10^{-1}$; $\frac{27}{99}$; $271 \cdot 10^{-3}$

E $2{,}7 \cdot 10^{-1}$; $\frac{27}{101}$; $\frac{27}{99}$; $271 \cdot 10^{-3}$

1090 **Il $\log_{10}(ab)$ con a e b numeri reali maggiori di 1 è:**

A compreso fra –1 e 0

B minore di 0

C maggiore di 0

D uguale a 0

E non esiste

MATEMATICA

1091 **L'angolo che misurato in radianti vale $\frac{3}{4}\pi$ in gradi vale:**

A 45 gradi
B 225 gradi
C 315 gradi
D 135 gradi
E 210 gradi

1092 **Se indichiamo con P il prodotto $0{,}018 \cdot 0{,}0375$ risulta:**

A $10^{-5} < P < 10^{-4}$
B $10^{-4} < P < 10^{-3}$
C $10^{-3} < P < 10^{-2}$
D $10^{-2} < P < 10^{-1}$
E $P < 10^{-5}$

1093 $(a+b)^2 =$

A $a^2 + b^2$
B $2^a + 2^b$
C $a^2 + b^2 + 2ab$
D $a^2 - b^2$
E $a^2 + b^2 - 2ab$

1094 **Se il fuoco di una parabola ha coordinate $(0;-3)$ e la direttrice ha equazione $y = 1$, la parabola:**

A passa per l'origine degli assi cartesiani
B ha asse di simmetria parallelo all'asse delle ascisse
C non interseca l'asse delle ascisse
D non interseca l'asse delle ordinate
E ha il vertice nel punto di coordinate $(-2;0)$

1095 **Tre amici ricevono complessivamente € 36 da suddividere tra di loro nelle seguenti proporzioni 2:3:7. Qual è la differenza tra l'ammontare più grande e quello più piccolo ricevuto dai tre amici?**

A € 3
B € 6
C € 9
D € 12
E € 15

1096 **L'equazione $3^x + 9 = 0$:**

A ha come soluzione solo $x = -2$
B ha come soluzione solo $x = 2$
C ha come soluzioni $x = 2$ e $x = -2$
D non ammette soluzioni reali
E ammette infinite soluzioni

1097 **Tra i primi 100 numeri naturali, sono contemporaneamente divisibili per 2, 3, 4, 5:**

A 0 numeri
B 1 numero
C 2 numeri
D non è possibile stabilirlo
E 3 numeri

1098 $\sqrt[4]{\sqrt[3]{2}}$ **è uguale a:**

A 2
B $\frac{1}{2}$
C $\sqrt[12]{2}$
D $\sqrt[7]{2}$
E $\sqrt[12]{2^7}$

1099 **L'equazione $ax + 3y = 0$, con a numero reale:**

A rappresenta una retta parallela all'asse delle y se $a \neq 0$
B rappresenta una retta passante per l'origine solo se $a \neq 0$
C rappresenta una retta che forma con l'asse delle ascisse un angolo ottuso per ogni valore di a
D rappresenta una retta che ha come coefficiente angolare a
E rappresenta una retta passante per l'origine per ogni valore di a

1100 **Quale fra le seguenti funzioni ha il grafico simmetrico rispetto all'origine degli assi?**

A $y = \sqrt{x^2 + |x+4|}$
B $y = \frac{2}{5}x^7 - x^5 \cdot \sqrt{2} + \frac{1}{6}$
C $y = x^4 - 7x^2 + 1$
D $y = \sqrt{x^2 + |x| + 4}$
E $y = x^5 \cdot \sqrt{3} - \frac{1}{3x}$

1101 **Il valore di $(3^{3/2} + 3^{1/3})^2 - 27 - 3^{2/3}$ è pari a:**

A $2 \cdot 3^{10/6}$
B $2 \cdot 3^{11/6}$
C $2 \cdot 3^{3/2}$
D $2 \cdot 3^{4/5}$
E $2 \cdot 3^{2/3}$

1102 Il grado di un polinomio corrisponde:

A alla somma dei gradi di tutti i monomi addendi
B al minimo comune multiplo dei gradi dei monomi addendi
C al grado del monomio di grado minimo
D al grado del monomio di grado massimo
E al numero dei fattori letterali diversi tra loro

1103 Due angoli minori di un angolo piatto hanno lo stesso seno:

A se sono supplementari
B se differiscono di 90°
C se differiscono di π rad
D se sono complementari
E solo se sono lo stesso angolo

1104 $(16^{1/2})^{1/6}$ è uguale a:

A $2^{1/2}$
B $4^{1/2}$
C $2^{1/3}$
D $4^{1/3}$
E $4^{16/3}$

1105 L'equazione di secondo grado $ax^2 + b = 0$ ha radici reali quando:

A $a < 0$ e qualunque sia il segno di b
B $b < 0$ e qualunque sia il segno di a
C a e b sono entrambi positivi
D a e b hanno segni opposti
E a e b sono entrambi negativi

1106 In un cubo la lunghezza della diagonale di una faccia è *d*. Se si ingrandisce il cubo raddoppiando *d*, allora la superficie totale del cubo:

A raddoppia
B viene moltiplicata per 23
C quadruplica
D viene moltiplicata per 22
E viene moltiplicata per 6

1107 Stabilire quale fra i seguenti numeri è irrazionale (cioè reale, ma non razionale):

A 0,25
B 1,0(2)
C $\sqrt{3}$
D $\sqrt{49}$
E $\sqrt{3} \cdot \frac{1}{\sqrt{3}}$

1108 L'espressione:

$$10^9 + 10^8 + 10^8 + 10^9$$

è uguale a:

A 10^{34}
B 40^{34}
C duemilioniduecentomila
D duemiliardiduecentomilioni
E $20^9 + 20^8$

1109 Il grafico di una delle seguenti funzioni interseca l'asse *x*. Indicare di quale si tratta:

A $f(x) = e^x$
B $f(x) = x^2 + 1$
C $f(x) = \frac{1}{x}$
D $f(x) = -2 + \operatorname{sen} x$
E $f(x) = \log x$

1110 Qual è il più grande numero reale *x* che soddisfa la disuguaglianza $x^2 - 3 \leq 33$?

A 6
B 30
C 11
D 0
E $\sqrt{11}$

1111 Il punto medio del segmento di estremi A = (–4; 6) e B = (8; –2) ha coordinate:

A (0; 0)
B (–2; –2)
C (6; 4)
D (2; 2)
E (1; 1)

1112 Se si fa ruotare un trapezio rettangolo intorno al lato ortogonale agli altri due, si genera:

A un tronco di piramide
B un tronco di cono
C un solido costituito da due coni uniti per la base
D un cono
E una piramide

1113 Il valore di *x* tale che $e^x = 2$ è:

A $\log_{10}2$
B $\log_e 2$
C $2/e$
D indeterminato
E $\log_2 e$

MATEMATICA

1114 **L'espressione $x^2+y^2-2xy-1$ può anche scriversi nella forma:**

A $(x+y)(x-y)-1$

B $(x-y)^2-1$

C $(x+y+1)(-x-y-1)$

D $(x+y+1)(x-y-1)$

E $(xy-x)(xy+x)-1$

1115 **Nella proporzione $5 : x = x : -125$ il valore del medio proporzionale:**

A non esiste nel campo dei numeri reali

B è un numero irrazionale

C è uguale a 25

D è uguale a – 25

E è uguale a $\frac{1}{25}$

1116 **Quale delle seguenti quaterne di numeri è ordinata secondo valori decrescenti?**

A $315 \cdot 10^{-4}$; $3144 \cdot 10^{-5}$; $\pi \cdot 10^{-2}$; $31{,}4 \cdot 10^{-3}$

B $\pi \cdot 10^{-2}$; $3144 \cdot 10^{-5}$; $31{,}4 \cdot 10^{-3}$; $315 \cdot 10^{-4}$

C $3144 \cdot 10^{-5}$; $31{,}4 \cdot 10^{-3}$; $315 \cdot 10^{-4}$; $\pi \cdot 10^{-2}$

D $31{,}4 \cdot 10^{-3}$; $\pi \cdot 10^{-2}$; $3144 \cdot 10^{-5}$; $315 \cdot 10^{-4}$

E $315 \cdot 10^{-4}$; $\pi \cdot 10^{-2}$; $31{,}4 \cdot 10^{-3}$; $3144 \cdot 10^{-5}$

1117 **La funzione $y = a^{-x}$, con $a > 0$:**

A può essere sia positiva che negativa

B è sempre negativa

C è sempre positiva

D interseca l'asse delle ascisse

E non interseca l'asse delle ordinate

1118 **Un numero intero tale che la differenza tra il suo quadrato e i $\frac{3}{2}$ del numero stesso sia uguale a 52 è:**

A 8

B 15

C $-\frac{13}{2}$

D non esiste alcun numero intero che soddisfa la relazione

E nessuna delle altre risposte

1119 **Semplificare la seguente espressione:**

$$\frac{x}{x+2}-\frac{x-2}{x}$$

A $\frac{4}{x+2}$

B $\frac{4}{x(x+2)}$

C $-\frac{4}{x(x+2)}$

D $\frac{x-2}{x+2}$

E $\frac{2x^2-4}{x(x+2)}$

1120 **Rispetto a un sistema di riferimento cartesiano ortonormale nel piano le coordinate dei punti P e Q sono (1; 1) e (3; 2). Quale dei seguenti punti è allineato con P e Q?**

A (–1; 0)

B (1; 3)

C (2; 1)

D (2; 3)

E (3; 3)

1121 **Siano *a*, *b*, *c* tre numeri reali positivi, tali che sia $ab > c$. Quale delle seguenti disuguaglianze risulta FALSA?**

A $-a < -\frac{c}{b}$

B $abc > c^2$

C $\frac{b^2}{c} > \frac{b}{a}$

D $\frac{a}{c} < \frac{1}{b}$

E $-b < \frac{c}{a}$

1122 **Calcolare:** $\sqrt{\left(\frac{3}{2}\right)^{-2}+\left(\frac{1}{2}\right)^{2}}$

A $\frac{\sqrt{10}}{2}$

B $\frac{\sqrt{5}}{6}$

C $\frac{7}{6}$

D $\sqrt{\frac{5}{13}}$

E $\frac{5}{6}$

QUESITI

1123 Un cilindro retto ha una base di raggio *r* e altezza uguale a 2*r*. Una sfera ha come raggio lo stesso valore *r*. Possiamo affermare che:

A il volume della sfera è maggiore del volume del cilindro
B il volume della sfera è minore del volume del cilindro
C il rapporto tra il volume della sfera e il volume del cilindro vale $\frac{4}{3}\pi$
D il volume del cilindro è il doppio del volume della sfera
E il prodotto tra il volume del cilindro e il volume della sfera vale $\frac{4}{3}\pi$

1124 La disuguaglianza $x^2 + y^2 \geq 2xy$ è verificata:

A sempre
B soltanto se $x = y = 0$
C soltanto se x e y sono positivi
D soltanto se x e y sono negativi
E soltanto se x e y sono concordi

1125 Quale dei seguenti polinomi è un quadrato perfetto?

A $4x^2 + 9$
B $4x^2 - 6x + 9$
C $4x^2 + 6x + 9$
D $4x^2 - 12x + 9$
E $4x^2 + 12x - 9$

1126 Se al numero 0,776 si aggiungono due centesimi si ottiene:

A 0,7762
B 0,778
C 0,7702
D 0,976
E 0,796

1127 La doppia disequazione $16 < x^2 < 36$ è verificata:

A per $-6 < x < -4$ oppure $4 < x < 6$
B per $-6 < x < -4$
C per $-6 < x < 4$
D per $-4 < x < 6$
E per $4 < x < 6$

1128 Quale tra le seguenti affermazione è vera?

A $\text{sen}\,\alpha + \text{sen}\,\beta = \text{sen}\,(\alpha + \beta)$
B $\text{sen}\,(2\alpha) = 2\,\text{sen}\,\alpha$
C $\cos^2\alpha - \text{sen}^2\alpha = \cos(2\alpha)$
D $\text{sen}\,\alpha + \text{sen}\,\beta = \cos\alpha\beta$
E $\cos^2\alpha + \text{sen}^2\alpha = \text{sen}\,(2\alpha)$

1129 Quale dei valori sotto riportati costituisce la migliore approssimazione della radice quadrata di 814.420?

A 90
B 900
C 9000
D 81.442
E 407.270

1130 $1 + 27^{2/3}$ vale:

A 10
B 7
C 19
D 6
E 4

1131 L'espressione $\sqrt{-8}$:

A non ha significato nel campo dei numeri reali
B vale −2
C vale 2
D vale −2,828426
E vale −1,414213

1132 Stabilire quali delle seguenti coppie di monomi sono simili:

A $xyz^2, \frac{5}{2}x^2yz$
B x^3yz, xy^2z^2
C $4x^2yz^3, \frac{1}{2}x^2yz^3$
D $\frac{2}{3}xy^2, \frac{2}{3}x^2y$
E $3x, 3y$

1133 In un triangolo rettangolo l'ipotenusa misura 7 cm. Quanto misura il seno dell'angolo opposto al cateto minore che misura 3 cm?

A 4/7
B 3/7
C 9/49
D 7/3
E 9/7

1134 Quale fra le seguenti affermazioni è CORRETTA?

A Se un quadrilatero ha una coppia di lati paralleli allora è un parallelogramma
B Non tutti i quadrati sono rettangoli
C L'asse di un segmento è la retta che divide in due parti uguali il segmento
D In una circonferenza, se un raggio incontra una corda è perpendicolare alla corda
E In un parallelogramma gli angoli adiacenti allo stesso lato sono supplementari

MATEMATICA

1135 **Per *a* e *b* entrambi positivi, $\log\frac{a}{b}$ =**

A $\log a + \log b$

B $\log a - \log b$

C $\frac{\log a}{\log b}$

D $\log(a - b)$

E $\log a \cdot \log b$

1136 **Se per ipotesi si ha $0 < x < y < 1$ allora:**

A $x^2 > x$

B $x^2 > y$

C $y^{1/2} < x$

D $xy > x$

E $xy < x$

1137 **Sapendo che $x + y = 2$, quanto vale $x^2 + y^2$?**

A 4

B $4 - 2xy$

C $2 + xy$

D $2x + y^2$

E Nessuno dei valori precedenti

1138 **Dati i seguenti monomi**

$$5xy^2,\ 15x^2yz,\ 10x^2y^2z^2$$

allora il loro M.C.D. (massimo comune divisore) è:

A $30x^2y^2z^2$

B $30xy$

C $15xyz$

D $5xy$

E xy

1139 **Qual è il valore di $(0{,}000064)^{-1/3}$?**

A 12

B 24

C 25

D 28

E 16

1140 **Si consideri la funzione $y = \cos x$ (x esprime l'ampiezza dell'angolo in radianti). I valori della funzione cos1, cos2, cos3 e cos4, disposti in ordine crescente, risultano:**

A cos1, cos2, cos3, cos4

B cos2, cos4, cos1, cos3

C cos3, cos2, cos4, cos1

D cos3, cos4, cos2, cos1

E cos4, cos3, cos1, cos2

1141 **Il minimo comune multiplo dei polinomi $x + y$ e $x^2 - y^2$ è:**

A $(x + y)(x - y)$

B $(x + y)$

C $(x - y)^2$

D $(x - y)$

E $(x + y)^2$

1142 **Un padre ha 50 anni e il figlio 26. Quando l'età del padre sarà tripla di quella del figlio?**

A Mai

B 14 anni fa

C Fra 14 anni

D Non è possibile stabilirlo

E Fra 24 anni

1143 **Essendo *x* e *y* due variabili reali, la funzione $y = \sqrt{|x| - 1}$:**

A non è definita per $-1 < x < 1$

B è definita solo per $x \geq 1$

C è definita solo per $x \leq 1$

D è sempre definita e positiva

E è positiva in ogni punto del suo dominio

1144 **Il logaritmo *L* in base 10 di 12345,6 è uguale a:**

A $L = 1 - \log_{10} 123456$

B $L = 2 - \log_{10} 12345{,}6$

C $L = -2 + \log_{10} 123456$

D $L = -1 + \log_{10} 123456$

E $L = -2 - \log_{10} 123456$

1145 **Se *A* è un numero negativo, allora $(-A)^{0,5}$ è sicuramente un numero:**

A uguale a uno

B reale

C sempre uguale a 0,5

D in tutti i casi intero

E in tutti i casi nullo

1146 **Solo in una delle seguenti successioni moda, mediana e media aritmetica hanno lo stesso valore. Quale?**

A 1; 3; 3; 4; 5; 6

B 1; 2; 4; 4; 6; 7

C 1; 1; 2; 3; 6; 8

D 1; 1; 1; 1; 1; 6

E 2; 2; 4; 5; 6; 7

QUESITI

1147 Stabilire quale delle seguenti curve è un'ellisse:

A $y = (x-1)^2$
B $y = 3x^2$
C $x^2 + 4y^2 = 1$
D $x^2 - y^2 = 1$
E $(x-1)^2 + (y+2)^2 = 1$

1148 Le soluzioni dell'equazione $x^2 - 1 = 2x^2 - 5$ sono:

A $-2; 4$
B $-4; 2$
C ± 4
D ± 2
E $1; \sqrt{5/2}$

1149 Le radici dell'equazione:

$$(x-a)(x+b)(x-c) = 0$$

sono:

A $-a, b, -c$
B $a, -b, c$
C $-a, -b, c$
D $\frac{1}{a}, \frac{1}{b}, \frac{1}{c}$
E a^2, b^2, c^2

1150 Se l'equazione $x^2 - 6x + k = 0$ ha una radice uguale a 4, quanto vale l'altra?

A Dipende da k
B 1
C -2
D 2
E -1

1151 $\log_{10}$2.567.010.000.000 è un numero compreso fra:

A 0 e 1
B 10 e 11
C 12 e 13
D 15 e 16
E 25 e 26

1152 Per quali valori reali di x la funzione $y = (ax)^2 + 3$ ha valori positivi?

A Solo per $x = a$
B Solo per $x = 3$
C Nessuno
D Per $x > 0$
E Per qualsiasi valore di x

1153 Determinare quale dei seguenti numeri non è un quadrato perfetto:

A 256
B 800
C 10.000
D $12 \cdot 27$
E $11 \cdot 44$

1154 Quali sono i due numeri la cui somma risulta 56 e che sono proporzionali a 2 e 5 secondo lo stesso coefficiente?

A I due numeri sono 35 e 26
B I due numeri sono 16 e 40
C I due numeri sono 20 e 36
D I due numeri sono 27 e 29
E Le informazioni non sono sufficienti per poter calcolare i due numeri

1155 La media aritmetica dei numeri –5, –2, 0, 4, 5 è:

A 3,2
B 2
C 0,5
D 0,4
E 0,75

1156 Siano A e B due eventi incompatibili con $P(A) = 0{,}4$ e $P(B) = 0{,}3$. Allora $P(A \cup B)$ vale:

A 0,7
B 0,1
C 1
D non è possibile calcolarla
E 0

1157 Stabilire quale delle seguenti affermazione è vera:

A la funzione tg$x$ è definita per ogni x reale
B la funzione tg$x$ è periodica di periodo π
C la funzione tg$x$ è compresa tra -1 e 1 per ogni x reale
D la funzione tg$x$ è sempre positiva o nulla
E la funzione tg$x$ è una funzione pari

1158 Due equazioni si dicono equivalenti quando ammettono lo stesso insieme di soluzioni. In quale delle seguenti coppie le equazioni sono equivalenti?

A $5x - 2 = 4x + 8$ e $x = 6$
B $|x| = 1$ e $x^2 = 1$
C $x = 1$ e $x = -1$
D $x = 3$ e $x(x-3) = 0$
E $4 - 2x = 10$ e $x = 3$

1159 La disequazione $\frac{1}{x} < -1$ è soddisfatta per ogni x tale che:

A $x > -1$
B $x < -1$
C $x < 0$
D $-1 < x < 0$
E nessuna delle precedenti alternative è corretta

1160 Se $x + \frac{1}{x} = 2$ quanto vale $x^3 + \frac{1}{x^3}$?

A 2
B 5
C 4
D 3
E 8

1161 Consideriamo le due relazioni

$$y = \frac{1}{2}\log_{10} 100 \quad \text{e} \quad z = 2\log_{100} 10$$

Quale delle seguenti affermazioni è CORRETTA?

A $y < z$
B $y > z$
C $y = z$
D Il numero 100 non può mai essere usato come base dei logaritmi di altri numeri
E Non esiste il logaritmo di un numero se la base è maggiore del numero stesso

1162 La grandezza Q è proporzionale alla grandezza P (cioè $Q = KP$). Supponiamo $P = 4{,}5$; $Q = 18$.
Qual è il valore della costante di proporzionalità K?

A $K = 0{,}25$
B $K = 10{,}5$
C $K = 4$
D $K = 13{,}5$
E $K = 18$

1163 Qual è l'ordine crescente dei seguenti logaritmi?

$a = \log_{16} 128 \quad b = \log_2 128 \quad c = \log_4 128$

A $a < b < c$
B $b < a < c$
C $c < a < b$
D $c < b < a$
E $a < c < b$

1164 Disponendo di 7 lettere dell'alfabeto, tutte diverse, il numero di parole con 4 lettere che si possono formare potendo ripetere 2 o 3 o 4 volte la stessa lettera è:

A 4^4
B 4^7
C 7^4
D 7^7
E 49

1165 Quale fra le frasi seguenti non è corretta?

A Due monomi opposti hanno somma uguale al monomio nullo
B Se due monomi sono uguali il loro quoziente è 1
C Il prodotto di un monomio e di un polinomio è ancora un polinomio
D La moltiplicazione di polinomi gode della proprietà commutativa
E Due monomi simili sono uguali

1166 Supponiamo che un evento abbia probabilità $P = 0{,}1$. Allora l'evento a esso complementare ha probabilità pari a:

A 0,5
B 0,9
C $-0{,}1$
D non è possibile calcolarla
E 1,1

1167 Dato il sistema $\begin{cases} x + y = 28 \\ x - y = \frac{1}{4}x \end{cases}$, le soluzioni del sistema sono:

A $x = 14 , y = 14$
B $x = 28 , y = 7$
C $x = 16 , y = 12$
D $x = 12 , y = 16$
E il sistema non ammette soluzioni

1168 Il campo di esistenza della funzione $f(x) = \frac{1}{\sqrt{x^2 - 1}}$ è:

A $x \le -1 , x \ge 1$
B tutto $\mathbb{R}$
C $-1 < x < 1$
D $x > 1$
E $x < -1 , x > 1$

QUESITI

1169 Il massimo comune divisore e il minimo comune multiplo tra i numeri: 6, 20, 30, 60 valgono rispettivamente:

A 6; 120
B 2; 60
C 2; 180
D 6; 30
E 6; 60

1170 La funzione $f(x) = \frac{x-1}{x+1}$ è definita:

A per ogni x reale
B per ogni x diverso da -1
C per ogni x diverso da -1 e da 1
D per $x > 0$
E per $x < 0$

1171 Quanti ambi si possono formare con 90 numeri differenti?

A 27.000
B 7200
C 4005
D 8010
E 16.020

1172 L'uguaglianza $\log_{10}(-a) + \log_{10}(-b) = \log_{10}ab$ è VERA:

A qualunque siano i numeri reali a e b
B solo se i numeri reali a e b sono entrambi positivi
C solo se i numeri reali a e b sono entrambi negativi
D solo se $a = b = 0$
E non è mai vera

1173 L'equazione $\cos x = \frac{1}{2}$ è soddisfatta da:

A $x = \pm\frac{\pi}{3} + k\pi$, con $k \in \mathbb{Z}$
B $x = \frac{2}{3}\pi + 2k\pi$, con $k \in \mathbb{Z}$
C $x = \frac{5}{3}\pi + 2k\pi$, con $k \in \mathbb{Z}$
D $x = 2k\pi$, con $k \in \mathbb{Z}$
E $x = \pm\frac{\pi}{3} + 2k\pi$, con $k \in \mathbb{Z}$

1174 la media aritmetica dei numeri 3, 4, 5, 6, 7 è:

A 0
B 1
C 2
D 3
E 5

1175 $\frac{1-\sqrt{3}}{1+\sqrt{3}}$ vale:

A $-2 + 2\sqrt{3}$
B $3 + \sqrt{2}$
C $\sqrt{2} - 3$
D $2 + \sqrt{3}$
E $\sqrt{3} - 2$

1176 Quali di questi numeri

10 $e = 2,7183...$ 0,1 100

possono essere presi come BASE di logaritmi?

A Solo il numero $e = 2,7183...$ (base dei logaritmi naturali o neperiani)
B Solo i numeri minori di 100
C Solo i numeri maggiori di 1
D Solo il numero 10 e il numero $e = 2,7183...$ (base dei logaritmi naturali o neperiani)
E Tutti quelli indicati nella domanda (e altri)

1177 Indicare per quali valori di x è soddisfatta la disequazione $\frac{x-a}{b-a} > 0$ (con $a > b > 0$):

A per $x < a$
B per $x < b$
C per $b < x < a$
D per nessun valore di x
E per $x = a$ e per $x = b$

1178 Si consideri un triangolo equilatero di lato 2 cm. Su ciascun lato si costruisca un semicerchio. Stabilire quanto vale l'area complessiva della figura ottenuta:

A $2\pi + \sqrt{3}$ cm²
B $3\pi + 2\sqrt{3}$ cm²
C $\frac{3}{2}\pi + \sqrt{3}$ cm²
D $3\pi + \frac{\sqrt{3}}{2}$ cm²
E $\pi + \sqrt{3}$ cm²

1179 Il logaritmo decimale di un numero compreso fra 1 e 10:

A è compreso fra -1 e 0
B non si può calcolare
C è compreso fra 0 e 1
D è minore di -1
E è maggiore di 1

MATEMATICA

1180 **Il sistema** $\begin{cases} x+y=a \\ xy=1 \end{cases}$ **con** a **numero reale:**

A per ogni valore di a non ha soluzione
B ha due soluzioni per ogni valore di a
C ha soluzioni solo se a è positivo
D ha soluzioni solo se a è negativo
E ha due soluzioni distinte se $a > 2$ oppure $a < -2$

1181 **Un trapezio isoscele ha perimetro di 50 cm e le basi di 7 cm e 17 cm. Qual è la sua area?**

A $102\ cm^2$
B $144\ cm^2$
C $288\ cm^2$
D $156\ cm^2$
E $312\ cm^2$

1182 **Quanto vale la millesima parte di 10^{-21} ?**

A 10^{21}
B 10^{-18}
C 10^{-24}
D 10^{-63}
E Nessuna delle alternative proposte è corretta

1183 **L'angolo di 45° è:**

A ottuso
B acuto
C piatto
D retto
E concavo

1184 **Per quali valori del parametro reale k, l'equazione:**

$$x^2 + y^2 - 4x + 2y + k = 0$$

rappresenta l'equazione di una circonferenza reale non degenere?

A Per ogni valore reale di k
B $k < 5$
C $k \leq 5$
D $k < 20$
E $k \leq 20$

1185 **Dato il prodotto $N = 2010 \cdot 2011 \cdot 2012$, determinare quale dei seguenti interi non è divisore di N.**

A 12
B 15
C 18
D 20
E 4022

1186 **x e y sono due numeri naturali tali che la loro somma dà un numero a e x è il successivo di y. Quanto vale $x^2 - y^2$?**

A Non si può determinare
B a
C $-a$
D $2a + 1$
E a^2

1187 **Uno studente universitario ha superato 4 esami, e ha la media di 23; qual è il voto minimo che lo studente dovrà prendere all'esame successivo affinché la media diventi almeno 25?**

A 29
B 30
C 28
D 26
E Qualunque sia il voto all'esame successivo, la media non potrà raggiungere il valore 25

1188 **L'equazione di secondo grado che ammette per soluzioni $x_1 = \sqrt{3}$ e $x_2 = -\frac{1}{\sqrt{2}}$, è:**

A $x^2 - (\sqrt{3} - \sqrt{2})x - \sqrt{6} = 0$
B $2x^2 + (2\sqrt{3} - \sqrt{2})x - \sqrt{6} = 0$
C $2x^2 - (2\sqrt{3} - \sqrt{2})x + \sqrt{6} = 0$
D $2x^2 + (2\sqrt{3} - \sqrt{2})x + \sqrt{6} = 0$
E $2x^2 - (2\sqrt{3} - \sqrt{2})x - \sqrt{6} = 0$

1189 **La funzione $f(x) = 10^x$:**

A è definita solo per $x > 0$
B è una funzione dispari
C non ammette funzione inversa
D ammette come funzione reciproca $g(x) = 2^{1/x}$
E ammette funzione inversa e la sua funzione inversa è $g(x) = \log_{10} x$

1190 **Il polinomio $x^4 - 3x^2 + a$ con a numero reale:**

A ha come zero $x = 2$ in corrispondenza di un valore di a negativo
B ha come zero $x = 2$ in corrispondenza di un valore di a positivo
C ha come zero $x = 2$ per il valore di a uguale a uno
D è irriducibile per ogni valore di a
E si può scomporre in $(x + a) \cdot (x^2 - 1)$

1191 La soluzione della disequazione

$$(x+3)(x+5) > (x+1)(x+9)$$

è:

A $x \leq 3$

B $x \geq 3$

C $x < 3$

D $x > 3$

E $0 < x < 3$

1192 Nel piano cartesiano qual è la pendenza (o coefficiente angolare) della retta che passa per i punti (5; 0) e (0; 2)?

A 5/2

B 2/5

C −2/5

D −3

E 3

1193 In un triangolo gli angoli α, β e γ valgono:

- $\alpha = x$
- $\beta = \alpha + 30°$
- $\gamma = \beta + 60°$

Quanto vale l'angolo α (cioè x)?

A $x = 20°$

B $x = 45°$

C $x = 60°$

D $x = 80°$

E $x = 90°$

1194 Siano a e b due numeri maggiori di zero. Quale delle affermazioni seguenti è corretta?

A $\log_a b + \log_a b = \log_a b^2$

B $\log_a b + \log_a b = \log_a 2b$

C $\log_a b + \log_a b = (\log_a b)^2$

D $\log_a b + \log_a b = -2\log_b a$

E $\log_a b - \log_b a = 0$

1195 Sia $f(x) = x^2$. Risulta $f(x_1) < f(x_2)$ per ogni coppia di numeri reali $x_1 < x_2$ tali che:

A $x_1 \neq x_2$

B $0 < x_1 < x_2$

C $x_1 < 0 < x_2$

D $x_2 < 0 < x_1$

E $x_1 < x_2 < 0$

1196 Quale fra le seguenti relazioni goniometriche è vera per ogni valore di α?

A $\text{tg}\alpha = \dfrac{\text{sen}\alpha}{\cos\alpha}$

B $\text{sen}(\pi + \alpha) = \text{sen}\alpha$

C $\text{cotg}\alpha = \dfrac{1}{\text{tg}\alpha}$

D $\cos\left(\dfrac{\pi}{2} + \alpha\right) = \text{sen}\alpha$

E $\text{sen}2\alpha = 2\,\text{sen}\alpha\cos\alpha$

1197 Si considerino i seguenti sistemi di due equazioni in due incognite:

$$1)\begin{cases} 2x+y=1 \\ 2y+4x=-1 \end{cases} \qquad 2)\begin{cases} x+y=0 \\ y-x=0 \end{cases}$$

$$3)\begin{cases} x+3y=0 \\ 2x+6y=0 \end{cases} \qquad 4)\begin{cases} x+y=1 \\ y-x=1 \end{cases}$$

Tra essi sono presenti sistemi che ammettono nel campo reale una e una sola soluzione, nessuna soluzione o infinite soluzioni. Indicare quale delle seguenti affermazioni è VERA.

A Solo il sistema 2) non ha soluzioni e nessuno di essi ne ha infinite

B Solo il sistema 1) non ha soluzioni e solo il 3) ne ha infinite

C I sistemi 2) e 3) ammettono entrambi infinite soluzioni

D I sistemi 1) e 4) non hanno soluzioni

E Nessuno dei sistemi assegnati ha infinite soluzioni

1198 Il grado del polinomio

$$5x^3 + 2x^2y + xy^2 + 25y^3$$

è:

A 3

B 10

C 9

D 12

E 6

1199 Per quali valori di x, con $0 < x < \pi$, si ha:

$$\text{sen}(x) > \text{sen}(5\pi/18)?$$

A $5\pi/18 < x < 13\pi/18$

B $5\pi/18 < x < \pi/2$

C $0 < x < 5\pi/18$ e $13\pi/18 < x < \pi$

D $5\pi/18 < x < 7\pi/9$

E $5\pi/18 < x < \pi$

1200 Le ampiezze di due angoli di un pentagono sono 90° e 150° mentre le ampiezze dei rimanenti tre angoli sono proporzionali ai numeri 5, 7 e 13.
Quale delle seguenti terne rappresenta le ampiezze dei tre angoli incogniti?

- A 60° 84° 156°
- B 50° 90° 160°
- C 60° 80° 160°
- D 64° 82° 154°
- E 72° 100° 188°

1201 Quale di queste espressioni è diversa da 0 per ogni numero reale *x*?

- A $x^2 + (x+1)^2$
- B $(2x+2)^2 + (3x+3)^2$
- C $x^2 - (x+1)^2$
- D $(x+1)^2$
- E x^2

1202 Quanti sono i numeri naturali diversi da zero che soddisfano la condizione "il loro triplo diminuito della loro metà è un numero naturale minore di due"?

- A Nessuno
- B Tutti
- C Uno
- D Quattro
- E Cinque

1203 Se due numeri sono primi tra loro, allora:

- A sono entrambi numeri primi
- B almeno uno dei due deve essere primo
- C il loro prodotto è un numero primo
- D il loro minimo comune multiplo è il maggiore dei due numeri
- E il loro massimo comune divisore è 1

1204 Riducendo ai minimi termini la seguente frazione algebrica:

$$\frac{x^3 + 4x^2 + 4x}{4 - x^2}$$

si ottiene:

- A $\dfrac{x+2}{x-2}$
- B $\dfrac{x(x-2)}{2+x}$
- C $\dfrac{-x(x+2)}{x-2}$
- D $\dfrac{x}{2-x}$
- E la frazione è irriducibile

1205 Calcolare il M.C.D. e il m.c.m. dei numeri:

72, 84 e 90

- A 6 e 2520
- B 72 e 210
- C 6 e 544.320
- D 72 e 2520
- E 2 e 544.320

1206 Ridurre ai minimi termini la seguente frazione algebrica:

$$\frac{a^2 - 2a + 1}{a^3 - 1}$$

- A $\dfrac{a-1}{a^2+2a+1}$
- B $\dfrac{a-1}{a^2+a+1}$
- C $\dfrac{1}{a^2+2a+1}$
- D $\dfrac{1}{a^2+a+1}$
- E $\dfrac{1}{a-1}$

1207 Il logaritmo in base 2 di −1/4:

- A vale −2
- B vale 2
- C vale 1/2
- D vale −1/2
- E non esiste

1208 Disporre in ordine crescente i numeri:

$$a = \sqrt[5]{4^2} \quad b = \sqrt[3]{2^{-1}} \quad c = \sqrt[3]{64} \quad d = \sqrt[2]{1/8}$$

- A $b < d < a < c$
- B $d < b < a < c$
- C $d < c < a < b$
- D $a < d < b < c$
- E $d < b < c < a$

1209 Dato un mazzo di 40 carte (10 cuori, 10 quadri, 10 picche, 10 fiori), qual è la probabilità che estraendo 10 carte in successione, reinserendo nel mazzo ogni volta la carta estratta, si ottengano 10 cuori?

- A $\dfrac{1}{256}$
- B $\dfrac{1}{2^{20}}$
- C $\dfrac{1}{4^4}$
- D 1
- E $\dfrac{1}{2}$

1210 **Due sfere hanno raggi R_1 e R_2 tali che:**

$$R_1/R_2 = 6$$

Allora il rapporto tra le superfici S_1 e S_2 vale:

A 3
B 6
C 12
D 36
E 216

1211 **Indicare l'insieme delle soluzioni della seguente equazione fratta:**

$$\frac{x^2 - 4x - 12}{x^2 - 4} = 0$$

A $x = 6$
B $x = 6$ e $x = -2$
C $x = -2, x = 2, x = 6$
D $x = -2$ e $x = 2$
E L'equazione non ammette soluzioni

1212 **L'espressione:**

$$2\text{Log}10 + \text{Log}\frac{1}{1000} - \text{Log}\frac{1}{10}$$

equivale a:

A −2
B 0
C 1
D 111/100
E 10

1213 **Un quarto di 8^8 è:**

A 2^{22}
B 2^8
C 8^2
D 4
E 2^2

1214 **Sono dati due numeri *a* e *b*, con *a* positivo e *b* negativo e tali che:**

$$|a| < |b|$$

Quale delle seguenti affermazioni è corretta?

A $a/b > 0$
B $a \cdot b > 1$
C $a + b < 0$
D $b - a > 0$
E $|a|/b > 0$

1215 **La disequazione $-9x^2 - 6x - 1 \geq 0$:**

A ha infinite soluzioni reali
B è sempre verificata
C non ammette soluzioni reali
D ammette solo la soluzione $x = -1/3$
E ammette come soluzioni tutti i valori reali diversi da $-1/3$

1216 **La disequazione di secondo grado:**

$$x^2 + 2\sqrt{2}x + 2 \leq 0$$

è verificata per:

A $x = -\sqrt{2}$
B $x = 1$
C $x = 2$
D ogni valore reale di x
E nessun valore reale di x

1217 **L'espressione:**

$$\text{sen}90° - \cos 270° + \text{sen}0° - \text{tg}45°$$

vale:

A 0
B 1/2
C 1
D $\sqrt{2}$
E $\sqrt{3}$

1218 **L'equazione $27^x = 9 \cdot \left(\frac{1}{9}\right)^{-2}$:**

A ha come soluzione $x = 2$
B ha come soluzione $x = -2$
C ha infinite soluzioni
D ha come soluzioni $x = 2$ e $x = -2$
E ha come soluzione $x = 0$

1219 **Disporre in ordine crescente i seguenti logaritmi:**

$$a = -\text{Log}2 \quad b = \text{Log}\left(\frac{1}{9}\right)^{-2} \quad c = 2\text{Log}\left(\frac{3}{2}\right)$$

A $a < c < b$
B $a < b < c$
C $b < c < a$
D $c < a < b$
E Nessuna delle altre risposte è corretta

1220 **Quali sono le soluzioni della seguente disequazione?**

$$\frac{x^2 + 3x - 10}{x^2 + 7x + 10} < 0$$

A $-2 < x < 2$
B $x < 2$
C $x > -2$
D $x < -2$ e $x > 2$
E Nessuna delle altre risposte è corretta

1221 **Qual è la probabilità che lanciando due dadi non escano due numeri uguali?**

A 1/6
B 2/6
C 5/6
D 12/10
E 35/36

MATEMATICA

1222 Quali sono le soluzioni della seguente disequazione?

$$\frac{1}{x-1} < \frac{1}{x+2}$$

A $x > 1/2$
B $x < 1/2$
C $x < -2$ e $x > 1$
D $-2 < x < 1$
E Nessuna delle altre risposte è corretta

1223 Quali sono le soluzioni della seguente equazione?

$$2\log(x+1) = \log(x^2+3x+2)$$

A $x < -2$ e $x > -1$
B $x > -1$
C $x = -1$
D L'equazione non ammette soluzioni reali
E L'equazione ammette infinite soluzioni

1224 La somma e il prodotto delle due radici di un'equazione di secondo grado sono rispettivamente 5 e –6. Quale delle seguenti potrebbe essere l'equazione?

A $x^2 - 6x + 5 = 0$
B $x^2 - 5x - 6 = 0$
C $x^2 - 5x + 6 = 0$
D $x^2 + 5x - 6 = 0$
E $x^2 + 6x + 5 = 0$

1225 L'equazione $|x+2| = x+2$:

A ammette come soluzioni solo $x = 2$ e $x = -2$
B ammette come soluzione $x > 0$
C ammette come soluzione $x < 0$
D ammette come soluzione $x \geq -2$
E ammette come soluzione solo $x = -2$

1226 Qual è la somma degli scarti dalla media aritmetica dei numeri 3, 4, 5, 6 e 7?

A 3
B 0
C –3
D 5
E 25

1227 La disequazione Log (Log x) > 0, con base del logaritmo uguale a 10, è soddisfatta per:

A $x > 0$
B $x > 1$
C $x > 10$
D $1 < x < 10$
E $0 < x < 1$

1228 Quali sono le soluzioni reali della disequazione $|x+1| < |x-3|$?

A $x < 1$
B $x < 4$
C $x < -4$
D La disequazione non ammette soluzioni reali
E La disequazione è soddisfatta da ogni valore reale di x

1229 Quali sono le soluzioni della disequazione $3^{-8x}(3^{2x} - 9)(3^{4-x^2}) \leq 0$?

A $x \geq 1$
B $x \leq 2$
C La disequazione non ammette soluzioni
D $x \leq -2$ oppure $x \geq 2$
E $x \leq 1$

1230 Tre segmenti sono tali che il primo supera di 10 cm il secondo mentre il terzo, che è la metà del secondo, misura 3 cm.
Allora si può affermare che i tre segmenti:

A possono essere i lati di un triangolo scaleno
B possono essere i lati di un triangolo equilatero
C possono essere i lati di un triangolo rettangolo
D possono essere i lati di un triangolo ottusangolo
E non possono essere i lati di un triangolo

1231 L'insieme A contiene tutti i numeri naturali che sono divisori di 6. L'insieme B contiene tutti i numeri primi minori di 11. Qual è la cardinalità di A ∩ B?

A 0
B 2
C 3
D 4
E 6

1232 Quale tra i seguenti è l'insieme delle soluzioni dell'equazione $\text{Log}^2 x - \text{Log}\,x = 2$?

A S = {1; 2}
B S = {100}
C S = {0,1; 100}
D S = {10; 100}
E S = {–1; 2}

1233 Dato un quadrato avente perimetro maggiore di 32 km, quale tra le seguenti alternative è sicuramente falsa?

A L'area potrebbe essere di 100 km^2
B Il lato potrebbe essere di 16 km
C Il lato potrebbe essere di 8000 m
D L'area potrebbe essere di 1600 km^2
E L'area potrebbe essere di 10^8 m^2

QUESITI

1234 **Quale tra i seguenti è l'insieme delle soluzioni dell'equazione $5^{3x} - 26 \cdot 5^{2x} + 5^{x+2} = 0$?**

A $S = \mathbb{R}$
B $S = \varnothing$
C $S = \{0\}$
D $S = \{0; 2\}$
E $S = \{2; 4\}$

1235 **Quale tra i seguenti è l'insieme delle soluzioni di $\log_2(3 + x) + \log_2(x - 4) = 3$?**

A $S = \{8\}$
B $S = \{-4\}$
C $S = \{5\}$
D $S = \{6\}$
E $S = \varnothing$

1236 **L'insieme C contiene tutti i numeri naturali composti minori di 10. L'insieme D contiene tutti i numeri naturali che sono divisori di 8. Qual è la cardinalità di $C \cup D$?**

A 2
B 5
C 6
D 7
E 8

1237 **Quale dei seguenti numeri può essere espresso come il prodotto di tre interi diversi e maggiori di 1?**

I. 24
II. 27
III. 48

A Solo I e III
B Solo I e II
C I, II e III
D Solo I
E Solo III

1238 **Se:**

$$a = \ln 6 \quad b = \ln 2 \quad c = \ln 18$$

qual è il valore di $\frac{b-a}{c-a}$?

A $-1/4$
B $-1/2$
C $1/2$
D 2
E -1

1239 **Nel piano cartesiano, qual è l'area del triangolo individuato dagli assi cartesiani e dalla retta di equazione $y = 8x - 4$?**

A 2
B 4
C 1
D -1
E -2

1240 **Quanti sono i possibili anagrammi (anche senza significato) della parola SASSARI?**

A 2520
B 840
C 420
D 7!
E 75

1241 **Individuare le soluzioni della disequazione:**

$$1 + \frac{1}{3}x < -\frac{3}{2}x + \frac{2}{3}$$

A $x < -\frac{10}{11}$
B $x < -\frac{10}{7}$
C $x > -\frac{2}{7}$
D $x > \frac{10}{7}$
E $x < -\frac{2}{11}$

1242 **Se l'età degli studenti di una classe varia dai 18 ai 22 anni, estremi inclusi, quale delle seguenti disequazioni descrive tutte le possibili età *x* degli alunni considerati?**

A $|x - 18| \leq 4$
B $|x + 20| \leq 2$
C $|x - 21| \leq 1$
D $|x - 22| \leq 0$
E $|x - 20| \leq 2$

1243 **La funzione esponenziale $y = (2 - \sqrt{3})^x$:**

A è definita solo per $x \geq 0$
B è decrescente
C è sempre negativa
D ha il grafico passante per l'origine degli assi cartesiani
E è crescente

1244 **L'equazione $3^x \cdot \sqrt{3} = 3^{x+2}$ è verificata per:**

A ogni valore di x
B $x = 1/2$
C $x = -3/2$
D nessun valore di x
E $x = 3/2$

1245 **Il valore dell'espressione $\text{sen}\,20° + \cos 20°$ è:**

A positivo
B 1
C 0
D negativo
E -1

MATEMATICA

1246 Alle ultime elezioni comunali di Arco si sono presentate solo due liste. I 3/5 degli aventi diritto di voto hanno votato per la lista Tangente, il 15% degli elettori ha votato per la lista Coseno, 800 elettori non sono andati a votare e non ci sono state schede nulle né bianche. Qual è il numero di voti con cui ha vinto la lista Tangente?

A 3200
B 1920
C 1200
D 800
E 960

1247 Quali sono le soluzioni di $tg^2 x = 1$?

A $x = \frac{\pi}{4}$
B $x = \frac{\pi}{2} + k\pi$
C $x = \frac{\pi}{4} + k\pi$
D $x = \frac{\pi}{4} + k\frac{\pi}{2}$
E L'equazione è impossibile

1248 Quale tra le seguenti affermazioni è falsa?

A $|x + 1| = -5$ è un'equazione impossibile
B $|x - 2| = |2 - x|$ è verificata per ogni valore di x
C $|x + 1| = 3$ è verificata per $x = \pm 2$
D $|x| = 3$ è verificata per $x = \pm 3$
E $|x^2| = x^2$ è verificata per ogni x

1249 sen30° + cos120° =

A 1
B $-2\sqrt{3}$
C $2\sqrt{3}$
D 0
E 1/2

1250 Quanto vale x se il 5% del 10% di x è uguale a 200?

A 200.000
B 100.000
C 50.000
D 25.000
E 40.000

QUESITI

Soluzioni

Quesito	Risposta	Quesito	Risposta	Quesito	Risposta	Quesito	Risposta	Quesito	Risposta	Quesito	Risposta	Quesito	Risposta	Quesito	Risposta	Quesito	Risposta	Quesito	Risposta
1001	B	1002	E	1003	D	1004	B	1005	A	1006	C	1007	A	1008	B	1009	A	1010	E
1011	B	1012	C	1013	B	1014	A	1015	B	1016	B	1017	B	1018	A	1019	B	1020	E
1021	E	1022	C	1023	E	1024	A	1025	E	1026	C	1027	B	1028	C	1029	C	1030	A
1031	E	1032	C	1033	B	1034	B	1035	C	1036	E	1037	A	1038	D	1039	B	1040	A
1041	C	1042	C	1043	E	1044	C	1045	B	1046	B	1047	B	1048	C	1049	A	1050	B
1051	A	1052	B	1053	D	1054	C	1055	E	1056	D	1057	E	1058	A	1059	A	1060	A
1061	C	1062	E	1063	A	1064	E	1065	E	1066	D	1067	E	1068	C	1069	A	1070	B
1071	B	1072	E	1073	A	1074	B	1075	C	1076	B	1077	B	1078	C	1079	B	1080	B
1081	E	1082	B	1083	D	1084	C	1085	B	1086	D	1087	D	1088	B	1089	A	1090	C
1091	D	1092	B	1093	C	1094	C	1095	E	1096	D	1097	B	1098	C	1099	E	1100	E
1101	B	1102	D	1103	A	1104	C	1105	D	1106	C	1107	C	1108	D	1109	E	1110	A
1111	D	1112	B	1113	B	1114	B	1115	A	1116	A	1117	C	1118	A	1119	B	1120	A
1121	D	1122	E	1123	B	1124	A	1125	D	1126	E	1127	A	1128	C	1129	B	1130	A
1131	A	1132	C	1133	B	1134	E	1135	B	1136	E	1137	B	1138	D	1139	C	1140	D
1141	A	1142	B	1143	A	1144	D	1145	B	1146	B	1147	C	1148	D	1149	B	1150	D
1151	C	1152	E	1153	B	1154	B	1155	D	1156	A	1157	B	1158	B	1159	D	1160	A
1161	C	1162	C	1163	E	1164	C	1165	E	1166	B	1167	C	1168	E	1169	B	1170	B
1171	C	1172	C	1173	E	1174	E	1175	E	1176	E	1177	A	1178	C	1179	C	1180	E
1181	B	1182	C	1183	B	1184	B	1185	C	1186	B	1187	E	1188	E	1189	E	1190	A
1191	C	1192	C	1193	A	1194	A	1195	B	1196	E	1197	B	1198	A	1199	A	1200	A
1201	A	1202	A	1203	E	1204	C	1205	A	1206	B	1207	E	1208	B	1209	B	1210	D
1211	A	1212	B	1213	A	1214	C	1215	D	1216	A	1217	A	1218	A	1219	A	1220	A
1221	C	1222	D	1223	D	1224	B	1225	D	1226	B	1227	C	1228	A	1229	E	1230	E
1231	B	1232	C	1233	C	1234	D	1235	C	1236	C	1237	A	1238	E	1239	C	1240	C
1241	E	1242	E	1243	B	1244	D	1245	A	1246	B	1247	D	1248	C	1249	D	1250	E

parte quarta

FISICA

Quesiti

1251 Lo scivolo di un parco giochi ha una pendenza variabile: nella parte alta lo scivolo è molto ripido, poi la sua pendenza diminuisce gradualmente verso valori più bassi, fino a essere quasi orizzontale nella parte bassa. Se un bambino scende lungo lo scivolo, come variano la sua velocità *v* e la sua accelerazione *a*?

- A) *v* e *a* aumentano entrambi
- B) *v* aumenta e *a* rimane inalterata
- C) *v* aumenta e *a* diminuisce
- D) *v* diminuisce e *a* aumenta
- E) *v* e *a* diminuiscono entrambe

1252 Un'automobile giocattolo di massa 10 g viene posta su un piano inclinato di 30° rispetto all'orizzonte. Trascurando l'attrito, qual è approssimativamente la sua accelerazione?

- A) 10 m/s^2
- B) 2,5 m/s^2
- C) 8,7 m/s^2
- D) 5,0 m/s^2
- E) 3,33 m/s^2

1253 Lo schiaccianoci è:

- A) una leva di primo tipo
- B) una leva di secondo tipo
- C) una leva di terzo tipo
- D) una leva di primo, secondo o terzo tipo a seconda dell'intensità della forza resistente
- E) non è una leva

1254 Una centrifuga da laboratorio ruota a 6000 giri/minuto. Detta g l'accelerazione di gravità, quanto vale, approssimativamente in funzione di g (considerare g = 10 m/s^2), il modulo dell'accelerazione centripeta di un campione che ruota a una distanza di 12,5 cm dal centro di rotazione?

- A) 80 g
- B) 125 g
- C) 630 g
- D) 1250 g
- E) 5000 g

1255 Durante un'immersione si effettuano delle misurazioni di pressione e profondità. Una di queste riporta una pressione totale di 2 atm alla profondità di 14 m. Quale delle seguenti affermazioni è corretta?

- A) La pressione esterna è 1 atm
- B) La pressione esterna è superiore a 1 atm
- C) La pressione esterna è inferiore a 1 atm
- D) L'immersione è avvenuta in mare aperto
- E) Non abbiamo abbastanza informazioni per rispondere

1256 Viene eseguito un esperimento per misurare il calore specifico del rame. Un pezzo di rame viene scaldato nel forno e poi lasciato cadere in un bicchiere d'acqua.
Per calcolare il calore specifico del rame, lo sperimentatore deve conoscere o misurare il valore di tutte le seguenti grandezze, tranne una: quale?

- A) La massa dell'acqua
- B) Le temperature iniziali del rame e dell'acqua
- C) La temperatura finale (di equilibrio) del rame e dell'acqua
- D) Il tempo impiegato per raggiungere l'equilibrio termico dopo che il rame è caduto nell'acqua
- E) Il calore specifico dell'acqua

1257 In merito alle spinte di Archimede esercitate su un pezzo di sughero e su un pezzo di ferro di uguale volume, completamente immersi in acqua, si può dire che:

- A) sono tra loro uguali
- B) è maggiore quella sul sughero
- C) è maggiore quella sul ferro
- D) è assente per il ferro perché va a fondo
- E) sono di verso opposto

1258 L'energia cinetica si conserva:

- A) in ogni urto elastico
- B) in ogni processo d'urto centrale
- C) in ogni urto totalmente anelastico
- D) se i corpi si muovono di moto accelerato sopra una retta
- E) se una parte dell'energia si trasforma in calore

1259 Per tensione superficiale si intende:

- **A** lo sforzo cui si trova sottoposta la superficie di un corpo
- **B** la forza tangente alla superficie libera di un liquido che agisce su un tratto di perimetro di lunghezza unitaria
- **C** la curvatura che assume in un capillare il menisco di liquido ascendente o discendente
- **D** la forza che agisce sull'unità di superficie di un corpo fluido
- **E** l'altezza di salita per capillarità

1260 Nel Sistema Internazionale, il farad rappresenta l'unità di misura:

- **A** della forza
- **B** dell'energia
- **C** dell'intensità di corrente
- **D** dell'induttanza
- **E** della capacità elettrica

1261 Le vecchie auto senza servosterzo avevano i volanti "duri", difficile da girare. Per ovviare a questo inconveniente si cercava di realizzare volanti grandi (con grande raggio). Quale delle seguenti motivazioni è corretta?

- **A** Il volante si impugna meglio permettendo una presa migliore
- **B** La maggiore forza peso del volante aiuta la rotazione dello stesso
- **C** La maggiore distanza dell'impugnatura dal centro permette di avere un momento della forza maggiore
- **D** La maggiore distanza dell'impugnatura dal centro permette di avere un momento della forza minore
- **E** La maggiore distanza dell'impugnatura dal centro è ininfluente, dipende tutto dalla forza applicata

1262 Una forza di 6 N agisce per 4 secondi su un corpo pesante 20 N: quale sarà la velocità finale raggiunta dal corpo?

- **A** 1,2 m/s
- **B** 6 m/s
- **C** 12 m/s
- **D** 24 m/s
- **E** 120 m/s

1263 Su un corpo di massa 4 kg agisce per 4 s una forza di 4 N: quale sarà la velocità finale raggiunta dal corpo?

- **A** 2 m/s
- **B** 4 m/s
- **C** 6 m/s
- **D** 8 m/s
- **E** 10 m/s

1264 Dalla linea di partenza di una pista circolare dal diametro di 3 km partono simultaneamente in senso contrario due auto A e B. Se la velocità di A è di 54 km/h e quella di B è di 72 km/h, dopo quanto tempo si incontreranno?

- **A** 120 secondi
- **B** 126 secondi
- **C** 220 secondi
- **D** 270 secondi
- **E** 333 secondi

1265 Quale dei seguenti gruppi di grandezze fisiche comprende solo grandezze fondamentali (e non derivate) del Sistema Internazionale?

- **A** Corrente elettrica, massa, lunghezza e tempo
- **B** Resistenza elettrica, lunghezza, massa e tempo
- **C** Lunghezza, massa, tempo e forza
- **D** Lunghezza, massa, temperatura e forza
- **E** Temperatura, corrente elettrica, calore e tempo

1266 Un masso viene lasciato cadere con velocità nulla da un'altezza di 10 m. Quale delle seguenti alternative è corretta?

- **A** A 5 m dal suolo la velocità è un quarto di quella al suolo
- **B** A 5 m dal suolo la velocità è esattamente la metà di quella al suolo
- **C** A 5 m dal suolo la velocità è più della metà di quella al suolo
- **D** A 5 m dal suolo la velocità è meno della metà di quella al suolo
- **E** Per rispondere bisogna conoscere la massa

1267 Un pendolo lungo 65 cm oscilla sul pianeta Giove con un periodo di circa 1 secondo. Una volta trasportato sulla Terra cosa bisogna fare affinché il periodo rimanga lo stesso?

- **A** Nulla, il periodo rimane invariato
- **B** Allungare il pendolo
- **C** Accorciare il pendolo
- **D** Aumentare la massa appesa
- **E** Diminuire la massa appesa

1268 Una massa *m* in presenza di un'altra massa *M*:

- **A** subisce una forza proporzionale al quadrato della distanza tra le masse
- **B** subisce una forza attrattiva inversamente proporzionale al quadrato della loro distanza
- **C** subisce una forza repulsiva inversamente proporzionale alla loro distanza
- **D** subisce una forza repulsiva inversamente proporzionale al quadrato della loro distanza
- **E** non subisce alcuna forza a distanza

QUESITI

1269 Sommando o sottraendo due vettori a e b si ottengono due vettori risultanti aventi lo stesso modulo. Quante delle seguenti affermazioni sono corrette?

- **a e b sono paralleli**
- **Il prodotto vettoriale tra a e b è nullo**
- **Il prodotto scalare tra a e b è nullo**
- **Il prodotto vettoriale tra a e b è massimo**
- **a e b sono uguali e opposti**

A Una
B Due
C Tre
D Tutte
E Nessuna

1270 Un satellite di massa *m* percorre un'orbita circolare di raggio *r* intorno alla Terra (massa *M*). Quanto lavoro svolge la forza di gravità in un quarto di orbita?

A $\frac{mgr}{4}$
B $\frac{mgr}{2}$
C $\frac{1}{4} \cdot G \cdot \frac{Mm}{r^2}$
D $\frac{1}{4} \cdot G \cdot \frac{Mm}{r}$
E Zero

1271 Un corpo di peso 5 N è tenuto in equilibrio da due corde di massa trascurabile, come mostrato in figura. Una delle due corde crea un angolo di 60° con la verticale che punta verso l'alto, mentre l'altra corda è orizzontale.

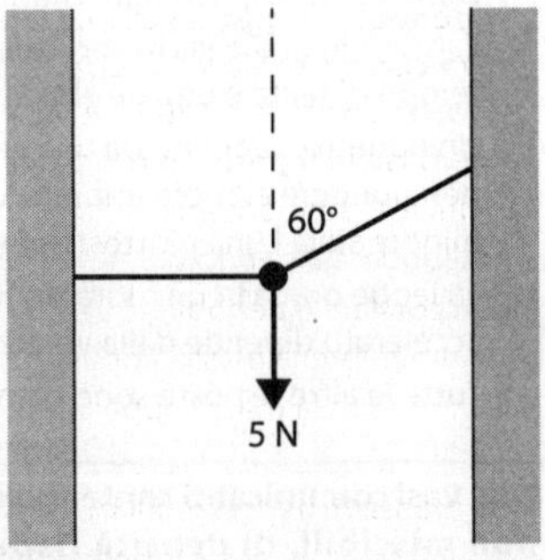

Qual è il valore della tensione della corda orizzontale?

A $1{,}25\sqrt{3}$ N
B $10\sqrt{3}$ N
C $5\sqrt{3}$ N
D 5 N
E 10 N

1272 Quale delle seguenti grandezze ha come unità di misura kg m^2 s^{-3} nel Sistema Internazionale?

A Energia
B Forza
C Potenza
D Pressione
E Quantità di moto

1273 Una lamina quadrata di ottone ha un foro in prossimità di un angolo. Aumentando la temperatura della lamina, cosa succede al foro?

A Si allarga
B Si restringe
C Prima si restringe e in seguito si allarga
D Nulla
E Dipende dalle dimensioni della lamina e del foro

1274 Due oggetti di rame si trovano a differenti temperature e il primo ha una massa pari al doppio di quella del secondo. Posti in contatto termico, quale dei due oggetti subirà una maggiore variazione di temperatura?

A Quello con massa maggiore
B Quello con massa minore
C Quello con temperatura iniziale maggiore
D Quello con temperatura iniziale minore
E Dipende dalla forma dei due oggetti

1275 Quale delle seguenti affermazioni non è corretta?

A Se la massa di un corpo triplica, la sua capacità termica triplica
B Se una massa di una certa sostanza cede la quantità di calore *Q* la sua temperatura diminuisce
C Il calore specifico indica quanto calore assorbe una massa unitaria all'aumentare della sua temperatura di 1 °C
D Il calore specifico indica quanto calore assorbe una massa unitaria
E Il calore specifico non è adimensionale

1276 Un oggetto di massa *m* e velocità v_0 in moto verso destra colpisce un muro e rimbalza con velocità v_0, dirigendosi verso sinistra. Qual è la variazione di energia cinetica dell'oggetto?

A $-mv_0^2$
B $-\frac{1}{2}mv_0^2$
C Zero
D $\frac{1}{2}mv_0^2$
E mv_0^2

FISICA

1277 Un mobile di 32 kg viene spinto orizzontalmente con velocità costante per 6 metri da un traslocatore. Trascurando gli attriti, quale lavoro compie l'uomo contro la forza peso?

A 0 J
B Circa 1900 J
C Circa 1900 W
D Circa – 1900 W
E Dipende dalla velocità

1278 Una carica $q_1 = 10$ C viene posta nel campo elettrico generato dalla carica $q_2 = -q_1$. Cosa accade?

A q_1 si avvicina a q_2
B q_1 resta in quiete
C q_1 si allontana da q_2
D Dipende dalla distanza fra q_1 e q_2
E Si genera un potenziale nullo

1279 Nello spazio presente tra le due facce parallele di un condensatore piano a facce parallele è presente dell'aria. Il condensatore è connesso a un generatore da 100 V a corrente continua. In seguito, un foglio di materiale dielettrico viene inserito tra le due facce parallele del condensatore. I valori di quali grandezze cambiano quando il dielettrico viene inserito tra le due facce parallele?

A Solo la differenza di potenziale tra le facce parallele del condensatore
B Sia la capacità del condensatore sia la differenza di potenziale tra le facce parallele del condensatore
C Solo la capacità del condensatore
D Sia la capacità del condensatore sia la carica sulle due facce parallele del condensatore
E La capacità del condensatore, la differenza di potenziale tra le facce parallele del condensatore e la carica sulle due facce del condensatore

1280 Un pezzo di alluminio è appeso a una bilancia a molla, la quale indica che il peso del pezzo di alluminio in aria è di 13,5 N. La bilancia viene abbassata fino a che il pezzo di alluminio è immerso completamente in un liquido inerte di densità 1,50 g/cm^3.
Quale peso indica ora la bilancia?
[Si consideri la densità dell'alluminio pari a 2,70 g/cm^3 e si trascuri l'immersione della bilancia a molla]

A 0 N
B 6,0 N
C 7,5 N
D 8,5 N
E 13,5 N

1281 Una massa appesa a una molla si muove oscillando lungo la verticale attorno alla sua posizione di equilibrio stabile. Di seguito sono riportate 4 affermazioni riferite al moto della massa.

1. **La velocità è massima alla posizione di equilibrio.**
2. **L'accelerazione è massima alla posizione di equilibrio.**
3. **L'accelerazione è diretta verso la posizione di equilibrio.**
4. **L'energia cinetica è massima nelle posizioni di massimo spostamento dalla posizione di equilibrio.**

Quale/i di queste affermazioni è/sono corretta/e?

A Solo 1 e 3
B Solo 1, 3 e 4
C Solo 2 e 4
D Solo 4
E Nessuna

1282 Due biglie di massa 30 g e 60 g si urtano. Se l'accelerazione di quella più leggera è 4 m/s^2, quella della biglia più pesante vale:

A 2 m/s
B 4 m/s^2
C 8 m/s^2
D 2 m/s^2
E 4 m/s

1283 Quale delle seguenti affermazioni non è corretta?

A Dal diagramma orario si può ricavare la posizione di un corpo in ogni istante
B Lanciando una palla in verticale verso l'alto, il tempo di salita è uguale al tempo di discesa
C Un oggetto, cadendo da una certa altezza, per giungere al suolo impiega un tempo minore sulla Luna piuttosto che sulla Terra
D La legge oraria in un moto uniformemente accelerato dipende dalla velocità iniziale
E Tutte le altre risposte sono corrette

1284 Due vasi comunicanti contengono due liquidi non miscibili, di densità rispettivamente 600 kg/m^3 e 150 kg/m^3. Se il livello del primo liquido è di 20 cm, quale sarà il livello del secondo?

A 2 cm
B 20 cm
C 40 cm
D 80 cm
E Dipende dal volume dei vasi

QUESITI

1285 Il cielo, in assenza di nuvole ci appare azzurro. Se non ci fosse l'atmosfera, esso ci apparirebbe:

A nero
B bianco come la luce del Sole
C ugualmente azzurro
D rosso-arancione, perché sono i colori meno rifratti
E indaco-violetto

1286 La radiazione luminosa non è un'onda elastica perché:

A è soggetta a interferenze
B è polarizzabile
C si propaga anche nel vuoto
D è visibile
E si propaga solo nel vuoto

1287 Un corpo pesa 98 newton. La sua massa pertanto è pari a:

A 98 kg
B 1000 kg
C 10 kg
D 100 kg
E l'unità di misura indicata nel testo è errata

1288 La resistenza di un conduttore ohmico di forma cilindrica è inversamente proporzionale:

A alla sezione
B al quadrato della sezione
C al cubo della sezione
D alla lunghezza
E al quadrato della lunghezza

1289 Quale delle seguenti unità di misura NON si riferisce all'energia?

A Tesla
B Joule
C Chilowattora
D Erg
E Caloria

1290 La costante dielettrica relativa dell'acqua è circa 80. Se due cariche elettriche positive vengono poste a una certa distanza in acqua, esse, rispetto al vuoto:

A si respingono con una forza circa 80 volte minore
B si respingono come nel vuoto
C si attraggono con una forza circa 80 volte maggiore
D si attraggono con una forza circa 80 volte minore
E si respingono con una forza circa 80 volte maggiore

1291 Due bambini, R e S, sono seduti su un'altalena nelle posizioni indicate nel diagramma. L'altalena è lunga 4,00 m, è uniforme e ha il fulcro posto al suo centro. R pesa 800 N mentre S pesa 1200 N. L'altalena non è in equilibrio.

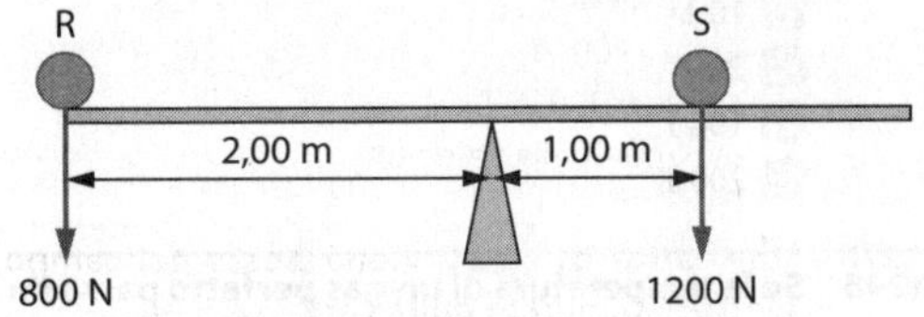

Uno dei due bambini si muove in modo che l'altalena risulti in equilibrio. Quale tra i seguenti spostamenti porterebbe l'altalena a essere in equilibrio?
In ognuno degli spostamenti solo un bambino si muove, rimanendo dalla stessa parte del fulcro.

A S si sposta a 0,50 m dal fulcro
B S si sposta a 0,75 m dal fulcro
C S si sposta a 2,00 m dal fulcro
D R si sposta a 1,50 m dal fulcro
E R si sposta a 1,75 m dal fulcro

1292 Il conducente di un'automobile gira il volante applicando due forze opposte, ognuna di modulo 12 N, con le sue mani. Le mani sono poste sul volante in modo speculare e il raggio esterno del volante è di 15 cm.
Qual è il momento torcente totale che viene prodotto da questa coppia di forze?

A 0,90 N · m
B 1,80 N · m
C 3,60 N · m
D 7,20 N · m
E 18 N · m

1293 Si consideri un condensatore di capacità 5 μF collegato a una pila da 1,5 V. Qual è la carica depositata su ciascuna delle armature del condensatore?

A $1{,}2 \cdot 10^{-6}$ C
B $3{,}33 \cdot 10^{-6}$ C
C $4 \cdot 10^{-6}$ C
D $4{,}8 \cdot 10^{-6}$ C
E $7{,}5 \cdot 10^{-6}$ C

1294 La forza di 24 N applicata a una massa di 3 kg produce un'accelerazione pari a:

A 3 m/s^2
B 3,14 m/s^2
C 8 m/s^2
D 21 m/s^2
E 72 m/s^2

FISICA

1295 Qual è approssimativamente il lavoro compiuto dalla forza di gravità su una noce di cocco di 2 kg che cade da una palma alta 10 metri?

A 5 J
B 10 J
C 20 J
D 100 J
E 200 J

1296 Se la temperatura di un gas perfetto passa da 15 °C a 30 °C, il prodotto pressione per volume (*PV*):

A si dimezza
B si riduce del 15%
C diventa pari a zero
D diventa 2 volte più grande
E aumenta, ma non raddoppia

1297 Alle ore 15.30 il contachilometri di un'autovettura segna 22.715. Se alle ore 17.00 il contachilometri segna 22.865, qual è stata la velocità media dell'autovettura?

A 10 km/h
B 50 km/h
C 100 km/h
D 150 km/h
E 200 km/h

1298 Un vettore avente intensità pari a 6 unità viene sommato a un vettore di intensità pari a 8 unità. L'intensità del vettore risultante sarà:

A esattamente 2 unità
B esattamente 10 unità
C esattamente 14 unità
D 0 unità, 10 unità, o qualsiasi altro valore tra essi compreso
E 2 unità, 14 unità, o qualsiasi altro valore tra essi compreso

1299 Il teorema di Torricelli asserisce che:

A la pressione atmosferica a livello del mare ammonta a 760 torr
B la velocità di deflusso di un liquido attraverso un foro in un recipiente dipende dal dislivello tra il foro e il pelo libero del liquido
C la velocità di deflusso di un liquido reale varia inversamente alla sezione del condotto
D ogni corpo immerso in un liquido riceve una spinta dal basso verso l'alto pari al peso della massa di liquido spostata
E la velocità del liquido dipende dalla quarta potenza del raggio del condotto

1300 Una mongolfiera sta scendendo a una velocità costante di 11 m/s. Il pilota lascia cadere un sacchetto di sabbia, che impiega 7 s per cadere a terra. Qual era l'altezza del pallone quando il sacchetto di sabbia è stato lasciato cadere?

A 84 m
B 168 m
C 245 m
D 322 m
E 528 m

1301 Al tempo $t = 0$ una palla, inizialmente ferma, rotola con accelerazione costante lungo un piano inclinato lungo 10 metri. Se la palla percorre 1 metro nei primi 2 secondi, quanto lontano sarà arrivata al tempo $t = 4$ secondi?

A 2 m
B 3 m
C 4 m
D 5 m
E 8 m

1302 Quando una barra di metallo si raffredda, si contrae. Quale delle seguenti affermazioni è vera?

A La densità e la massa aumentano
B La densità aumenta e la massa rimane costante
C La densità e la massa non variano
D La massa rimane costante e la densità diminuisce
E La densità e la massa diminuiscono

1303 Una molla di costante elastica K, compressa di 10 cm, possiede un'energia potenziale elastica pari a 100 J. Di quanto bisogna comprimere ulteriormente la molla per raddoppiare la sua energia?

A Non è possibile saperlo senza conoscere K
B Circa 14 cm
C Circa 4 cm
D Esattamente 10 cm
E Circa 20 cm

1304 Un cannone si trova in cima a una scogliera alta 25 m. Lo si posiziona orizzontalmente e si spara un colpo. La palla di cannone arriva in fondo alla scogliera con velocità pari in modulo a 30 m/s. Qual era la sua velocità iniziale?

A 30 m/s
B 20 m/s
C 55 m/s
D 50 m/s
E Non è possibile rispondere perché non è nota la massa della palla di cannone

1305 **Un'asta rettilinea e rigida AB è incernierata in A a un punto fisso intorno al quale è libera di ruotare senza attrito ed è mantenuta in posizione orizzontale da un cavo d'acciaio verticale collegato a essa in B. L'asta ha un peso trascurabile ma nel suo punto medio è appoggiato un carico puntiforme. Se si sposta questo carico e lo si colloca più vicino a B, a tre quarti dell'asta, come si modifica la tensione nel cavo rispetto alla situazione precedente?**

A Aumenta del 50%
B Diminuisce del 25%
C Resta inalterata
D Raddoppia
E Aumenta del 15%

1306 **In una tubatura orizzontale a sezione circolare viene trasportato un flusso costante d'acqua. Se in un punto nel quale la tubatura ha una sezione di area 6 cm^2 l'acqua viaggia a 0,80 m/s, quale è la sua velocità in un punto nel quale l'area della sezione è di 4 cm^2?**

A 0,40 m/s
B 0,60 m/s
C 0,75 m/s
D 1,20 m/s
E 1,50 m/s

1307 **Un solido di un certo materiale ha una densità uniforme di 2 g/cm^3 e un volume V_0 a una temperatura di 20 °C. Il volume V del solido varia in funzione della temperatura T secondo la legge:**

$$V - V_0 = V_0 \times 0{,}002 \times (T - 20\,°C)$$

Se il solido ha una massa di 10 g, quale sarà il suo volume alla temperatura $T = 40$ °C?

A 5,002 cm^3
B 5,02 cm^3
C 5,04 cm^3
D 5,2 cm^3
E 5,5 cm^3

1308 **Due forze di uguale intensità F sono applicate a un punto e formano fra di loro un angolo pari a 60°. Quanto deve essere l'intensità di una terza forza da applicare al medesimo punto per creare una condizione di equilibrio?**

A $F\sqrt{2}$
B $2F\sqrt{3}$
C $F\sqrt{3}$
D $2F$
E $3F/2$

1309 **Le dimensioni interne di un serbatoio d'acqua a forma di parallelepipedo sono base quadrata di lato 80 cm e altezza di 1,5 m. Quando il serbatoio è pieno per metà qual è la massa di acqua nel serbatoio?**

A 480 kg
B 4800 kg
C 960 kg
D 9600 kg
E 6000 kg

1310 **Una sfera dalla massa di 2 kg si muove di moto rettilineo su una superficie liscia e piana a una velocità di 5 m/s. Essa urta contro una superficie verticale e rimbalza indietro nella stessa direzione a una velocità di 3 m/s.**
Calcolare la variazione di quantità di moto della sfera (dovuta all'urto).

A 2 kg · m/s
B 4 kg · m/s
C 8 kg · m/s
D 16 kg · m/s
E 32 kg · m/s

1311 **Qual è il nome della grandezza fisica che esprime la rapidità con cui viene svolto un lavoro?**

A Energia cinetica
B Forza motrice
C Quantità di moto
D Energia meccanica
E Nessuna delle altre risposte è corretta

1312 **Un blocco di polistirene ha un volume di 600 ml. Quale volume del blocco si trova al di sopra del liquido quando il blocco galleggia nel tetracloruro di carbonio? [densità del polistirene: 1060 kg/m^3; densità del tetracloruro di carbonio: 1590 kg/m^3]**

A 0 ml
B 0,20 ml
C 0,40 ml
D 200 ml
E 400 ml

1313 **In fisica, come si definisce il moto di un corpo che percorre una traiettoria con velocità costante?**

A Circolare
B Rettilineo
C Parabolico
D Uniforme
E Armonico

FISICA

1314 Due vagoni identici, di massa *m*, si trovano sullo stesso binario. Uno è fermo mentre l'altro avanza alla velocità di 18 km/h. Dopo lo scontro i due rimangono attaccati e proseguono la loro corsa. Con quale velocità si muovono dopo l'urto?

A Dopo l'urto i vagoni si fermano
B 36 km/h
C 9 km/h
D 18 km/h, per il primo principio della dinamica
E L'urto è anelastico, quindi non è possibile rispondere in quanto l'energia cinetica non si conserva

1315 Le onde radio, come il nome stesso suggerisce, sono utilizzate per le comunicazioni. Per quale di questi motivi?

A Sono le uniche che possono seguire la curvatura terrestre
B Hanno grandissima frequenza
C Hanno grandissima lunghezza d'onda
D Sono le uniche onde elettromagnetiche che siamo in grado di generare
E Trasportano materia

1316 Un'asta uniforme e rettilinea di estremi A e B ha lunghezza pari a 6 metri e si trova in posizione verticale, incernierata nell'estremo A a un punto fisso. A metà dell'asta viene applicata una forza orizzontale di intensità pari a 5 N (newton). Quale deve essere l'intensità di una forza di verso opposto da applicare in un punto P a distanza 2 metri da A affinché sia soddisfatta la condizione di equilibrio?

A 5 N
B 5,5 N
C 6,5 N
D 7,5 N
E 8 N

1317 Un'asta omogenea di estremità A e B ha una lunghezza di 6 m e un peso di 150 N. Essa è sistemata su un supporto posizionato esattamente al centro. Un oggetto puntiforme dalla massa di 20 kg è adagiato a una distanza di 1,5 m da A e uno dalla massa di 4 kg è posizionato su B. A che distanza da B si deve posizionare un oggetto dalla massa di 10 kg affinché l'asta si trovi in equilibrio?

A 1,2 m
B 1,5 m
C 1,8 m
D 4,2 m
E 4,8 m

1318 La terza legge della dinamica afferma che:

A in assenza di forze agenti, un corpo conserva il proprio stato di quiete o di moto rettilineo uniforme
B la forza peso è una forza conservativa
C un corpo che si muove di moto rettilineo uniforme è soggetto a una forza nulla
D un corpo soggetto a una forza acquista un'accelerazione proporzionale a tale forza
E a ogni azione corrisponde una reazione uguale e contraria

1319 Un palloncino gonfiato ad aria viene inserito in una campana da vuoto trasparente a chiusura ermetica, in cui successivamente viene fatto il vuoto. Cosa accade?

A Il palloncino inizia a fluttuare
B Il palloncino si comprime
C Il palloncino si espande
D Non cambia nulla
E Il palloncino viene schiacciato contro il fondo

1320 50 grammi di acqua alla temperatura di 20 °C vengono versati in un contenitore nel quale sono già presenti altri 200 grammi di acqua, quest'ultima a temperatura di 70 °C. Qual è la temperatura finale di tutta l'acqua al termine del processo di mescolamento?
[Si assuma che non vi sia trasferimento di calore tra l'acqua e l'ambiente circostante, compreso il contenitore]

A 30 °C
B 40 °C
C 45 °C
D 50 °C
E 60 °C

1321 Quale tra le seguenti relazioni indica la potenza dissipata da una resistenza *R* ai cui capi vi è una d.d.p. *V* e che è attraversata da un'intensità di corrente *I*?

A $V \cdot I^2$
B I^2/V
C V^2/R
D $V \cdot R^2$
E $R \cdot V^2$

1322 Due resistori di 5 ohm e 20 ohm rispettivamente vengono posti in parallelo; la resistenza equivalente vale:

A 0,25 ohm
B 4 ohm
C 12,5 ohm
D 25 ohm
E 100 ohm

1323 Una batteria in grado di fornire una carica pari a 20 Ah e una differenza di potenziale pari a 12 V è collegata a una lampadina di resistenza $R = 15$ ohm.
Calcolare il tempo di scaricamento della batteria.

A 25 h
B 16 h
C 9 h
D 0,04 h
E 0,11 h

1324 Un'automobile è ferma, a causa dell'attrito, su un piano inclinato. Si aumenta l'inclinazione del piano finché l'automobile comincia a muoversi; a questo punto si mantiene l'inclinazione raggiunta. L'automobile:

A si ferma immediatamente dopo aver cominciato a muoversi
B scende a velocità costante
C scende a scatti lungo il piano
D rallenta
E accelera

1325 Una ciclista accelera uniformemente a partire da una velocità iniziale di 3,0 m/s fino a raggiungere in 4 secondi una velocità finale di 5,0 m/s. Successivamente mantiene questa velocità per altri 6 secondi.
Quale distanza è stata percorsa dalla ciclista durante i 10 secondi?

A 31 m
B 34 m
C 38 m
D 46 m
E 62 m

1326 Durante il passaggio per ebollizione dallo stato liquido allo stato gassoso:

A la temperatura resta costante
B il volume resta costante
C il prodotto della pressione per il volume resta costante
D il rapporto tra pressione e volume resta costante
E dipende dal tipo di liquido

1327 Una trasformazione adiabatica:

A avviene sempre a energia interna costante
B è una trasformazione in cui non vi è scambio di calore tra ambiente e sistema
C è una trasformazione in cui la temperatura del sistema si mantiene sempre costante
D è una trasformazione sempre reversibile
E è una trasformazione in cui il calore assorbito dal sistema è uguale al lavoro da questi prodotto

1328 Un'asta di metallo lunga 1 metro è sospesa per il suo centro. A 10 cm dall'estremità sinistra è agganciato un peso di 10 kg, mentre all'estremità opposta è agganciato un peso di 12 kg. Cosa è sufficiente fare per equilibrare l'asta e mantenerla in posizione orizzontale?

A Aggiungere, al peso agganciato a destra, un ulteriore peso di 5 kg
B Aggiungere, al peso agganciato a sinistra, un ulteriore peso di 4 kg
C Aggiungere, al peso agganciato a destra, un ulteriore peso di 4 kg
D Aggiungere, al peso agganciato a sinistra, un ulteriore peso di 5 kg
E Nulla, l'asta è già in equilibrio

1329 La corrente in un conduttore metallico è dovuta al moto:

A degli elettroni
B di cariche positive e negative
C di un'onda elettromagnetica
D di un fluido
E dell'etere

1330 Le microonde sono:

A onde elettromagnetiche
B onde meccaniche
C ultrasuoni
D elettroni con lunghezza d'onda dell'ordine del micron
E onde di superficie

1331 Se la distanza tra due cariche elettriche di segno opposto viene raddoppiata, la forza di attrazione:

A aumenta di un fattore 2
B aumenta di un fattore 4
C non varia
D diminuisce di un fattore 2
E diminuisce di un fattore 4

1332 La resistenza di un conduttore ohmico di forma cilindrica è direttamente proporzionale:

A alla sezione
B al quadrato della sezione
C al cubo della sezione
D alla lunghezza
E al quadrato della lunghezza

1333 Quando l'acqua si trasforma in ghiaccio a pressione atmosferica:

A viene assorbito calore
B aumenta la temperatura
C diminuisce la temperatura
D si decompone
E sviluppa calore

1334 In un gas ideale il prodotto della pressione per il volume:

- A è proporzionale alla temperatura assoluta
- B è indipendente dalla densità
- C raddoppia passando da 10 a 20 °C
- D è sempre costante
- E dipende dalla costante R dei gas perfetti, variabile da gas a gas

1335 Cosa succede a un uccellino che si posa su un cavo elettrico che si trova a un potenziale di 1000 V?

- A Rimane fulminato
- B È attraversato da una debole corrente perché, per il potere disperdente delle punte, l'elettricità sfugge lungo le piume isolanti delle ali
- C Nulla, perché per il passaggio di corrente occorre una differenza di potenziale
- D A causa dell'effetto elettrico cambiano i gradienti di potenziale cardiaci
- E Nessuna delle altre risposte è corretta

1336 In un acquario sono contenuti 200 litri d'acqua. Sapendo che il calore specifico dell'acqua è 4.186 J/(kg · K), qual è la quantità di energia necessaria per aumentarne di 1 grado la temperatura?

- A Circa 600 kJ
- B 14.860 J
- C 328.400 J
- D 837.200 J
- E Non è possibile rispondere senza conoscere il volume dell'acquario

1337 Su uno scoglio due subacquei si preparano per un'immersione. Uno rimane fuori dall'acqua, mentre l'altro scende a 30 m di profondità. Dette p_1 e p_2 le pressioni cui sono sottoposti rispettivamente il primo e il secondo sub, che relazione sussiste fra p_1 e p_2?

- A $p_1 = 2p_2$
- B $p_1 = 3p_2$
- C $p_1 = 4p_2$
- D $p_2 = 4p_1$
- E $p_2 = 2p_1$

1338 Una carica $q_1 = 5$ C viene posta nel campo elettrico generato dalla carica $q_2 = 2q_1$. Cosa accade?

- A q_1 si avvicina a q_2
- B q_1 resta in quiete
- C q_1 si allontana da q_2
- D Dipende dalla distanza fra q_1 e q_2
- E Si genera un potenziale nullo

1339 Quale delle seguenti affermazioni, relative al processo di solidificazione dell'alcol, è corretta?

- A La temperatura aumenta
- B La temperatura diminuisce
- C Il calore dell'alcol diminuisce
- D La trasformazione è isoterma
- E La trasformazione è adiabatica

1340 Quale delle seguenti temperature è impossibile?

- A 8450 °C
- B −180 °C
- C −273 °C
- D 700 K
- E −35 K

1341 I guardrail delle autostrade sono costruiti in acciaio (coefficiente di dilatazione lineare $\lambda = 1{,}7 \cdot 10^{-5}\ °C^{-1}$). Quale variazione di lunghezza subisce un tratto di 250 m misurato in inverno a −5 °C se viene misurato in estate a 35 °C?

- A 1,7 cm
- B 12,75 cm
- C 17 cm
- D 1,275 m
- E 1,7 m

1342 Un oggetto partendo dalla quiete, muovendosi con accelerazione costante, percorre nel primo secondo 5 m. Qual è la distanza percorsa nel successivo secondo?

- A 5 m
- B 10 m
- C 15 m
- D 30 m
- E 40 m

1343 Due conduttori rettilinei paralleli percorsi da corrente continua nello stesso verso:

- A si attraggono
- B si respingono
- C non esercitano alcuna forza reciproca
- D interagiscono con forze che dipendono dal materiale dei conduttori
- E esercitano tra loro forze parallele ai conduttori

1344 Il peso specifico di una sostanza:

- A diminuisce con l'aumentare della temperatura
- B aumenta con l'aumentare della temperatura
- C è indipendente dalla temperatura
- D dipende dalla forma del corpo in esame
- E è uguale alla densità

QUESITI

1345 Il suono arriva al cervello sotto forma di:

A vibrazione meccanica
B radiazione ionizzante
C impulso elettrico
D scarica di adrenalina
E onda elettromagnetica

1346 Un corpo che si muove di moto uniforme può avere una accelerazione?

A No
B No, se la traiettoria è parabolica
C Sì, se la traiettoria è curva
D Sì, solo se la traiettoria è circolare
E Sì, se la velocità varia in modo uniforme

1347 Quale delle seguenti affermazioni relative al potenziale elettrostatico in un punto P di un campo elettrico è ERRATA?

A È numericamente uguale all'energia potenziale della carica unitaria positiva in P
B Dipende dalla carica esploratrice posta in P
C Dipende unicamente dalle cariche che creano il campo e dalla loro distanza da P
D È uguale al rapporto tra l'energia potenziale della carica esploratrice posta in P e il valore della carica stessa; si misura in joule/coulomb
E Si misura in volt

1348 Un muscolo con una resistenza di 40 Ω deve essere attraversato da una corrente di 100 mA; possedendo un generatore di 20 V è necessario:

A mettere in serie al muscolo una resistenza di 160 Ω
B mettere in parallelo al muscolo una resistenza di 10 Ω
C mettere in serie al muscolo una resistenza di 40 Ω
D mettere in parallelo al muscolo una resistenza di 40 Ω
E collegare un'estremità del muscolo con una presa di terra

1349 La forza elettromotrice è:

A la forza agente sugli elettroni di un filo conduttore
B la quantità di carica trasportata dalla corrente
C la differenza di potenziale ai capi di una pila a circuito aperto
D la forza esercitata dagli elettroni di un filo conduttore
E la forza generata da un locomotore dotato di motore elettrico

1350 La corrente in un conduttore metallico è dovuta:

A al moto degli elettroni
B al moto di cariche positive e negative
C al moto di un'onda elettromagnetica
D al moto di un fluido
E al moto di un solido

1351 L'ohm è uguale a:

A ampere/volt
B volt/ampere
C coulomb · volt
D volt · ampere
E coulomb/secondo

1352 Quale quantità di energia viene dissipata in un'ora da una comune lampada a incandescenza di 60 W?

A Circa 50 calorie
B Circa 500 calorie
C Circa 5.000 calorie
D Circa 50.000 calorie
E Circa 500.000 calorie

1353 Le dimensioni del vettore B sono:

A $[M]\,[i]^{-1}\,[T]^{-2}$
B $[M]\,[L]\,[i]^{-2}$
C weber
D henry
E tesla

1354 Un campo magnetico è prodotto:

A da cariche elettriche in movimento
B da un campo elettrico stazionario
C da una massa in moto in un campo elettrico esterno
D da cause non in relazione a fenomeni elettrici
E da un sistema di cariche in quiete

1355 Una spira ruota tra i poli Nord e Sud di un magnete. Il valore assoluto della forza elettromotrice della corrente indotta è massimo quando:

A la faccia della spira è perpendicolare alle linee di forza del campo magnetico
B la faccia della spira forma un angolo di 45° con le linee di forza
C la faccia della spira è parallela alle linee di forza del campo magnetico
D la faccia della spira forma un angolo di 100° con le linee di forza
E la faccia della spira forma un angolo di 60° con le linee di forza

FISICA

1356 Una carica elettrica puntiforme si muove inizialmente con velocità costante fino a quando non entra in una zona nella quale il suo moto diventa circolare; allora la zona in cui la carica si muove è sede di un campo:

A elettrico costante
B neutro
C magnetico
D gravitazionale
E di forze elettrostatiche

1357 Quale dei seguenti apparecchi funziona solo in corrente alternata?

A Lampada a incandescenza
B Ferro da stiro
C Stufa elettrica
D Trasformatore
E Scaldabagno

1358 La massa totale degli abitanti dell'Italia è all'incirca:

A 3 milioni di tonnellate
B 30 milioni di chilogrammi
C 300 mila quintali
D 3 miliardi di grammi
E 30 milioni di tonnellate

1359 Un microgrammo corrisponde alla milionesima parte di:

A 1 cg
B 1 mg
C 1 g
D 1 dg
E 1 ng

1360 In quale dei seguenti elenchi i prefissi per le unità di misura sono in ordine crescente?

A n, k, h, M, T
B p, da, c, M, G
C μ, m, d, T, M
D d, p, da, k, G
E In nessuno dei precedenti elenchi

1361 La velocità nel moto circolare uniforme:

A è costante
B ha modulo costante
C ha direzione costante
D ha modulo e direzione costanti
E ha modulo e direzione variabili

1362 I raggi X:

A hanno carica positiva
B hanno carica negativa
C hanno spin = 1/2
D trasportano più energia dei raggi gamma
E le precedenti risposte sono false

1363 Tre sfere di ugual diametro vengono lasciate cadere dalla medesima quota nello stesso istante. La sfera A è di acciaio, la sfera B è di rame, la sfera C è di legno. Qual è il loro ordine di arrivo sulla Terra, trascurando la resistenza dell'aria?

A Arrivano insieme
B Arrivano nell'ordine A, C, B
C Arrivano nell'ordine B, A, C
D Arrivano prima e contemporaneamente A e C, e successivamente B
E Manca qualche elemento necessario per risolvere il problema

1364 Una forza costante è applicata a corpi di massa diversa. L'accelerazione impressa a ognuno di essi è:

A proporzionale alla massa
B proporzionale al quadrato della massa
C non dipende dalla massa
D inversamente proporzionale alla massa
E non dipende mai dalla forza applicata

1365 Quando cessa istantaneamente l'azione di qualunque forza su un corpo, questo:

A si arresta
B decelera fino a tornare alla velocità iniziale
C prosegue con moto rettilineo uniforme
D ricade compiendo una traiettoria parabolica
E esegue un moto armonico

1366 In un sistema di particelle la quantità di moto totale si conserva:

A sì, sempre
B no, mai
C solo se il sistema è chiuso
D solo se il sistema è isolato
E solo se il sistema è aperto

1367 Due corpi aventi lo stesso volume e la stessa densità hanno:

A la stessa massa
B la stessa superficie
C la stessa capacità termica
D la stessa carica elettrica
E lo stesso numero di atomi

1368 Sottraendo tra loro due grandezze espresse in metri si ottiene...

A una lunghezza espressa in metri
B una lunghezza espressa in metri quadrati
C una superficie espressa in metri quadrati
D un numero puro
E una lunghezza espressa in metri se le due lunghezze di partenza hanno valori diversi, altrimenti 0

1369 **10 cm^3 di acqua hanno una massa circa uguale a:**
- A 1 g
- B 10 g
- C 1 kg
- D 10 kg
- E 100 g

1370 **Si appende a una molla una massa di 3 kg e si osserva che questa si allunga di 9 cm; allora, se alla stessa molla si appende una massa di 2 kg, l'allungamento risultante è:**
- A 4 cm
- B 6 cm
- C 8 cm
- D 1 cm
- E 2 cm

1371 **Quanto vale il prodotto scalare di due vettori antiparalleli e aventi lo stesso modulo, pari a 5?**
- A 25
- B –25
- C 5
- D – 5
- E Il prodotto scalare di due vettori antiparalleli vale sempre zero

1372 **Un'automobile parte da ferma e accelera costantemente lungo un rettilineo. Qual è la sua accelerazione, costante, perché percorra 1 chilometro in 25 secondi?**
- A 80 m/s^2
- B 3,2 m/s^2
- C 1,6 m/s^2
- D 1,6 m/s
- E 40 m/s^2

1373 **La stella V irraggia con una potenza quattro volte superiore a quella della stella Z e con il medesimo spettro luminoso. Perché le due stelle abbiano la stessa luminosità apparente, la distanza dell'osservatore dalla stella V deve essere:**
- A quattro volte quella della stella Z
- B doppia di quella della stella Z
- C otto volte quella della stella Z
- D sedici volte quella della stella Z
- E trentadue volte quella della stella Z

1374 **Quanto vale l'energia potenziale gravitazionale di un corpo di massa 10 kg che si trova a 2 metri di altezza rispetto al suolo?**
- A Circa 20 joule
- B Circa 200 joule
- C Circa 20 watt
- D Circa 2000 cal
- E Circa 2 joule

1375 **Una superficie macroscopica opaca può essere schematizzata come una serie di microsuperfici idealmente lisce. Le normali alle microsuperfici sono disposte nello spazio secondo una certa distribuzione statistica. Quando un fascio parallelo di luce incide sulla superficie, il fascio riflesso viene conseguentemente:**
- A trasmesso
- B rifratto
- C diffratto
- D diffuso
- E polarizzato

1376 **Un'automobile percorre un tratto di strada in salita alla velocità *v* e lo stesso tratto in discesa alla velocità 2*v*. La velocità media è:**
- A minore di 3/2 *v*
- B 3/2 *v*
- C maggiore di 3/2 *v*
- D 5/4 *v*
- E 2 *v*

1377 **A volume costante la relazione esistente tra la pressione e la temperatura in un gas è:**
- A p/T = costante
- B p = 1/T
- C p = nR/T
- D p x T = costante
- E p x V = costante

1378 **Una resistenza di 5 ¾ è collegata a una batteria da 12 V con resistenza interna di 1 ¾. Quanto vale la corrente che eroga la batteria?**
- A 2 A
- B 12 A
- C 2,4 A
- D 0,5 A
- E 2,4 W

1379 **Quale delle seguenti unità di misura non si riferisce a un lavoro?**
- A Joule
- B Caloria
- C Kilowattora
- D Newton x metro
- E Pascal

1380 **Una palla di massa pari a 0,1 kg urta un muro alla velocità di 20 m/s ; se la palla rimbalza all'indietro con la stessa velocità, la sua quantità di moto:**
- A rimane invariata
- B varia di 2 N · s
- C varia di 4 N · s
- D varia di 20 N · s
- E si conserva

FISICA

1381 Specificare in quale dei moti seguenti la risultante delle forze agenti sul corpo è nulla:

A nel moto rettilineo uniforme
B nel moto rettilineo uniformemente accelerato
C nel moto circolare uniforme
D nel moto di caduta verticale nel campo gravitazionale
E nel moto di caduta nel vuoto

1382 Qual è la temperatura dell'acqua che si ottiene mescolandone 1 litro a 0 °C con 0,5 litri a 60 °C?

A 10 °C
B 20 °C
C 30 °C
D 40 °C
E 50 °C

1383 Le oscillazioni di un pendolo semplice, che oscilla con un periodo di 2,5 s, hanno frequenza:

A 0,25 Hz
B $\pi/2,5$ Hz
C 5 Hz
D 2,5 Hz
E 0,4 Hz

1384 La pressione idrostatica a 30 metri di profondità nel mare è circa:

A 3 atmosfere
B $30 \cdot 10^5$ newton/m^2
C 30 pascal
D 30 mmHg
E 300 cmHg

1385 Se si trasporta una valigia con velocità costante mantenendola a una distanza costante da Terra, il lavoro compiuto è:

A nullo
B proporzionale alla distanza percorsa
C proporzionale al peso della valigia
D proporzionale alla massa della persona che trasporta la valigia
E non è possibile determinarlo sulla base delle informazioni fornite

1386 Un corpo di massa 1000 g si trova a 100 cm dal suolo. La sua energia potenziale rispetto al suolo è di:

A 490 J
B 980 W
C 9,8 J
D 9800 J
E $9,8 \cdot 10^5$ J

1387 1 atmosfera è la pressione:

A a livello del mare in qualsiasi giorno dell'anno
B esercitata da una colonna d'acqua di 76 m d'altezza
C atmosferica a livello del mare a 4 °C
D esercitata da una colonna di mercurio di 76 cm di altezza a 0 °C
E a 7,6 m di profondità sotto il livello del mare

1388 Un fluido si dice viscoso se in esso:

A la velocità di scorrimento tra i suoi strati è minima
B è presente il solo attrito con le pareti del recipiente
C è presente un attrito interno
D non esiste accelerazione di gravità
E nessuna delle precedenti

1389 Un gas reale si può considerare simile a un gas perfetto:

A a bassa pressione e bassa temperatura
B a pressione alta e temperatura bassa
C quando è rarefatto
D ad alta pressione e ad alta temperatura
E ad alta temperatura e bassa pressione

1390 Quali dei seguenti termini corrisponde a una grandezza fisica?

A Poise
B Ampere
C Metro
D Temperatura
E Chilogrammo

1391 Una forza d'attrito è:

A non conservativa
B conservativa
C attiva
D centripeta
E non dissipativa

1392 L'energia potenziale di una palla lanciata verso l'alto è massima:

A nel punto più alto raggiunto
B al momento del lancio
C durante la salita
D nell'istante dell'impatto con il suolo
E a metà altezza

1393 Il peso di un oggetto è una grandezza:

A scalare e si esprime in newton
B vettoriale e si esprime in kg
C vettoriale e si esprime in newton
D scalare e si esprime in kg
E scalare e si esprime in kg-peso

1394 **Tre sferette conduttrici A, B e C hanno lo stesso raggio. La sferetta A possiede una carica 2*q*, la sferetta B una carica *q* mentre C è neutra. La sferetta A viene posta a contatto prima con B e successivamente con C; dopo i due contatti qual è la carica su A?**

A $3q/4$
B $5q/4$
C q
D $2q$
E $3q$

1395 **Una lamina omogenea ha la forma di un triangolo ABC rettangolo in A con $\hat{C} = 30°$. La lamina viene appesa a un filo verticale passante per il vertice A. Qual è l'angolo formato dal filo con il lato AB quando la lamina è in equilibrio stabile?**

A 40°
B 90°
C 100°
D 120°
E 135°

1396 **Quale delle seguenti affermazioni è corretta?**

A Il primo principio della dinamica vale in ogni sistema di riferimento
B Se applichiamo una forza costante a un corpo, questo si muoverà di moto uniformemente accelerato
C A forze uguali corrispondono accelerazioni uguali
D Un'auto che decelera è un sistema inerziale
E L'accelerazione di un corpo in caduta libera cresce

1397 **Un barista deve sollevare un fusto di birra dal pavimento al bancone del bar. Sapendo che il fusto ha la massa di 40 kg e che il bancone è alto 80 cm, quale sarà approssimativamente il lavoro compiuto dal barista?**

A 64 J
B 320 J
C 512 N
D 640 J
E 32 kJ

1398 **Un bambino con massa di 20 kg si muove alla velocità di 18 km/h seduto su uno slittino che ha massa pari a 5 kg. Qual è la quantità di moto totale del sistema bambino-slittino?**

A 100 N
B 125 kg · m/s
C 360 kg · m/s
D 450 N
E 450 kg · m/s

1399 **A una massa di 50 decagrammi viene applicata una forza di 30 newton. Quale accelerazione subisce la massa?**

A 0,6 m/s^2
B 7,5 m/s^2
C 15 m/s^2
D 30 m/s^2
E 60 m/s^2

1400 **Un conduttore ohmico ha una resistenza di 300 Ω ed è attraversato da una corrente di 80 mA. Quale sarà la tensione applicata ai capi del conduttore?**

A 0,25 V
B 3,75 V
C 24 V
D 3.750 V
E 24.000 V

1401 **Le pale di un elicottero sono lunghe 2 metri ciascuna e girano 300 volte al minuto. Calcolare il periodo di rotazione delle pale.**

A 0,02 s
B 0,2 s
C 0,5 s
D 5 Hz
E 2 s

1402 **La temperatura in gradi kelvin di un gas ideale aumenta da 3 K a 6 K mentre la sua pressione resta costante. Il volume del gas:**

A resta costante
B si dimezza
C raddoppia
D triplica
E quadruplica

1403 **Il filamento di una lampadina è percorso da un'intensità di corrente di 1 A. Quanti elettroni al secondo attraversano la sezione del conduttore?**

A 1 elettrone/secondo
B Tra 10^{18} e 10^{19} elettroni/secondo
C Tra 10^{-18} e 10^{-19} elettroni/secondo
D 10^3 elettroni/secondo
E Nessun elettrone

1404 **Qual è la minima potenza che deve avere un congelatore per trasformare in ghiaccio in 20 minuti un litro d'acqua che si trova a 15 °C?**

A 3,31 kW
B 397 kJ
C 15 kcal
D 331 W
E 165 W

1405 Una lampada a incandescenza da 120 watt e uno scaldabagno elettrico da 1500 watt sono alimentati dalla stessa tensione. Segue che:

- A le resistenze elettriche dei due apparecchi sono le stesse
- B è più elevata la resistenza dello scaldabagno elettrico
- C è più elevata la resistenza della lampada a incandescenza
- D non si può rispondere senza conoscere le correnti
- E tutte le altre risposte sono errate

1406 Un cubo di legno è appeso a una molla e oscilla. Raddoppiando l'ampiezza delle oscillazioni, il periodo:

- A raddoppia
- B si dimezza
- C resta invariato
- D aumenta di 2 secondi
- E per rispondere occorre conoscere la massa del cubo

1407 Un pacco viene lanciato da un elicottero: dopo un certo tempo, raggiunge e mantiene una certa velocità. Ciò accade perché:

- A la forza di attrito dell'aria è trascurabile
- B l'azione della forza di gravità sul pacco si annulla
- C scendendo la forza peso si annulla
- D la forza di attrito dell'aria e la forza peso del pacco si equivalgono
- E l'accelerazione di gravità diminuisce

1408 Una palla galleggia in acqua e 1/4 del suo volume non è immerso. Calcolare il rapporto tra la densità della palla e quella dell'acqua.

- A 1/4
- B 1/3
- C 4/3
- D 3/4
- E 1

1409 Un grande contenitore senza coperchio contiene una creta quantità d'acqua e il pelo libero del liquido è a 2,5 m dal fondo. Se sulla parete del contenitore viene praticato un foro a 1 m dal fondo, a quale velocità fuoriesce l'acqua?

- A 4,42 m/s
- B 5,42 m/s
- C Dipende dalla forma del contenitore
- D Dipende dal volume del contenitore
- E Dipende dalla densità dell'acqua

1410 Tra le seguenti affermazioni una sola è corretta: quale?

- A Il momento di una coppia è sempre nullo
- B Il fulcro di una leva è il suo centro
- C Il remo di una barca è una leva sempre vantaggiosa
- D Un momento positivo applicato a un corpo lo fa ruotare in senso orario
- E La risultante di una coppia di forze è sempre nulla

1411 A quale temperatura T_C espressa in gradi celsius corrisponde un valore T_K in kelvin tale che $T_K = 4T_C$?

- A 92 °C
- B −91 °C
- C 91 °C
- D −92 °C
- E 93 °C

1412 Una carica di +8 C si muove da un punto a potenziale di 6 V a un punto a potenziale di 2 V. Il lavoro fatto dalla forza del campo è pari a:

- A +32 J
- B +6 J
- C −2 J
- D −32 J
- E +16 J

1413 La forza che si esercita tra due cariche elettriche statiche:

- A si misura in volt
- B si misura in newton
- C si misura in farad/metro
- D è inversamente proporzionale alla distanza tra le due cariche
- E si misura in watt

1414 Il primo principio della termodinamica stabilisce che:

- A il lavoro effettuato è sempre uguale al lavoro impiegato
- B l'energia è una grandezza che si conserva
- C non è possibile che il calore passi spontaneamente da un corpo freddo a un corpo caldo
- D l'entropia aumenta sempre
- E l'entalpia aumenta sempre

1415 In generale, una particella carica in moto in un campo magnetico costante:

- A segue una traiettoria parabolica
- B si muove in moto rettilineo uniforme
- C aumenta progressivamente la propria energia cinetica
- D segue una traiettoria a forma di elica cilindrica
- E segue una traiettoria ellissoidale

1416 Se tra le armature piane e parallele di un condensatore ideale viene inserito un dielettrico con $\varepsilon_r = 2$, allora:

A il campo elettrico interno *E* si dimezza, mentre la capacità *C* raddoppia
B sia il campo elettrico interno *E* sia la capacità *C* raddoppiano
C il campo elettrico interno *E* resta invariato, mentre la capacità *C* raddoppia
D il campo elettrico interno *E* raddoppia, mentre la capacità *C* si dimezza
E sia il campo elettrico interno *E* sia la capacità *C* si dimezzano

1417 Un fucile da 3 kg spara un proiettile da 10 g e rincula con una velocità di circa 2 m/s. A quale velocità è stato sparato il proiettile?

A Circa 600 m/s, in verso opposto rispetto al rinculo del fucile
B Circa 600 m/s, nello stesso verso del rinculo del fucile
C Circa 6 m/s, in verso opposto rispetto al rinculo del fucile
D Circa 6 m/s, nello stesso verso del rinculo del fucile
E Circa 60 m/s, in verso opposto rispetto al rinculo del fucile

1418 Un circuito è formato da una batteria e da due resistenze uguali, che possono essere collegate in serie oppure in parallelo. Nel circuito:

A circola la stessa corrente in entrambi i casi
B non circola corrente se le resistenze sono collegate in serie
C non circola corrente se le resistenze sono collegate in parallelo
D la corrente che circola è maggiore se le resistenze sono collegate in parallelo
E la corrente che circola è maggiore se le resistenze sono collegate in serie

1419 Quale delle seguenti grandezze ha carattere vettoriale?

A Energia cinetica
B Massa
C Lavoro
D Temperatura
E Nessuna delle altre risposte è corretta

1420 La frequenza *f* in un moto armonico è legata al periodo *T* dalla relazione:

A $f = T^{-1}$
B $f = 2\pi T$
C $f = 2\pi/T$
D $f = T$
E $f = T/2\pi$

1421 Un micron corrisponde a:

A 10^{-6} m
B 10^{+6} m
C 10^{-4} m
D 10^{+4} m
E 10^{-10} m

1422 Quale dei seguenti sistemi ha entropia complessiva più vicina a zero?

A Un peso che oscilla attaccato a una molla
B Un satellite in orbita a 25.000 km dalla Terra
C L'evaporazione dell'etere a temperatura ambiente
D Un oggetto in caduta libera quando ha raggiunto la velocità limite
E Un oggetto di metallo che viene rapidamente caricato

1423 Una lampadina da 40 W resta accesa per 2 ore. Con un'energia pari a quella consumata, di quanto si potrebbe sollevare un oggetto che pesa 1000 N?

A Circa 20 m
B Circa 30 m
C Circa 300 m
D Circa 400 m
E Circa 500 m

1424 Nella formula di Einstein $E = mc^2$ uno studente inserisce il valore *m* della massa in grammi. Se per la velocità della luce usa il valore $c = 3 \times 10^8\ ms^{-1}$, in quale unità di misura è espressa l'energia *E*?

A μJ
B mJ
C J
D kJ
E MJ

1425 In un moto circolare uniforme il periodo *T* vale 0,1 s. Quanto vale la frequenza?

A 0,1 s
B $10\ s^{-1}$
C $0{,}2\pi$ s
D $\pi\ s^{-1}$
E 0,1 radianti

1426 Un sistema qualunque di forze applicate a un corpo rigido, in generale:

A può ricondursi alla forza risultante applicata nel baricentro
B può ridursi alla risultante delle forze e a una sola coppia
C determina una traslazione del corpo
D provoca una deformazione del corpo
E è sempre in equilibrio

FISICA

1427 Due corpi di uguale densità devono necessariamente avere:

A stessa massa
B stesso volume
C massa e volume proporzionali
D massa e volume inversamente proporzionali
E nessuna delle altre risposte è corretta

1428 Uno studente con un piede spinge una sedia parallelamente al pavimento. La sedia pesa circa 70 N e viene spostata di 3 m. Quanto vale il lavoro svolto dalla forza peso?

A 210 J
B –210 J
C 0 J
D 70 J
E Per rispondere bisogna conoscere la forza con cui la sedia viene spinta

1429 Una biglia scivola su un piano inclinato liscio e privo di attriti con accelerazione di modulo 3 m/s^2. Mantenendo l'altezza del piano invariata, per quale fattore occorre moltiplicare la sua lunghezza affinché il modulo dell'accelerazione diventi 1,5 m/s^2?

A 4
B 2
C 1/2
D 1/3
E 1/4

1430 Un corpo di 833 kg accelera e in 5 secondi la sua velocità va da 23,5 km/h a 77,5 km/h. Quale delle seguenti è l'intensità della forza che ha determinato tale variazione?

A 2,50 kN
B 9,00 kN
C 2,78 kN
D 3,45 × 10^6 kN
E 300 N

1431 Nel SI la costante elastica di una molla si misura in:

A $kg \cdot m^2/s$
B kg/s^2
C $kg \cdot s^2$
D $kg \cdot m/s^2$
E $kg \cdot s/m$

1432 La tensione di vapore di un liquido può essere misurata in:

A volt
B atmosfere
C metri cubi
D watt
E newton

1433 Un corpo pesante di massa *m* si muove (senza attriti) nel campo di forze conservativo della gravità (*g* costante) con energia cinetica *T*, energia potenziale *U* ed energia totale *E*. Indicare l'equazione ERRATA:

A $U = mgh$
B $T = mv^2/2$
C $T = E - U$
D $E = T - U$
E $mg = m \cdot \Delta v/\Delta t$

1434 Quali delle seguenti è un'unità di misura del lavoro?

A $N \times m^{-2}$
B Atm × litri
C kg × m
D $Cal \times cm^{-3}$
E m × s

1435 Nel moto di caduta naturale di un grave sulla Terra:

A l'accelerazione cresce rapidamente
B la velocità è funzione crescente del tempo
C la velocità è funzione inversa del tempo
D si trascura sempre l'attrito dell'aria
E l'energia potenziale è costante

1436 Quando in un recipiente aperto un liquido evapora, in generale si osserva:

A un aumento di temperatura del liquido
B una diminuzione di pressione nel liquido
C una diminuzione di temperatura del liquido
D un aumento di pressione nel liquido
E un aumento di volume del liquido

1437 Si consideri una zona della superficie terreste dove è presente un campo elettrico verticale, diretto verso l'alto, di modulo 980 N/C. Se tale campo riesca a mantenere sospeso a mezz'aria un oggetto di massa 10 g, la carica presente sull'oggetto è:

A 10 mC
B 0 mC
C 1 mC
D 0,01 mC
E 0,1 mC

1438 Durante la compressione isoterma di un gas perfetto:

A il volume del gas aumenta
B la temperatura del gas aumenta
C non vi è scambio di calore con l'ambiente esterno
D la temperatura aumenta solo se la compressione è rapida
E nessuna delle altre risposte è corretta

QUESITI

1439 La quantità di moto si misura in:

A metri × secondi
B newton × metri
C newton × secondi
D chilogrammi × metri × secondi
E joule × secondi

1440 Un corpo sospeso per il suo baricentro:

A è in equilibrio stabile
B è in equilibrio instabile
C è in equilibrio indifferente
D non è in equilibrio
E ruota continuamente attorno al baricentro

1441 Quale delle seguenti relazioni tra grandezze fisiche è CORRETTA?

A Lavoro / spostamento = forza
B Massa × velocità = forza
C Massa × spostamento = forza
D Potenza × velocità = forza
E Massa / velocità = forza

1442 Il chilowattora è un'unità di misura:

A della potenza
B della frequenza
C dell'intensità di corrente
D dell'energia
E della carica elettrica

1443 Una configurazione di equilibrio è stabile se:

A ha energia potenziale minima
B ha energia potenziale massima
C ha energia cinetica minima
D ha energia cinetica massima
E ha energia di pressione minima

1444 L'accelerazione centripeta è:

A quella che possiede un corpo in moto rettilineo uniforme
B quella che subisce un astronauta durante la fase di lancio di un razzo
C quella che subisce un corpo animato da moto armonico
D la componente radiale dell'accelerazione
E la forza centrifuga

1445 Per conoscere la forza esercitata da un oggetto del peso di 10 newton, appoggiato sul pavimento di una stanza, occorre conoscere:

A niente altro
B l'area della superficie su cui poggia il corpo
C l'area della superficie su cui poggia il corpo e la posizione del baricentro
D la densità del corpo
E il volume del corpo

1446 Quale delle seguenti grandezze si può misurare in kg/m^3?

A L'energia cinetica
B Il volume specifico
C La densità
D L'accelerazione
E La pressione

1447 Quali tra forza, potenza, energia e calore sono grandezze fisiche omogenee?

A Energia-calore
B Forza-potenza
C Energia-potenza
D Tutte
E Nessuna

1448 Quale delle seguenti unità di misura esprime una forza?

A Erg × cm
B Watt
C Joule/m
D Newton × m
E Baria

1449 La portata di un condotto:

A è il volume di liquido che attraversa una sezione nell'unità di tempo
B è la massa di liquido che esce dal condotto
C si misura in litri × minuti
D dipende dalla quota del condotto
E si misura in litri × metri

1450 È possibile che un corpo che si muove di moto uniforme sia dotato di accelerazione?

A No, mai
B Sì, se il moto è rettilineo
C Sì, se la traiettoria è curva
D Sì, se il corpo è sottoposto alla forza peso
E No, se la velocità è molto piccola

1451 Due corpi aventi lo stesso volume e la stessa densità hanno:

A la stessa superficie
B la stessa capacità termica
C la stessa carica elettrica
D la stessa massa
E lo stesso numero di atomi

1452 Per fermare una monoposto di massa 500 kg che viaggia a 144 km/h si deve compiere un lavoro pari a:

A $-7{,}20 \times 10^4$ J
B $3{,}60 \times 10^4$ J
C $-2{,}00 \times 10^4$ J
D $-4{,}00 \times 10^5$ J
E $8{,}00 \times 10^5$ J

FISICA

1453 Quanti millimetri cubici sono contenuti in un millilitro?
A 1
B 10
C 100
D 1000
E 10.000

1454 Cosa significa che un moto è uniformemente accelerato?
A Che l'accelerazione è una funzione lineare del tempo
B Che l'accelerazione è nulla
C Che la velocità è una funzione lineare del tempo
D Che il corpo che si muove ha densità uniforme
E Che il corpo si muove di moto uniforme

1455 10 kW equivalgono a una potenza pari a:
A 10 J/s
B 10.000 J/s
C 10.000 J · s
D 10.000 J/min
E 10 cavalli vapore

1456 Una carica di 3,5 C si muove su una circonferenza piana equipotenziale, percorrendo l'arco che corrisponde a 45°. Il lavoro svolto dalla forza di Coulomb:
A è positivo
B è negativo
C è nullo
D vale 2,5 J
E per rispondere occorre conoscere il raggio della circonferenza

1457 Una forza costante è applicata a corpi di massa diversa. L'accelerazione impressa a ognuno di essi:
A è proporzionale alla massa
B è inversamente proporzionale alla massa
C è proporzionale al quadrato della massa
D non dipende dalla massa
E non dipende mai dalla forza applicata

1458 Perché in un pendolo, trascurando gli attriti, il lavoro della tensione del filo è nullo?
A Perché l'energia totale si conserva
B Perché le oscillazioni sono simmetriche rispetto alla verticale
C Perché la tensione è nulla
D Perché la tensione è sempre perpendicolare alla direzione del moto
E Perché le oscillazioni hanno tutte la medesima durata

1459 In generale un elettrone in moto in un campo magnetico:
A prosegue il suo moto indisturbato
B viene deviato
C torna indietro
D si distrugge
E cattura un secondo elettrone

1460 Un pendolo semplice, composto da una massa sostenuta da un filo, sta oscillando. Quando arriva nel punto più basso si rompe il filo e la massa:
A cade descrivendo un arco di circonferenza
B cade lungo la verticale
C cade descrivendo un arco di parabola
D procede in direzione orizzontale
E si arresta nel punto in cui si è rotto il filo

1461 Il momento di una forza rispetto a un punto:
A è perpendicolare alla forza
B ha le dimensioni di un tempo
C è una funzione del tempo
D si misura in N
E è una funzione di stato

1462 L'energia cinetica:
A si misura in joule
B diminuisce sempre con lo spazio percorso
C è caratteristica del moto rettilineo uniforme
D è nulla durante la caduta di un grave
E è direttamente proporzionale alla velocità

1463 Il lavoro meccanico è:
A il prodotto della forza per l'accelerazione
B il vettore ottenuto dal prodotto della forza per lo spostamento
C il prodotto della forza per lo spostamento quando la forza è costante e lo spostamento è rettilineo e parallelo alla forza
D l'energia posseduta dal corpo
E la potenza diviso il tempo

1464 Un corpo, che inizialmente si trova fermo a quota *h* dal suolo e possiede energia potenziale pari a 100 J, viene lasciato cadere liberamente. Trascurando l'attrito dell'aria, l'energia meccanica totale del corpo a quota *h*/2 risulta:
A uguale a 100 joule
B non si può rispondere perché non si conosce la velocità del corpo a quota $h/2$
C minore di 100 joule
D maggiore di 100 joule
E non si può rispondere perché non è data la massa del corpo

1465 L'energia cinetica di un corpo in caduta libera in assenza di attrito:

- A aumenta al ridursi della quota
- B è costante
- C diminuisce al ridursi della quota
- D aumenta in modo discreto ogni 10 metri di caduta
- E dipende dalla forma del corpo

1466 Nell'urto anelastico di due corpi liberi si conserva la quantità di moto del sistema composto dai due corpi?

- A Sì, in quanto sul sistema non agiscono forze esterne
- B No, in quanto l'urto è anelastico
- C No, se i due corpi non hanno la stessa massa
- D No, in quanto non si conserva l'energia
- E Nessuna delle precedenti

1467 Un recipiente cubico con lato di 20 cm contiene acqua fino a 2 mm dal bordo; in essa è completamente immerso un cubo di ghiaccio di 10 cm di lato. Se il ghiaccio si scioglie, il livello dell'acqua:

- A scende
- B resta immutato
- C sale senza raggiungere il bordo
- D raggiunge il bordo
- E l'acqua trabocca

1468 Se un corpo A cede una certa quantità di calore al corpo B che ha la stessa massa di A:

- A la temperatura di A varia di tanto quanto quella di B
- B entrambi i corpi si portano a una stessa temperatura che è inferiore a quella di B
- C le variazioni di temperatura dei due corpi sono direttamente proporzionali alle rispettive capacità termiche
- D il rapporto delle variazioni di temperatura dei due corpi è uguale al reciproco del rapporto dei rispettivi calori specifici, cambiato di segno
- E le temperature di A e di B non variano

1469 La massa di ossigeno (peso molecolare = 32) contenuta in un volume di 10 dm^3 alla temperatura di 27 °C e alla pressione di 30 atm è pari a circa (si assuma come costante dei gas R = 0,082 (litri · atm)/(K · mole)):

- A 12,2 g
- B 320 g
- C 4336 g
- D 390 g
- E 32 kg

1470 Il corpo umano, normalmente, ha una temperatura di circa 37 °C. In kelvin tale temperatura vale circa:

- A – 273 K
- B 90 K
- C 300 K
- D 273 K
- E 310 K

1471 L'aria è formata per l'80% (circa) da azoto e per il 20% (circa) da ossigeno: la sua pressione al livello del mare è pari a una atmosfera. In questa miscela gassosa:

- A le pressioni parziali dei due gas sono uguali e ciascuna è pari a una atmosfera
- B la pressione parziale dell'azoto è minore di quella dell'ossigeno
- C non si può parlare di pressione dell'ossigeno e dell'azoto, ma di pressione della miscela
- D la pressione parziale dell'azoto è circa quattro volte quella dell'ossigeno
- E le pressioni parziali dei due gas sono uguali e ciascuna è pari a 0,5 atmosfere

1472 Un recipiente cubico con lato di 20 cm contiene acqua fino a 2 mm dal bordo; in essa galleggia un cubo di ghiaccio di 10 cm di lato. Se il ghiaccio si scioglie, il livello dell'acqua:

- A scende
- B resta immutato
- C sale senza raggiungere il bordo
- D raggiunge il bordo
- E l'acqua trabocca

1473 Quando un pezzo di ghiaccio fonde alla pressione di 1 atm, la sua temperatura:

- A è sempre maggiore di 0 °C e aumenta durante la fusione
- B è sempre minore di 0 °C e diminuisce durante la fusione
- C è costante ed è pari a 0 °C
- D è uguale a quella dell'ambiente esterno
- E aumenta durante il passaggio di stato

1474 La caloria è:

- A la quantità di calore necessaria a innalzare di un grado centigrado la temperatura di un grammo d'acqua distillata
- B un'unità di misura dell'energia
- C il calore necessario a innalzare da 14,5 a 15,5 gradi centigradi un chilogrammo d'acqua distillata
- D un'unità di misura di temperatura
- E un'unità di misura della potenza

1475 Sapendo che il calore specifico dell'acqua è pari a 1 kcal/(kg · °C), qual è l'aumento di temperatura di 20 litri d'acqua che si trovano a 20 °C e ai quali vengono fornite 100 kcal di calore?

A 1 °C
B 1 K
C 5 °C
D 10 °C
E 20 °C

1476 Il caffè contenuto in una tazza situata in un ambiente a temperatura costante di 20 °C si è raffreddato dalla temperatura di 90 °C a quella di 70 °C in tre minuti. Se si desidera bere il caffè alla temperatura di 50 °C è necessario attendere ancora:

A 1 minuto
B 2 minuti
C 3 minuti
D più di 3 minuti
E non si può rispondere senza conoscere il calore specifico dell'acqua

1477 Se si forniscono lentamente 100 J di calore a un blocco di 1 kg di ghiaccio che si trova alla temperatura di –10 °C, si verifica che:

A il ghiaccio si scioglie
B la temperatura del ghiaccio aumenta, ma il ghiaccio non si scioglie
C la temperatura del ghiaccio aumenta e il ghiaccio si scioglie
D per rispondere occorre conoscere la pressione esterna
E nessuna delle precedenti

1478 Si mettono a contatto due corpi con temperature T_1 e T_2 ($T_1 < T_2$). Per la temperatura finale di equilibrio T_f vale:

A $T_f < T_1 < T_2$
B $T_f = T_1$
C $T_f = T_2$
D $T_f = (T_1 + T_2)/2$
E $T_1 < T_f < T_2$

1479 È possibile realizzare una trasformazione, il cui unico risultato sia quello di trasformare in lavoro tutto il calore sottratto a un'unica sorgente termica?

A Sì, è senz'altro possibile
B È possibile solo se la trasformazione è adiabatica
C È possibile solo se la trasformazione è isoterma
D È possibile solo se la trasformazione è ciclica
E No

1480 Se un gas perfetto viene compresso in un cilindro termicamente isolato, la sua energia interna:

A aumenta
B diminuisce
C diventa trascurabile
D si può definire solo se la trasformazione è reversibile
E nessuna delle precedenti

1481 La misura della pressione del sangue non si può esprimere in:

A mmHg
B atmosfere
C battiti al minuto
D pascal
E millibar

1482 Se si lancia una pietra verticalmente verso l'alto, com'è diretta la forza che agisce su di essa nel momento in cui, fermandosi, tocca il punto di massima elevazione?

A verso il basso
B verso l'alto
C verso destra
D verso sinistra
E è assente

1483 Le onde elastiche che possono instaurarsi nei gas sono unicamente longitudinali. Ciò è dovuto al fatto che:

A la velocità del suono in aria è 340 m/s
B nei gas le forze di richiamo elastiche esistenti non consentono l'oscillazione delle molecole in direzione trasversale rispetto a quelle di propagazione dell'onda
C nei gas non esistono forze di richiamo elastiche
D i gas non possiedono un volume proprio
E i gas reali non rispettano l'equazione di stato dei gas perfetti

1484 Tre cariche elettriche uguali e dello stesso segno sono poste ognuna al vertice di un triangolo equilatero. Si può affermare che il campo elettrico nel centro C del triangolo è:

A nullo
B uguale in modulo al triplo del campo generato da una delle cariche
C inversamente proporzionale al quadrato del lato del triangolo
D inversamente proporzionale al quadrato della distanza di C dalle cariche
E per rispondere occorre conoscere le dimensioni del triangolo

1485 Un frigorifero ha lo scopo di mantenere a bassa temperatura una cella frigorifera. Nel contempo esso ha l'effetto di:

A riscaldare l'ambiente in cui si trova
B raffreddare l'ambiente
C lasciare immutata la temperatura dell'ambiente
D aumentare l'umidità dell'ambiente
E ridurre l'inquinamento dell'ambiente

1486 Qual è la differenza tra le onde utilizzate nelle trasmissioni radiofoniche e in quelle televisive?

A Nelle trasmissioni radiofoniche si utilizzano onde sonore (o elastiche); nelle trasmissioni televisive si utilizzano onde luminose
B In entrambe le trasmissioni si utilizzano onde elettromagnetiche ma con lunghezze d'onda diverse
C In entrambe le trasmissioni si utilizzano onde sonore (o elastiche) ma con lunghezze d'onda diverse
D Nelle trasmissioni radiofoniche si utilizzano onde elettromagnetiche; nelle trasmissioni televisive si trasmettono fasci di elettroni
E Nelle trasmissioni radiofoniche si utilizzano onde longitudinali; nelle trasmissioni televisive si utilizzano onde trasversali

1487 Quale delle seguenti espressioni è dimensionalmente corretta?
(F = forza, E = energia, W = potenza, v = velocità, L = lunghezza, t = tempo, m = massa)

A $W = F \cdot L \cdot t$
B $v = F/m$
C $F = v \cdot t$
D $F = E/L$
E $E = W$

1488 I raggi γ:

A hanno la stessa lunghezza d'onda dei raggi X
B hanno la stessa frequenza dei raggi X
C si propagano nel vuoto alla stessa velocità della luce
D hanno massa pari a quella dell'elettrone
E hanno massa pari a quella del protone

1489 Un'onda elettromagnetica di frequenza ν si propaga nel vuoto con velocità c. La sua lunghezza d'onda λ è data da:

A $\lambda = 1/\nu$
B $\lambda = c \cdot \nu$
C $\lambda = \nu/c$
D $\lambda = 1/c$
E $\lambda = c/\nu$

1490 La luce monocromatica è un'onda elettromagnetica:

A caratterizzata da un'unica lunghezza d'onda
B le cui vibrazioni avvengono su un solo piano
C polarizzata
D le cui vibrazioni avvengono su due piani perpendicolari
E nessuna delle precedenti

1491 Un buon vetro da usare come materia prima per costruire un prisma per uno spettroscopio deve avere un indice di rifrazione:

A altamente variabile con la lunghezza d'onda delle radiazioni
B approssimativamente uguale a 1
C molto maggiore di 1
D approssimativamente uguale al valore dell'angolo limite
E non si può usare il vetro

1492 Nella diffrazione della luce:

A l'angolo di incidenza è uguale all'angolo di diffrazione
B il rapporto fra angolo di incidenza e angolo di diffrazione è l'indice di diffrazione
C si evidenzia la natura corpuscolare della luce
D si manifesta la capacità della luce di aggirare gli ostacoli
E l'angolo di incidenza è uguale all'angolo di rifrazione

1493 Il fenomeno per cui la frequenza del suono emesso da una sorgente dipende dalla velocità di questa rispetto al rivelatore prende il nome di:

A effetto Joule
B effetto Hertz
C effetto Volta
D effetto Doppler
E effetto relativistico

1494 Riscaldando di 30 °C un gas in un recipiente chiuso da un pistone libero di muoversi:

A il volume rimane inalterato
B aumenta il volume
C raddoppia la pressione
D raddoppia il volume
E aumenta la temperatura del 30%

1495 L'eco è dovuta al fenomeno di:

A rifrazione di onde sonore
B diffrazione di onde sonore
C interferenza di onde sonore
D riflessione di onde sonore
E assorbimento di onde sonore

FISICA

1496 Durante la liquefazione di un corpo, la sua temperatura:

A diminuisce regolarmente nel tempo
B diminuisce a mano a mano che il corpo liquefa
C aumenta a mano a mano che il corpo liquefa
D cresce regolarmente nel tempo
E resta costante

1497 In quale dei seguenti moti l'accelerazione tangenziale è nulla?

A Moto armonico
B Moto circolare uniforme
C Moto rettilineo uniformemente accelerato
D Moto circolare accelerato
E Moto di caduta dei gravi

1498 Durante l'oscillazione di un pendolo, il modulo dell'accelerazione è massimo quando il pendolo:

A ha velocità massima
B ha velocità nulla
C ha velocità uguale alla media delle velocità
D ha velocità intermedia
E transita nella posizione di equilibrio

1499 L'energia necessaria per imprimere la velocità di 10 m/s a un corpo inizialmente fermo di massa pari a 10 kg è pari a:

A 500 watt
B 50 joule
C 250 watt
D 500 joule
E $100\ N \cdot m/s$

1500 Nel SI il momento angolare si misura in:

A $kg \cdot m^2$
B $kg \cdot m^2/s$
C $kg \cdot s/m^2$
D $kg \cdot m/s$
E $kg \cdot s/m$

QUESITI

Soluzioni

Quesito	Risposta	Quesito	Risposta	Quesito	Risposta	Quesito	Risposta	Quesito	Risposta	Quesito	Risposta	Quesito	Risposta	Quesito	Risposta	Quesito	Risposta	Quesito	Risposta
1251	C	1252	D	1253	B	1254	E	1255	C	1256	D	1257	A	1258	A	1259	B	1260	E
1261	C	1262	C	1263	B	1264	D	1265	A	1266	C	1267	C	1268	B	1269	B	1270	E
1271	C	1272	C	1273	A	1274	B	1275	D	1276	C	1277	A	1278	A	1279	D	1280	B
1281	A	1282	D	1283	C	1284	D	1285	A	1286	C	1287	C	1288	B	1289	A	1290	A
1291	D	1292	C	1293	E	1294	C	1295	E	1296	E	1297	C	1298	E	1299	B	1300	D
1301	C	1302	B	1303	C	1304	B	1305	A	1306	D	1307	D	1308	C	1309	A	1310	D
1311	E	1312	D	1313	D	1314	C	1315	C	1316	D	1317	A	1318	E	1319	C	1320	E
1321	D	1322	B	1323	A	1324	B	1325	D	1326	A	1327	B	1328	D	1329	A	1330	A
1331	E	1332	D	1333	E	1334	A	1335	C	1336	D	1337	D	1338	C	1339	D	1340	E
1341	C	1342	C	1343	A	1344	A	1345	C	1346	C	1347	B	1348	A	1349	C	1350	A
1351	B	1352	D	1353	A	1354	A	1355	C	1356	C	1357	D	1358	A	1359	C	1360	E
1361	B	1362	E	1363	A	1364	D	1365	C	1366	D	1367	A	1368	A	1369	B	1370	B
1371	B	1372	B	1373	B	1374	B	1375	D	1376	A	1377	A	1378	A	1379	E	1380	C
1381	A	1382	B	1383	E	1384	E	1385	A	1386	C	1387	D	1388	C	1389	E	1390	D
1391	A	1392	A	1393	C	1394	A	1395	D	1396	B	1397	B	1398	B	1399	E	1400	C
1401	B	1402	C	1403	B	1404	D	1405	C	1406	C	1407	D	1408	D	1409	B	1410	E
1411	C	1412	A	1413	B	1414	B	1415	D	1416	A	1417	A	1418	D	1419	E	1420	A
1421	A	1422	B	1423	C	1424	B	1425	B	1426	B	1427	C	1428	C	1429	B	1430	A
1431	B	1432	B	1433	D	1434	B	1435	B	1436	C	1437	E	1438	E	1439	C	1440	C
1441	A	1442	D	1443	A	1444	D	1445	A	1446	C	1447	A	1448	C	1449	A	1450	C
1451	D	1452	D	1453	D	1454	C	1455	B	1456	C	1457	B	1458	D	1459	B	1460	C
1461	A	1462	A	1463	C	1464	A	1465	A	1466	A	1467	A	1468	D	1469	D	1470	E
1471	D	1472	B	1473	C	1474	B	1475	C	1476	D	1477	B	1478	E	1479	E	1480	A
1481	C	1482	A	1483	B	1484	A	1485	A	1486	B	1487	D	1488	C	1489	E	1490	A
1491	A	1492	D	1493	D	1494	B	1495	D	1496	E	1497	B	1498	B	1499	D	1500	B

parte quinta

LOGICA E CULTURA GENERALE

Quesiti di logica

1501 "Non è sbagliato evitare di rinunciare a non violare la legge pur non avendo dubbi sull'impossibilità di essere colti in flagrante". Qual è il corretto significato della precedente affermazione?

- A Non si deve violare la legge, in ogni caso
- B Si può scegliere se violare o meno la legge, a seconda della probabilità di essere colti in flagrante
- C Non si deve violare la legge perché si è sicuri di essere colti in flagrante
- D Si può violare la legge, in quanto si è sicuri di non essere colti in flagrante
- E A volte è possibile violare la legge

1502 Se l'affermazione "tutti i piloti sono persone colte" è FALSA, quale delle seguenti proposizioni è necessariamente vera?

- A I piloti leggono poco
- B Almeno un pilota è colto
- C Almeno un pilota non è una persona colta
- D Nessun pilota è una persona colta
- E Almeno una persona colta è un pilota

1503 "Marco ama i dolci; chi è magro non ama i dolci; chi è attivo è magro". Se le precedenti affermazioni sono vere, allora è certamente FALSO che:

- A Marco non è magro
- B le persone che amano i dolci non sono magre
- C le persone attive non amano i dolci
- D non tutte le persone magre sono attive
- E Marco è attivo

1504 Individuare il numero mancante.

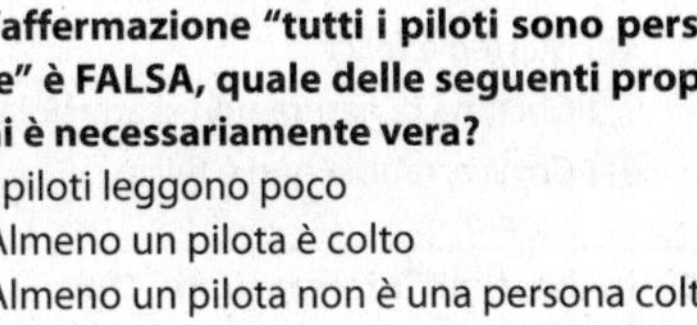

- A 3
- B 4
- C 26
- D 7
- E 9

1505 Se in una certa zona la piovosità è di 360 millimetri all'anno, quanto piove mediamente in due anni e 5 mesi?

- A 970 millimetri
- B 570 millimetri
- C 870 millimetri
- D 1050 millimetri
- E 270 millimetri

1506 Il valore di un'automobile diminuisce del 20% ogni anno. Dopo 3 anni qual è il valore dell'automobile in percentuale, rispetto al valore iniziale?

- A 40%
- B 48,8%
- C 46,7%
- D 59,5%
- E 51,2%

1507 Quattro amici, Stefano, Alessandro, Mauro e Diego, decidono di correre un percorso di 32 km dividendolo tra loro in quattro frazioni della medesima lunghezza. Stefano, primo frazionista, corre la sua porzione di strada a una velocità costante di 4 km/h, la stessa fatta registrare dall'ultimo dei quattro, Diego. Alessandro e Mauro, dal canto loro, riescono a mantenere una velocità costante che è pari al doppio di quella mantenuta da Stefano e Diego. Quanto tempo impiegano complessivamente i quattro amici a coprire l'intera distanza?

- A 420 minuti
- B 240 minuti
- C 360 minuti
- D 300 minuti
- E 480 minuti

1508 Quali tra i termini proposti completano correttamente la seguente proporzione logica?

396457 : 174235 = X : Y

- A X = 856873; Y = 734651
- B X = 235476; Y = 457698
- C X = 224567; Y = 113456
- D X = 564372; Y = 654238
- E X = 458693; Y = 236471

1509 Mario legge 30 pagine al giorno più di Christian che, a sua volta, ne legge un terzo più di Ernesto. Sapendo che Ernesto legge 60 pagine al giorno, qual è il numero minimo di giorni necessari ai tre amici insieme per leggere tutto il materiale di una ricerca per cui è necessario leggere complessivamente 1.000 pagine?

A 10 giorni
B 4 giorni
C 5 giorni
D 8 giorni
E 6 giorni

1510 Individuare il numero che completa correttamente la serie:

6, 12, 9, 8, 12, 4, ?

A 14
B 12
C 16
D 15
E 8

1511 Completare correttamente la seguente frase. Nonostante fosse una persona solitamente..., il suo intervento al convegno era stato molto...

A brillante - ascoltato
B timido – sommesso
C erudita – attento
D intelligente – critico
E leale – scorretto

1512 Individuare tra le alternative quella che contiene un'inesattezza rispetto a:
Passeri Carla, Via Enrico Martini 6/A, Crema (CR)
Carbone Daniela, Piazza Roma 16, Isola Di Capo Rizzuto (KR)
Oppido Antonio, Via Saffo 17, Crotone (KR)

A Carbone Daniela, Piazza Roma 16, Isola Di Capo Rizzuto (KR)
B Oppido Antonio, Via Saffo 17, Crotone (KR)
C Passeri Carla, Via Enrico Martini 6/A, Crema (CR)
D Carbone Daniela, Piazza Roma 16, Isola Di Capo Rizzuto (CR)
E Oppido Antonio, Via Saffo 17, Crotone (KR)

1513 Se A >B e B = C, quale delle seguenti relazioni è vera ?

A $A < C$
B $A \leq C$
C $A \geq C$
D $A = C$
E $A > C$

1514 "Affinché l'atleta vinca le Olimpiadi, occorre che si alleni tutto l'anno". Se l'affermazione precedente è vera, quale delle seguenti deve essere vera?

A Se l'atleta si allena tutto l'anno, allora vince le Olimpiadi
B È sufficiente che l'atleta si alleni tutto l'anno perché vinca le Olimpiadi
C Se l'atleta non ha vinto le Olimpiadi, allora non si è allenato tutto l'anno
D Se l'atleta non si allena tutto l'anno, non vince le Olimpiadi
E Allenarsi tutto l'anno è condizione necessaria e sufficiente affinché l'atleta vinca le Olimpiadi

1515 "Tutti coloro che amano la natura sono felici; Matteo ama la natura; chi è felice non si arrabbia mai". Se le precedenti informazioni sono corrette, quale delle seguenti affermazioni NON rappresenta una conclusione corretta?

A Chi è felice ama la natura
B Matteo non si arrabbia mai
C Matteo è felice
D Chi ama la natura non si arrabbia mai
E Chi si arrabbia non è felice

1516 In base all'informazione "tutti i pappagalli brasiliani sono loquaci", quale delle seguenti affermazioni è necessariamente vera?

A La loquacità è la caratteristica più apprezzata dei pappagalli brasiliani
B Non esistono pappagalli brasiliani taciturni
C I pappagalli più loquaci sono quelli brasiliani
D È impossibile negare che esista almeno un pappagallo brasiliano taciturno
E Solo i pappagalli brasiliani sono loquaci

1517 "Solo se conservati nel congelatore, i surgelati non si deteriorano". In base alla precedente affermazione, quale delle seguenti NON è necessariamente vera?

A La conservazione nel congelatore è necessaria affinché i surgelati non si deteriorino
B Se non conservati nel congelatore, i surgelati si deteriorano
C I surgelati deteriorati non sono stati conservati nel congelatore
D I surgelati non deteriorati sono stati conservati nel congelatore
E Condizione necessaria perché i surgelati non si deteriorino è che vengano conservati nel congelatore

1518 "Per poter continuare a giocare a pallavolo, Carlo deve risolvere il problema alla schiena". Se la precedente affermazione è vera, allora NON è certamente vero che:

A se Carlo risolve il problema alla schiena allora può certamente continuare a giocare a pallavolo
B per Carlo è condizione necessaria risolvere il problema alla schiena per continuare a giocare a pallavolo
C risolvere il problema alla schiena non è condizione sufficiente per Carlo per poter continuare a giocare a pallavolo
D se non risolve il problema alla schiena, Carlo non può continuare a giocare a pallavolo
E se Carlo ha potuto continuare a giocare a pallavolo è perché ha risolto il problema alla schiena

1519 Un tale compra un oggetto a 300 Euro, lo vende a 310 Euro, lo ricompra a 320 Euro, ed infine lo rivende a 330 Euro. Quanto ha guadagnato?

A 0 Euro
B 10 Euro
C 20 Euro
D 30 Euro
E 300 Euro

1520 I gatti bianchi mangiano di più dei cani bianchi. I gatti neri mangiano di più dei gatti bianchi. I gatti neri mangiano meno dei cani neri. Quale di questi è l'animale domestico che vi costerebbe di meno per il vitto?

A I cani bianchi
B I gatti bianchi
C I gatti neri
D I cani neri
E non è possibile rispondere

1521 "Solamente dopo il lavaggio si può stirare la camicia". Se la precedente informazione è corretta, quale delle seguenti affermazioni NON rappresenta una conclusione corretta?

A Se la camicia è stata stirata allora è stata lavata
B Se la camicia non è stata lavata allora non può essere stirata
C Se la camicia è stata lavata allora può essere stirata
D Se la camicia non è stata stirata allora non è stata lavata
E Condizione necessaria per poter stirare la camicia è che la camicia sia stata lavata

1522 Alla finale di una gara di sci di fondo la classifica dal 1° al 7° posto è la seguente: Aldo, Fausto, Ilaria, Gaia, Beatrice, Claudio, Enrico. Cinque di questi sette ragazzi usano la tecnica "di pattinaggio" e si sa che ad usare la tecnica "di pattinaggio" sono tre tra i primi quattro classificati e tre tra gli ultimi quattro classificati. Si può essere certi che a usare la tecnica "di pattinaggio" è:

A Ilaria
B Claudio
C Gaia
D Fausto
E Nessuna delle altre alternative proposte è corretta

1523 Se l'affermazione "tutti i libri di fantascienza sono avvincenti" è FALSA, quale delle seguenti proposizioni è necessariamente vera?

A Qualche libro di fantascienza non è avvincente
B Almeno un libro di fantascienza è avvincente
C Almeno un libro di fantascienza non è avvincente
D Nessun libro di fantascienza è avvincente
E Tutti i libri avvincenti sono libri di fantascienza

1524 "Angela è più grassa di Maria ma più magra di Chiara, la quale a sua volta è più grassa di Sara ma più magra di Lina". Se le precedenti affermazioni sono vere, quale delle seguenti è certamente vera?

A Lina è più grassa di Angela
B Sara è più grassa di Angela
C Maria è più grassa di Sara
D Sara è più grassa di Maria
E Angela è più grassa di Sara

1525 Tra le alternative proposte, scegliere quella che completa correttamente la frase «non ... la tua festa per nulla al mondo; ci saremo sicuramente!».

A Perdettimo
B Perdemmo
C Perdessimo
D Perderemmo
E Avessimo perso

1526 Vocabolario sta a traduttore come X sta a Y.

A X = elefanti, Y = Annibale
B X = appetito, Y = ristorante
C X = francobollo, Y = lettera
D X = cartina, Y = guida
E X = giornali, Y = edicolante

LOGICA E CULTURA GENERALE

1527 Indicare quale dei seguenti termini può essere considerato parte della serie GONFIO, ESAGERATO, MAGNILOQUENTE, ENFATICO, ...

A UMILE
B CONCISO
C STRINGATO
D DIFETTOSO
E DECLAMATORIO

1528 Data la serie numerica:

2, 23, 44, 65, 86...

il numero successivo sarà:

A 102
B 108
C 107
D 109
E 97

1529 I presidenti di due squadre di calcio, il dottor Rossi ed il commendator Bianchi, chiacchierano delle proprie squadre. Il dottor Rossi si vanta: "Indicami un giocatore della tua squadra, ed io ne troverò, nella mia, uno piu` veloce". Supponendo che il dottor Rossi dica la verità, si può concludere con certezza che:

A per ogni giocatore della squadra del dottor Rossi c'è un giocatore più lento nella squadra del commendator Bianchi
B nella squadra del dottor Rossi c'è un giocatore che è più veloce di ogni giocatore della squadra del commendator Bianchi
C tutti i giocatori della squadra del dottor Rossi sono più veloci di un qualunque giocatore della squadra del commendator Bianchi
D nella squadra del commendator Bianchi c'é un giocatore più lento di ogni giocatore della squadra del dottor Rossi
E nella squadra del dottor Rossi nessun giocatore è lento

1530 Quale delle seguenti parole, scritta su un vetro e letta da dietro, è una parola italiana?

A AMOR
B OSSA
C ESSA
D OTIT
E ELOS

1531 Quali, tra i termini proposti, completano correttamente la seguente proporzione verbale?

Metodico : sistematico = X : Y

A X = preciso; Y = complessivo
B X = pianura; Y = piatto
C X = ulna; Y = radio
D X = improvvisato; Y = moderato
E X = chiuso; Y = serrato

1532 Sapreste ricostruire, dalle seguenti informazioni, la disposizione dei sei libri menzionati in esse?

(1) Il vocabolario si trova a destra del libro di poesie, ma non a fianco.
(2) Il romanzo è posto a fianco sia del giallo che del libro di storia.
(3) Il libro di racconti si trova ad una estremità e a fianco del vocabolario.
(4 Tra il libro di poesie e il giallo compaiono due libri.

A Poesie, Storia, Romanzo, Giallo, Vocabolario, Racconti
B Racconti, Poesie, Giallo, Romanzo, Storia, Vocabolario
C Poesie, Giallo, Romanzo, Storia, Vocabolario, Racconti
D Poesie, Giallo, Storia, Romanzo, Vocabolario, Racconti
E Giallo, Storia, Poesie, Romanzo, Vocabolario, Racconti

1533 Il piccolo Giorgio sta giocando con 256 tessere di legno colorato, tutte a forma di triangolo equilatero e aventi le stesse dimensioni. Ha costruito con tutte le tessere, affiancandole, un grande triangolo equilatero; qual è il rapporto tra il lato del triangolo ottenuto e quello di ciascuna tessera?

A 10:1
B 20:1
C 16:1
D 15:1
E 14:1

1534 Osservando le lancette di un suo orologio, Ernesto nota che esso ha accumulato esattamente un'ora di ritardo in tre giorni esatti. Tra quanto tempo, a partire da questo istante, l'orologio segnerà di nuovo l'ora esatta, se continuerà a funzionare con lo stesso ritmo?

A 36 giorni
B 72 giorni
C 33 giorni
D 48 giorni
E 24 giorni

1535 Un uomo ha l'età doppia di suo figlio, ed il prodotto delle loro età è 20 volte la somma delle loro età. Che età ha il padre?

A 40 anni
B 50 anni
C 60 anni
D 70 anni
E 80 anni

QUESITI DI LOGICA

1536 Un aereo parte da Parigi per New York nello stesso istante in cui un altro aereo parte da New York per Parigi. I due velivoli percorrono la stessa rotta in direzioni opposte e il primo mantiene una velocità media doppia rispetto al secondo. Quando i due aerei si incontreranno, quale dei due sarà più distante da Parigi?

A Per i due aerei la distanza da Parigi sarà la stessa
B L'aereo partito da Parigi
C L'aereo partito da New York
D Dipende dall'orario di partenza
E I dati sono insufficienti per rispondere

1537 Si consideri un numero di tre cifre dove la cifra delle decine è uguale alla somma di quella delle centinaia con quella delle unità. Se si somma il numero di tre cifre con quello ottenuto scambiando la cifra delle unità con quella delle centinaia e si divide il risultato per la somma delle cifre del numero dato, si ottiene un numero:

A maggiore di 50 ma minore di 100
B minore di 50
C che dipende dal numero di partenza
D uguale a 50
E maggiore di 100

1538 "Luigi sarà rilassato se e solo se si concederà una vacanza". In base alla precedente affermazione, quale delle seguenti NON è necessariamente vera?

A È necessario che Luigi si conceda una vacanza per essere rilassato
B Se Luigi non sarà rilassato, vuol dire che non si sarà concesso una vacanza
C Se Luigi non si concederà una vacanza, non potrà essere rilassato
D Anche se Luigi si concederà una vacanza, potrà non essere rilassato
E È sufficiente che Luigi si conceda una vacanza per essere rilassato

1539 "Nessun amante della musica ama la pittura; tutti gli scultori amano la pittura; tutti gli amanti della musica sono persone allegre". Se le precedenti affermazioni sono vere, allora è certamente vero che:

A nessuno scultore è una persona allegra
B nessun amante della pittura è una persona allegra
C chi ama la pittura ama anche la musica
D non è detto che alcuni amanti della musica non siano scultori
E non è detto che alcuni amanti della pittura non siano persone allegre

1540 ASe:
@ + @ + @ = ß - ¥ + @ + @
ß = 3
@ = ¥
allora ¥ è uguale a:

A 3/2
B -3/2
C -1
D -3/2
E 2/3

1541 Completare correttamente la seguente successione numerica:
27; 81; 69; 207; 195; 585; ?; ?

A 1.719; 572
B 573; 1.721
C 572; 1.724
D 573; 1.719
E 572; 572

1542 Quattro amici (Paolo, Marco, Carlo e Franco) si sfidano a un torneo di tennis. Ognuno dei quattro gioca due partite con ognuno degli altri tre. Per ogni vittoria sono assegnati 2 punti e per ogni sconfitta 0 punti (non esiste il pareggio). Se alla fine del torneo si hanno le seguenti informazioni:

	Punti ottenuti	Numero di sconfitte subite
Paolo	6	
Marco		2
Carlo		
Franco		3

Chi ha vinto il torneo?

A Carlo
B Marco
C Paolo
D Franco
E È impossibile stabilirlo con i dati in possesso

1543 Si vuole sapere quanti studenti di un corso universitario hanno ricevuto un voto minore della media in una sessione d'esame. Si hanno le seguenti due informazioni: (A) il punteggio medio è stato 25,6 (B) 135 studenti hanno sostenuto l'esame nella sessione. Quale delle seguenti affermazioni è corretta?

A L'informazione (A) è sufficiente
B L'informazione (B) è sufficiente
C È necessario conoscere il numero di docenti presenti all'esame
D La coppia di informazioni è sufficiente
E La coppia di informazioni non è sufficiente

1544 **Una strada lunga 102 metri ha in totale 36 platani posti su entrambi i lati. Sapendo che i platani sono tra loro equidistanti, a quale distanza è posto un platano dall'altro?**

A 2 metri
B 3 metri
C 6 metri
D Circa 2,8 metri
E Circa 5,7 metri

1545 **Lungo la fascia di frontiera tra due nazioni si sente parlare in due sole lingue. C'è un paese nel quale il 60% degli abitanti parla la lingua A e l'80% parla la lingua B. Quale percentuale parla entrambe le lingue?**

A 60%
B 40%
C 70%
D 20%
E I dati non sono sufficienti per rispondere

1546 **Se AGRESTE sta a RURALE allora è corretto che RAFFINATO stia a....**

A SUPPONENTE
B VILLANO
C DISTINTO
D BUCOLICO
E CAMPESTRE

1547 **Giovanni entra in camera da letto al buio, per non svegliare sua moglie Luisa. Nel suo cassetto vi sono 7 paia di calze indistinguibili al tatto, di cui quattro paia blu e tre paia grigie. Quella mattina gli va bene uno qualsiasi dei due colori. Qual è il numero minimo di calze che deve prendere per essere sicuro di averne almeno due dello stesso colore?**

A 3
B 7
C 2
D 4
E 13

1548 **"Non è vero che Maria non è bassa" ha lo stesso significato di:**

A Maria è tozza
B Maria è bassa
C è falso che Maria è bassa
D Maria è alta
E Maria non è bassa

1549 **Una chitarra ha sempre:**

A sonaglio
B corde
C chiave
D plettro
E amplificatore

1550 **Se cinque muratori costruiscono un muro di cinta lungo 5 metri in un quarto d'ora, quanti muratori sarebbero teoricamente necessari per costruirne uno della stessa altezza e della stessa larghezza, ma lungo 50 metri, in 9.000 secondi?**

A 5
B 10
C 12
D 15
E 7

1551 **A è una quantità minore di B, e B è maggiore o uguale a C. Quale delle seguenti affermazioni è sempre vera?**

A A è minore di C
B A è uguale a C
C A è minore o uguale a C
D Non si può stabilire una relazione tra A e C sempre valida
E A è maggiore o uguale a C

1552 **In uno stagno c'è una una ninfea. Questa ninfea si riproduce raddoppiando ogni giorno la propria estensione. Se la ninfea impiega 20 giorni per ricoprire tutto lo stagno, quanti giorni impiega per ricoprirne la metà?**

A 2
B 3
C 4
D 16
E 19

1553 **Se TAP significa cifra (singola) divisibile per 5, TUP significa cifra (singola) divisibile per 3 e TOP significa cifra (singola) divisibile per 2, allora con quale scrittura può essere espresso il numero 92?**

A TOP TOP
B TOP TAP
C TUP TOP
D TUP TAP
E TUP TUP

1554 **Tutti i miei amici hanno la patente. Alcuni di essi non hanno la macchina. Questo significa che:**

A i miei amici non hanno la macchina
B alcuni miei amici non hanno la patente ma hanno la macchina
C alcuni miei amici non hanno la macchina e neppure la patente
D tutti i miei amici hanno la patente e la macchina
E alcuni miei amici, pur essendo patentati, non hanno la machina

QUESITI DI LOGICA

1555 Se tutti gli uomini hanno la barba e tutti i militari sono uomini, quale affermazione fra le seguenti è vera?

A Tutti i militari hanno la barba
B Tutti gli uomini non hanno la barba
C Tutti gli uomini fanno il servizio militare
D Solo i militari portano la barba
E Tutti i militari non hanno la barba

1556 Inserisci la parola mancante tra parentesi:
Topolino [lira] radio
Automobile [...] violino

A viola
B bivio
C mobile
D lino
E moviola

1557 Individuare il numero mancante.

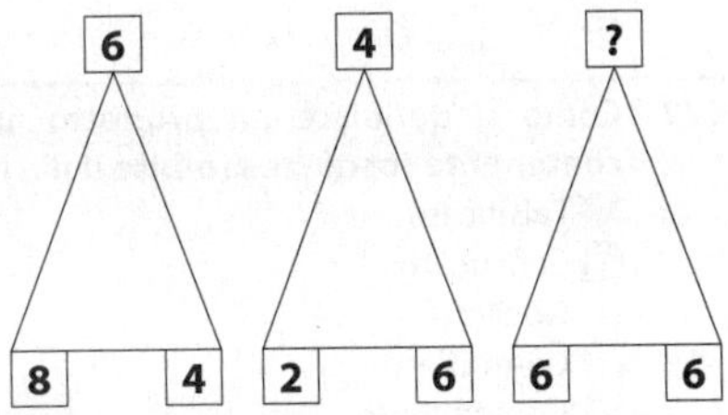

A 5
B 4
C 6
D 3
E 8

1558 Individua il titolo da scartare:

A La pioggia nel pineto
B Soldati
C La capra
D Alba chiara
E L'infinito

1559 Indicare la parola da scartare.

A Cheratina
B Albumina
C Collagene
D Clorofilla
E Emoglobina

1560 Mauro compra un computer a 200 euro, lo vende a 210 euro, lo ricompra a 220 euro, e infine lo rivende a 230 euro. Quanto ha guadagnato?

A 0 euro
B 10 euro
C 20 euro
D 30 euro
E 15 euro

1561 In una scuola milanese gli studenti studiano l'inglese e/o il francese. Il 70% studia l'inglese e il 60% studia il francese. Quale percentuale di studenti studia entrambe le lingue?

A 65%
B 10%
C 30%
D 40%
E i dati del problema sono insufficienti per rispondere

1562 Indicare in quale delle seguenti alternative viene rispettata la regola di alternanza "vocale-consonante".

A opapekatapekatppekat
B opapekatuqpekat
C poapekatapekatupekat
D opapekataupekat
E opapekatapekatupekat

1563 Delle seguenti 4 affermazioni, quale affermazione è vera se una sola delle 4 affermazioni è vera?
Affermazione A: L'affermazione B è vera;
Affermazione B: L'affermazione C è vera;
Affermazione C: L'affermazione A è vera;
Affermazione D: L'affermazione B è falsa.

A Affermazione A
B Affermazione B
C Affermazione C
D Affermazione D
E Nessuna delle quattro può essere vera

1564 La somma di tre numeri è 1000. Il primo è due terzi del secondo e il secondo è tre quinti del terzo. I tre numeri sono:

A 200; 300; 500
B 200; 200; 600
C 200; 400; 400
D 500; 200; 300
E 150; 350; 500

LOGICA E CULTURA GENERALE

1565 Individuare la città da scartare.

A Roma

B Parigi

C Berlino

D Bratislava

E Ottawa

1566 Inserire l'unica parola che completa la prima e forma l'inizio della seconda: o[...]no

A lio

B pia

C ste

D tre

E dio

1567 ESe:

$ + 2 · £ + @ = 4 £

$ = £

@ = 3

allora £ è uguale a:

A 4

B 5

C 6

D 2

E 3

1568 Indicare la parola da scartare.

A Serpente

B Coniglio

C Gnu

D Pipistrello

E Balena

1569 Il piccolo Alessio sta giocando con 529 tessere di legno colorato, tutte a forma di triangolo equilatero e aventi le stesse dimensioni. Costruisce con tutte le tessere, affiancandole, un grande triangolo equilatero. Considerando il lato di ogni tessera come unità di misura u, quanto vale il perimetro del triangolo ottenuto?

A 12 u

B 46 u

C 23 u

D 69 u

E 72 u

1570 Si consideri un numero di tre cifre dove la cifra delle centinaia è uguale alla somma di quella delle decine con quella delle unità. Se si somma questo numero con quello ottenuto scambiando la cifra delle decine con quella delle unità e si divide il risultato per la somma delle cifre del numero dato, si ottiene un numero:

A 105,5

B 110,5

C 100,5

D 155,0

E che dipende dal numero di partenza

1571 La recinzione di un vigneto prevede che si piantino pali a distanza di 6 m l'uno dall'altro. Quanti pali in più sono necessari per recintare un vigneto quadrato di area quadrupla rispetto a un altro vigneto quadrato che ha il perimetro pari a 120 m?

A 80

B 40

C 20

D 60

E 32

1572 Come si definisce un prodotto alimentare contenente sostanze proibite dalla legge?

A Falsificato

B Sofisticato

C Nocivo

D Contraffatto

E Contaminato

1573 Se si riduce l'altezza di un rettangolo del 20% e si incrementa la base del 20%, allora l'area del nuovo rettangolo rispetto all'area del rettangolo iniziale risulta essere:

A diminuita del 40%

B invariata

C diminuita del 4%

D aumentata del 20%

E aumentata del 10%

1574 Una bandierina di segnalazione emerge da un tratto di mare. L'asta rigida della bandierina è incernierata al fondale e, quando è verticale, la bandiera svetta 10 cm sopra il pelo dell'acqua. Quando il vento fa inclinare l'asta, la bandierina tocca l'acqua a 40 cm di distanza dalla verticale. A quale profondità è incernierata l'asta?

A 30

B 50 cm

C 80 cm

D 40 cm

E 75 cm

1575 "Tutti i nuotatori olimpionici hanno spalle larghe. Nessun tennista è un nuotatore olimpionico".

1) **Qualche tennista potrebbe avere le spalle larghe**
2) **Nessun tennista ha le spalle larghe**
3) **Solo i nuotatori hanno spalle larghe**
4) **Non è escluso che alcuni tennisti sappiano nuotare**

In base alle proposizioni virgolettate, quale alternativa indica, tra le precedenti affermazioni, quelle certamente vere?

A 1 - 4
B 2 - 3
C 4 - 3
D 2 - 1
E 4 - 2

1576 Se 15 donne su 100 sono bionde, quante donne su 300 non sono bionde?

A 45
B 255
C 85
D 285
E Non si può sapere

1577 Completare correttamente la seguente successione:

?; ?; 32; 29; 24; 21; 16; 13; 8

A 37; 35
B 40; 39
C 40; 37
D 38; 40
E 37; 39

1578 Se Enrico ha la stessa età di Antonio e quest'ultimo è maggiore di Giuseppe, figlio di Enrico, Antonio potrebbe essere:

A il fratello di Giuseppe
B il fratello maggiore di Enrico
C il nonno paterno di Giuseppe
D il fratello gemello di Enrico
E nessuna delle persone precedenti

1579 Se un uomo impiega 15 minuti per mangiare 4 uova, quanto impiegherà per mangiare il doppio della metà di una dozzina d'uova più 4 uova?

A 1 ora
B 30 minuti
C 2 ore
D 180 minuti
E 37,5 minuti

1580 Un istituto di ricerca ha sondato le opinioni di un campione di italiani sulle loro abitudini relativamente allo shopping. Ecco ciò che è emerso: la convinzione che la qualità si paga è diffusa presso i consumatori, che sono disposti a spendere di più per quei prodotti a cui attribuiscono valore in termini di fattura, confezionamento, uso delle materie prime e così via. Si spiega dunque perché i consumatori spendono grandi cifre per acquistare prodotti firmati delle grandi case di moda italiane e internazionali.

Su quale supposizione implicita si basa il brano precedente?

A Quando si acquista un capo firmato si paga il nome prima ancora che la qualità
B Le materie prime utilizzate dalle grandi case di moda sono le stesse utilizzate da marchi meno prestigiosi
C I comportamenti reali dei consumatori differiscono sempre da quelli dichiarati nei sondaggi
D I prodotti delle grandi firme della moda sono prodotti di qualità
E Le abitudini di acquisto degli italiani sono assimilabili a quelle degli altri consumatori europei

1581 Un gioco ha le seguenti regole: se un numero è divisibile per 3 vale 5 punti; se è divisibile per 4 vale 3 punti. In base a tali regole, quale dei seguenti numeri vale di più?

A 33
B 22
C 4
D 44
E 28

1582 Individuare quale delle seguenti frasi contiene un errore:

A in relazione all'assemblea svoltasi nello scorso mese verrà distribuita ai dipendenti una relazione sintetica
B se avessi visto anche tu sua sorella te ne saresti sicuramente innamorato
C continuando di questo passo diventerai dottore in meno di tre anni
D se avessi saputo attendere avessi avuto quello che volevi
E se uno studente non si applica, verrà bocciato

LOGICA E CULTURA GENERALE

1583 Abbinare correttamente le seguenti espressioni con la definizione delle figure retoriche in esse contenute.

1. **Il maestro furibondo ci invitò a uscire.**
2. **Tacerò i tuoi difetti, la tua avarizia, la tua iracondia, e penserò alle tue virtù.**
3. **Parlo di colui la cui astuzia fece cadere Troia.**
4. **Quel pugile è una roccia.**

a) **eufemismo**
b) **preterizione**
c) **metafora**
d) **perifrasi**

A 1-d, 2-b; 3-c; 4-a
B 1-a, 2-b; 3-d; 4-c
C 1-a, 2-c; 3-d; 4-b
D 1-c, 2-d; 3-a; 4-b
E 1-c, 2-d; 3-b; 4-a

1584 Per trasportare la propria bicicletta sul treno bisogna pagare 3,50 euro. I tesserati della FIAB hanno diritto ad una tessera che permette di portare la bici sul treno per 12 mesi ad un prezzo di 42 euro. La tessera costa 18 euro. Facendo 100 viaggi l'anno sul treno, un tesserato della FIAB quanto può risparmiare?

A 200 euro
B 290 euro
C 302 euro
D 180 euro
E 280 euro

1585 Individuare, attraverso un ragionamento analogico, i termini che completano correttamente la seguente proporzione:

Raffaello : X = Botticelli : Y

A X = Roma; Y = Torino
B X = Torino; Y = Firenze
C X = Firenze; Y = Firenze
D X = Urbino; Y= Firenze
E X = Roma; Y = Firenze

1586 Completare correttamente la seguente frase. Poiché il nemico aveva reputazione di lanciarsi in attacchi improvvisi, stavamo ... all'erta.

A occasionalmente
B costantemente
C evidentemente
D frequentemente
E inevitabilmente

1587 "Non è sbagliato evitare di rinunciare a non violare la legge pur non avendo dubbi sull'impossibilità di essere colti in flagrante". Qual è il corretto significato della precedente affermazione?

A Conviene in ogni caso non farsi cogliere in flagrante reato
B Si può scegliere se violare o meno la legge, a seconda della probabilità di essere colti in flagrante
C Si può violare la legge, in quanto si è sicuri di non essere colti in flagrante
D Non si deve violare la legge, in ogni caso
E Non si deve violare la legge perché si è sicuri di essere colti in flagrante

1588 Luca ha frequentato i 4/5 del corso di informatica. Sapendo che lo ha frequentato per 84 ore, per quante ore ancora frequenterà il corso?

A 105
B 16 e 48 minuti
C 35
D 18
E 21

1589 Immagina su un tavolo una carta da gioco coperta e la seguente serie di 5 carte scoperte: 1 di picche; 3 di fiori; 4 di cuori; 6 di cuori; 7 di fiori. Scegli tra le seguenti quale possa essere, su basi logiche, l'unica carta coperta:

A 9 di fiori
B 9 di picche
C 5 di cuori
D 8 di quadri
E 8 di picche

1590 Determinare quale delle seguenti situazioni è NON compatibile con l'affermazione: "per superare questo test è necessario, ma non sufficiente, conoscere la matematica e non arrivare in ritardo".

A Massimo non conosce la matematica, arriva puntuale, e supera il test
B Carlo conosce la matematica, arriva puntuale, e supera il test
C Riccardo conosce la matematica, arriva puntuale, e non supera il test
D Mimma non conosce la matematica, arriva in orario, e non supera il test
E Letizia arriva puntuale e non supera il test

1591 Un'asta di metallo lunga 1 metro è sospesa per il suo centro. A 40 cm dall'estremità sinistra è agganciato un peso di 45 kg, mentre all'estremità opposta è agganciato un peso di 9 kg. Cosa è necessario fare per equilibrare l'asta e mantenerla in posizione orizzontale?

A Aggiungere, al peso agganciato a sinistra, un ulteriore peso di 9 kg
B Aggiungere, al peso agganciato a destra, un ulteriore peso di 45 kg
C Nulla, l'asta è già in equilibrio
D Aggiungere, al peso agganciato a destra, un ulteriore peso di 9 kg
E Aggiungere, al peso agganciato a sinistra, un ulteriore peso di 45 kg

1592 A un ricevimento partecipano 100 persone. Fra di esse almeno una è donna. Se prendo a caso due persone, tra di esse vi sarà sempre almeno un uomo. Quanti sono gli uomini?

A 50
B 77
C 90
D 88
E 99

1593 Indicare la parola da scartare.

A Lago d'Orta
B Lago Maggiore
C Lago di Como
D Lago di Garda
E Lago d'Iseo

1594 Marco è un atleta bravo quanto Mario. Mario è più bravo della media degli atleti. Questo significa che:

A Mario è più bravo di Marco
B Marco è più bravo di Mario
C Marco non è inferiore alla media degli atleti
D Mario è sotto la media
E Marco è il migliore fra gli atleti

Leggere il brano seguente e rispondere alla relativa domanda

L'isola di Creta è in una posizione geografica particolarmente favorevole: allungandosi da Ovest a Est, è un ponte naturale dal Peloponneso all'Asia Minore. Il suo carattere prevalentemente montuoso consente lo sfruttamento del suolo soltanto in piccole zone: la fascia costiera Canea, la pianura di Eraclion, dove sorge Cnosso, la pianura orientale costiera dove c'è Zakros e la pianura di Mesarà, nella quale si trovano Festos e Haghia Triada. La disposizione stessa dei palazzi al centro delle aree pianeggianti mostra subito quale fosse la loro principale funzione: la raccolta dei prodotti agricoli e la loro ridistribuzione. Nel neolitico, con la trasformazione dell'uomo da cacciatore in agricoltore, il passaggio dall'insediamento più antico, in grotta, allo stanziamento all'aperto è molto probabilmente legato allo sviluppo dell'agricoltura. Dei primi insediamenti all'aperto, presumibilmente capanne di paglia e fango, non sono rimaste tracce. Le più antiche strutture risalgono al sub-neolitico/Minoico Antico I e testimoniano, pur nella loro semplicità, un'abitazione legata all'agricoltura. La pianta di una casa di Magasà (circa 2800 a.C.) presenta un ingresso che si affaccia su di un vestibolo usato forse come magazzino, da dove si passa in un'unica stanza. Questa struttura racchiude in sé i due elementi tipici dell'architettura minoica.

1595 Su quale dei seguenti argomenti non sono fornite informazioni dal testo?

A La morfologia dell'isola di Creta
B L'uso del territorio in epoca minoica
C Il passaggio dal Paleolitico al Neolitico
D La topografia dell'edilizia privata
E La topografia dell'edilizia pubblica

1596 Un chimico mescola l'argento con l'oro così che per 10 grammi di lega vi sono 90% d'oro puro e 10% di argento. Un giorno aggiunge altro argento fino ad ottenere una lega ancora meno pura. Se l'orefice era partito con 10 grammi di lega fatta per il 90% di oro puro e il 10% di argento, quanto argento ha dovuto aggiungere per arrivare ad una lega con il 50% di argento?

A 8 grammi
B 6 grammi
C 22 grammi
D 50 grammi
E 10 grammi

1597 Un esperimento consiste nel lanciare due dadi. Quante sono le combinazioni possibili la cui somma è 10?

A 1
B 2
C 3
D 4
E 5

Leggere il testo del problema e rispondere alla relativa domanda.

Marco ha quattro fratelli: Andrea, Cesare, Donato e Biagio. Ognuno è sposato con una delle quattro sorelle di Elena, la moglie di Marco, e che sono Nausica, Lucia, Alma e Maria. Si sa inoltre che:

- Marco è più grande di Biagio;
- Cesare è più piccolo solo di Andrea;
- Davide, il più piccolo dei cinque fratelli, ha sposato Nausica;
- Alma ha sposato il fratello immediatamente precedente al più giovane dei cinque.

1598 Quale delle seguenti affermazioni è certamente vera?

A Maria è la moglie di Andrea
B Alma non è la moglie di Cesare
C Andrea è il marito di Lucia
D Cesare è il marito di Maria
E Maria e Biagio sono sposati tra loro

1599 Giovanni è stato assunto da due anni in una casa editrice e lavora tutti i giorni al suo computer correggendo i testi degli autori in modo sempre più preciso e puntuale.
Dalla precedente affermazione si deduce che:

A i testi che arrivano a Giovanni sono sempre pieni di errori
B Giovanni è un informatico
C a Giovanni piace il proprio lavoro
D Giovanni con il tempo ha affinato le sue competenze lavorative
E Giovanni è uno scrittore

1600 Quali, tra i termini proposti, completano correttamente la seguente proporzione?
Impoverire : X = assolvere : Y

A X = rovinare; Y = trascurare
B X = depauperare; Y = esentare
C X = arricchire; Y = liberare
D X = rimpinguare; Y = liberare
E X = sfruttare; Y = punire

1601 In una di queste coppie i due termini NON si possono unire come nelle altre:

A scritto, mano
B filo, acido
C mente, triste
D fucile, mano
E piede, marcia

1602 Individuare il termine anomalo.

A Poliglotta
B Polimorto
C Politico
D Politecnico
E Politeismo

1603 Se Antonio pesa 70 kg e Giuseppe pesa 65 kg:

A Antonio è più alto di Giuseppe
B è molto probabile che Antonio e Giuseppe abbiano la stessa altezza
C Antonio e Giuseppe hanno certamente altezze diverse
D le altezze dei due sono proporzionali al loro peso
E tutte le risposte precedenti sono errate

1604 Se in una gara di staffetta 4x100 Luigi parte prima di Giuseppe, Marco parte prima di Giuseppe, Cesare parte prima di Giuseppe e Luigi parte prima di Cesare :

A Luigi è il primo a partire
B Giuseppe non parte per ultimo
C Marco è il secondo a partire
D Cesare è il terzo a partire
E Non si sa chi parte per primo

1605 Tra le alternative proposte, scegliere quella che completa correttamente la frase «saremmo molto contenti se qualcuno di voi ... alle nostre domande».

A Rispondesse
B Rispondeva
C Risponderebbe
D Ebbe risposto
E Avrebbe risposto

1606 "Giuseppe promette al figlio Antonio che, se verrà promosso con al più due debiti forativi, gli regalerà un weekend a Rimini". In quale dei seguenti casi si è certi che Giuseppe NON mantiene la promessa?

A Antonio riceve in regalo dal padre un weekend a Rimini prima di conoscere l'esito degli scrutini di fine anno
B Antonio non è promosso e non riceve alcun regalo dal padre
C Antonio è promosso con un debito formativo e non riceve alcun regalo dal padre
D Antonio viene promosso con tre debiti formativi e non riceve alcun regalo dal padre
E Antonio viene respinto e riceve in regalo dal padre un weekend a Rimini

1607 Una somma di denaro deve essere divisa tra tre persone; alla prima spettano i 2/3 della somma, alla seconda spetta 1/5 di quanto spetta alla terza. Se alla seconda spettano 100 euro, a quanti euro ammonta la somma?

A 9000
B 1800
C 1500
D 4500
E 4000

QUESITI DI LOGICA

1608 Indicare quale dei seguenti termini può essere considerato parte della serie LITIGARE, BISTICCIARE, CONTENDERE, CONTRASTARE, ...

A RICONCILIARSI
B ACCORDARSI
C PALESARE
D DISPUTARE
E FRATERNIZZARE

1609 Indica quale delle interpretazioni è coerente con il testo del grande fisico Max Born: "Se Dio ha fatto del mondo un meccanismo perfetto, ha per lo meno fatto questa concessione al nostro intelletto imperfetto: che al fine di predire piccole porzioni di esso, non dobbiamo risolvere innumerevoli equazioni differenziali, ma possiamo usare i dadi con un certo successo".

A Dio non gioca a dadi
B Il mondo è simile ad un orologio
C L'uomo, a causa dell'imperfezione del suo intelletto, non riesce a capire il mondo
D Dio ha creato un mondo dove c'è spazio per la contingenza
E Dio ha creato un mondo buono che l'uomo ha reso cattivo

1610 Se AFFIGGERE sta a ATTACCARE allora è corretto che STACCARE stia a....

A DISTACCARE
B ADERIRE
C FORARE
D APPENDERE
E CONFICCARE

1611 Daniela possiede 9 timbri apparentemente identici, uno dei quali è però più pesante degli altri. Avendo a disposizione una bilancia a due piatti, quante pesate saranno sufficienti per essere certi di individuarlo?

A 4
B 2
C 3
D 5
E 6

1612 Davide ha 6 candele apparentemente identiche, una delle quali è però più pesante delle altre. Avendo a disposizione una bilancia a due piatti, quante pesate saranno sufficienti per essere certi di individuarla?

A 4
B 5
C 3
D 2
E 1

1613 In un torneo di calcio a quattro squadre con 3 punti per la vittoria, 1 punto per il pareggio e 0 punti per la sconfitta, la prima classificata, dopo tre incontri, ha totalizzato 7 punti perché:

A non ha mai perso
B ha subito una sola sconfitta
C ha pareggiato 2 volte
D ha sempre vinto
E ha perso solo una volta

1614 Cinque persone si inviano messaggi con il telefono cellulare. Ciascuno invia un messaggio a tutti gli altri. Quanti sono i messaggi inviati in totale?

A 5
B 25
C 20
D 10
E 18

1615 Se ALACRE sta a OPEROSO allora è corretto che INERTE stia a....

A INFATICABILE
B REATTIVO
C ALTERO
D ATTIVO
E INDOLENTE

1616 Individuare la figura mancante.

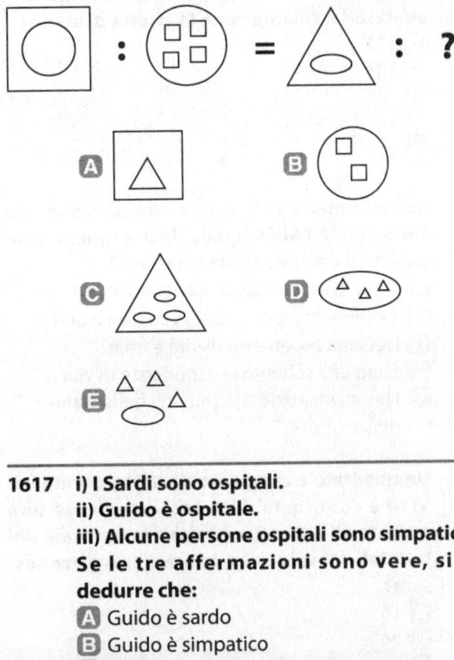

1617 i) I Sardi sono ospitali.
ii) Guido è ospitale.
iii) Alcune persone ospitali sono simpatiche.
Se le tre affermazioni sono vere, si può dedurre che:

A Guido è sardo
B Guido è simpatico
C Non si può dire se Guido sia o meno simpatico
D I sardi sono tutti simpatici
E solo chi è simpatico può essere sardo

1618 Giacomo, Giorgio e Samuele sono tre amici, ciascuno di quali fa due diversi mestieri fra i seguenti: autista, muratore, musicista, pittore, giardiniere e barbiere. Considerando che: (1) l'autista esaspera il musicista ridendo di lui; (2) il musicista ed il giardiniere sono soliti andare a pesca con Samuele; (3) l'autista è innamorato della sorella del pittore; (4) Giacomo deve al giardiniere una somma di denaro; (5) Il pittore ha comprato della vernice per conto del muratore; (6) Giocando a carte Giorgio ha vinto sia con Giacomo che con il pittore; è possibile conoscere i due mestieri svolti da ciascuno dei tre uomini ?

A Giacomo: musicista e giardiniere, Giorgio: autista e muratore, Samuele: pittore e barbiereSamuele
B Giacomo: musicista e muratore, Giorgio: autista e giardiniere, : pittore e barbiere
C Giacomo: pittore e muratore, Giorgio: autista e giardiniere, Samuele: musicista e barbiere
D Giacomo: musicista e muratore, Giorgio: autista e barbiere, Samuele: pittore e giardiniere
E Giacomo: musicista e pittore, Giorgio: muratore e giardiniere, Samuele: autista e barbiere

1619 Undici giocatori di una squadra di calcio sono invitati dall'arbitro, prima della partita, a stringere la mano degli undici della squadra avversaria. Quante sono le strette di mano?

A 121
B 101
C 77
D 55
E 45

1620 Se l'affermazione "tutte le esperienze di vita sono utili" è FALSA, quale delle seguenti proposizioni è necessariamente vera?

A Tutte le esperienze di vita sono inutili
B Almeno un'esperienza di vita non è utile
C Nessuna esperienza di vita è utile
D Sono utili soltanto le esperienze di vita
E I buoni maestri sono più utili delle esperienze di vita

1621 Un quadrato è composto da 4 file, ognuna di esse è composta da 4 tessere messe una accanto all'altra. Qual è il numero totale dei lati delle tessere che toccano un'altra tessera?

A 16
B 24
C 36
D 48
E 64

1622 Individuare il numero che completa correttamente la serie:

11, 17, 14, 20, 18, 24, ?

A 15
B 21
C 26
D 23
E 27

1623 Individuare la parola che completa correttamente la serie:

impavido - timoroso; costante - ?

A coraggioso
B triste
C volubile
D sereno
E leale

1624 Se animale = 14, anima = 10, ghiaia = 12, ghiaccio = ?

A 16
B 8
C 14
D 18
E 12

1625 Un fruttivendolo ha venduto 200 mele in settembre e 270 in ottobre. A quanto ammonta l'incremento percentuale delle vendite da un mese all'altro?

A 55%
B 70%
C 40%
D 27%
E 35%

1626 Nel 1980 l'URSS produsse 600 milioni di tonnellate di petrolio e nel 1986 lo stesso Paese produsse 615 milioni di tonnellate. Quale fu l'incremento percentuale tra le due quantità prodotte?

A 3%
B 2,5%
C 1,5%
D 15%
E 25%

1627 Trova l'elemento che non è coerente con gli altri

A Petrarca
B Rubens
C Montale
D Ariosto
E Callimaco

QUESITI DI LOGICA

Leggere il testo e rispondere alla relativa domanda.

Per classificazione si intende un processo di assegnazione di un individuo (evento), descritto da un insieme di parametri (features), ad una famiglia (classe) attraverso una regola di decisione. Si noti come anche il processo di rivelazione possa essere ricondotto a tale definizione. Vi sono però alcune importanti differenze. Anzitutto la rivelazione opera una classificazione in due sole classi, quella costituita dall'evento (in presenza di rumore) e quella costituita dal non evento (rumore in senso lato). Essa non interviene, né deve farlo, in merito alle caratteristiche dei diversi tipi di eventi. La maggior essenzialità della rivelazione porta alla conseguenza che essa abitualmente si basi su di una sola variabile (che si è chiamata manifestazione), mentre la classificazione è un processo multivariato. Tali differenze quantitative ne sottintendono spesso anche una qualitativa. La classificazione opera su eventi rivelati, presuppone cioè che l'informazione sia stata parcellizzata (sincronizzata, nel caso frequente di segnali temporali) in elementi omogenei.

(C. Marchesi, *Tecniche numeriche per l'elaborazione dei segnali biomedici*, Bologna, Pitagora Editrice, 1992, p 227) .

1628 In questo brano vengono date diverse definizioni; quale fra le seguenti definizioni non è contenuta nel brano?

A La manifestazione è la variabile singola sufficiente per realizzare la rivelazione
B La rivelazione costituisce un caso particolarmente semplice di classificazione
C La classificazione di segnali temporali richiede una preventiva sincronizzazione
D Si dice classificazione il processo decisionale di attribuire un individuo ad una classe
E Un metodo di classificazione si definisce multivariato se si basa sulla manifestazione

1629 Se 4 dietisti elaborano 5 diete in 3 ore, quanti dietisti sarebbero teoricamente necessari per elaborarne 10 in 10.800 secondi?

A 5
B 15
C 4
D 10
E 8

1630 Una banda musicale marcia formando un quadrato di 6 × 6 elementi. Arrivata in piazza, di dispone su 3 file, formando un rettangolo, per suonare. Di quanti elementi è composta ciascuna fila?

A 6
B 9
C 12
D 16
E 24

1631 "Anna è laureata in lingue orientali; alcuni laureati in lingue orientali non hanno intenzione di lavorare in Italia; solo le persone che hanno intenzione di lavorare in Italia sono coraggiose". Se le precedenti affermazioni sono vere, allora è certamente vero che:

A Anna non è coraggiosa
B tutti i laureati in lingue orientali non sono persone coraggiose
C Anna potrebbe avere intenzione di lavorare in Italia ma non essere una persona coraggiosa
D se ha intenzione di lavorare in Italia, Anna è sicuramente una persona coraggiosa
E solo i laureati in lingue orientali non hanno intenzione di lavorare in Italia

1632 Date le relazioni sotto riportate, individuare il valore di ❍.

❑³ = 27

❑³ + ✱ – ❤ + ❍ = 90

✱ – ❤ = 28

A ❍ = 5
B ❍ = 15
C ❍ = 35
D ❍ = 20
E Nessuna delle precedenti

1633 Lanciando un dado sono possibili 6 risultati (faccia verso l'alto con 1 o 2 o 3 o 4 o 5 o 6), che costituiscono l'insieme A; l'insieme B è costituito da tutti i 36 risultati possibili lanciando una coppia di dadi, tenendo conto che il risultato del lancio di un dado della coppia è indipendente dal risultato del lancio dell'altro dado. L'intersezione dei due insiemi [A ... B] è costituita:

A dall'insieme A con i sei risultati possibili
B dall'insieme costituito dai sei risultati possibili lanciando un dado (insieme A) e dai 36 possibili risultati lanciando due dadi (insieme B)
C dall'insieme vuoto, perché l'insieme A e l'insieme B non hanno elementi comuni
D dall'insieme costituito da 2, 3, 4, 5 e 6
E dall'insieme vuoto, perché lanciare un dado dà risultati indipendenti dal lancio dell'altro

1634 Stai partecipando ad una gara ciclistica. Ad un certo punto superi il terzo, in quale posizione ti trovi?

A primo
B secondo
C terzo
D quarto
E nessuna delle risposte precedenti

LOGICA E CULTURA GENERALE

Questo brano è seguito da sei quesiti riguardanti il suo contenuto. Per ciascun quesito, il candidato deve scegliere, tra le alternative proposte, quella che ritiene corretta (una sola è corretta). Tale scelta deve essere operata soltanto in base alle informazioni contenute (esplicitamente o implicitamente) nel brano e non in base a quanto il candidato eventualmente conosca sull'argomento.

All'inizio del Settecento, con la morte di Carlo II di Spagna e con il pericolo di un'egemonia dei Borboni, l'equilibrio europeo si rompe e si fronteggiano due gruppi di potenze: Austria, Inghilterra, Olanda da una parte, Francia e Spagna dall'altra. La morte dell'imperatore Giuseppe I capovolge la situazione ed è perciò necessario giungere alla pace tra Inghilterra, Francia e Austria. La Francia è ormai in crisi e la vera vincitrice di questi conflitti solo apparentemente dinastici è l'Inghilterra, che si assume per qualche decennio il ruolo di suprema moderatrice del difficile e complesso gioco degli equilibri, in cui poco alla volta entrano con peso crescente due nuove potenze, la Russia e la Prussia. Nel lungo periodo di pace che l'Europa gode verso la metà del secolo raggiunge il culmine la potenza che l'Inghilterra è in grado di esercitare con il dominio dei mari e con la conseguente supremazia politica ed economica, ma soprattutto con il suo grandioso sviluppo scientifico, culturale e letterario. La pubblica opinione di quel Paese dà la misura e l'esempio di una moderna società civile che ha il suo fulcro nella borghesia e nel ceto dirigente che essa esprime in tutti i sensi e in tutti i campi. Lo stesso fenomeno di emancipazione dei ceti borghesi delle "caste" e degli "ordini chiusi" tradizionali si sviluppa successivamente anche in Francia e, più lentamente, in Germania e in Russia. La borghesia mercantile e intellettuale incontra talora l'approvazione di certa aristocrazia e ottiene l'appoggio di alcuni sovrani: l'ancien régime comincia a sgretolarsi. Il pensiero si articola sui nuovi modelli forniti dallo scientismo, dal razionalismo, dal laicismo e dall'individualismo, che saranno i fondamenti dell'Illuminismo, la più grande svolta filosofica, politica e sociale del mondo moderno. Il primo impulso verrà dalla riflessione di Locke e dalla ricerca di Newton, ma l'approfondimento e la divulgazione del nuovo modo di pensare è tutta opera francese. L'esigenza di rinnovamento nell'ambito della società europea provoca l'alleanza tra le classi più avanzate e i sovrani illuminati, mentre in Francia il "partito dei filosofi" formula più precise rivendicazioni di libertà politica. Intanto in Inghilterra la rivoluzione industriale, segnando il passaggio dal capitalismo mercantile al grande capitalismo moderno, produce il triste fenomeno del proletariato e fa crollare l'ipotesi della collaborazione tra le classi. La rivoluzione è ormai alle porte: dall'America passerà ben presto alla Francia e diventerà un problema europeo. La letteratura di questo periodo è tra le più ricche di fermenti e di suggestioni: riflette la vivacissima situazione della società contemporanea e vi si immerge con l'empito della partecipazione. Il Settecento fu un secolo prosastico con interessi filosofici, sociali, politici, economici, in una parola di solidarietà umana e di rinnovamento civile e sociale. Voci diverse si scontrano e pur nella diversità dei toni e delle impostazioni collaborano alla fondazione della rsocietà moderna. Secolo per eccellenza razionale, il Settecento conobbe infatti anche il fascino della commozione sentimentale, del languore e dell'abbandono alla voce del cuore: e questa, anticipatrice della avanzata sensibilità romantica, è anch'essa pienamente settecentesca e, a suo modo, rivoluzionaria.

1635 Qual è il significato del termine "empito" nelle prime righe del secondo capoverso del brano?

- A Riempimento
- B Ausilio
- C Coraggio
- D Compito
- E Forza travolgente

1636 Quale delle seguenti rappresenta verosimilmente l'opinione dell'autore del brano?

- A La rivoluzione industriale si è realizzata nel tempo senza soluzione di continuità
- B I movimenti filosofici e culturali extraeuropei sono alla base dello sviluppo socio-economico dell'Europa
- C L'Illuminismo è stato determinato dal dispotismo illuminato dei sovrani
- D Storia, economia, filosofia e letteratura sono inscindibilmente connesse
- E Il Settecento non è che l'anticipazione della sensibilità romantica

1637 Secondo quanto riportato nel brano, l'Inghilterra nel Settecento:

- A firma la pace con Olanda e Austria
- B è sede di un intenso fermento culturale
- C è artefice della divulgazione di un nuovo modo di pensare
- D si allea con le nuove potenze in campo: Russia e Prussia
- E è ancora generalmente divisa in caste e in ordini chiusi

1638 Lo scopo dell'autore del brano è di:

- A illustrare le motivazioni alla base della Rivoluzione industriale
- B delineare il contesto storico che ha dato vita all'Illuminismo
- C dare un giudizio sulla letteratura settecentesca
- D dipingere una pagina della storia culturale francese
- E dimostrare il legame tra filosofia e storia

1639 Secondo il brano, la morte dell'imperatore Giuseppe I:

A permette alla Russia di diventare una grande potenza
B precipita la Francia in una grave crisi
C lascia l'Inghilterra libera di dominare i mari
D porta alla pace tra Austria, Francia e Inghilterra
E mostra il rischio di un'egemonia dei Borboni

1640 Secondo quanto riportato nel brano, verso la metà del Settecento l'Inghilterra raggiunge il culmine della sua potenza soprattutto tramite:

A la sua straripante forza militare
B il legame tra le varie classi sociali
C l'alleanza instaurata con Francia e Austria
D lo sviluppo scientifico, culturale e letterario
E l'alleanza tra classi avanzate e despoti illuminati

1641 Se uno studente è contemporaneamente il 5° miglior studente ed il 5° peggior studente della sua classe, da quanti studenti è composta la classe?

A 5
B 6
C 7
D 9
E 10

1642 Individuare tra le alternative quella che contiene un'inesattezza rispetto a:
Resmini Nicola, Via Manzoni 3, Lurano (BG)
Gianneramo Camilla, Via Guglielmo Marconi 8, L'Aquila (AQ)
Lutz Barbara, Via Guncina 25/A, Bolzano (BZ)

A Remini Nicola, Via Manzoni 3, Lurano (BG)
B Lutz Barbara, Via Guncina 25/A, Bolzano (BZ)
C Gianneramo Camilla, Via Guglielmo Marconi 8, L'Aquila (AQ)
D Resmini Nicola, Via Manzoni 3, Lurano (BG)
E Lutz Barbara, Via Guncina 25/A, Bolzano (BZ)

1643 In un momento di difficoltà economica l'utile X della ditta Delta diminuisce del 40%. Trascorso il periodo di difficoltà, la ditta Delta registra un aumento del proprio utile del 40%. Si può concludere che l'utile finale Y è:

A in ogni caso pari a zero
B minore di X
C maggiore di X
D uguale a X
E nessuna delle altre alternative è corretta

1644 Se grotta = 12, fauna = 10, terreno = 14, alluvione = ?

A 22
B 16
C 18
D 20
E 12

1645 Data la serie numerica: 8, 15, 20, 27, 32, 39, 44,.... quale dovrebbe essere il numero successivo?

A 51
B 52
C 49
D 48
E 47

1646 Tra le alternative proposte, scegliere quella che completa correttamente la frase «credo che nessuno dei presenti ... in grado di tenere testa a Elio».

A Ebbe
B Ebbe stato
C Sarebbe stato
D Avrebbe stato
E Saranno stati

1647 Se una scarpa pesa 200 grammi, un ombrello pesa come una pipa più una scarpa, cinque pipe pesano come un ombrello più una scarpa e un casco pesa come un ombrello più una pipa, quanto pesa il casco?

A 100 grammi
B 200 grammi
C 300 grammi
D 400 grammi
E 500 grammi

1648 Completare correttamente la seguente successione, utilizzando l'alfabeto italiano:

C; 3; G; 4; O; 7; S; 11; ?; ?

A G; 20
B D; 23
C B; 19
D A; 18
E B; 18

1649 Quali tra i termini proposti completano correttamente la seguente proporzione?

Cosmopolita : internazionale = X : Y

A X = poliglotta; Y = lingua
B X = città; Y = regione
C X = destituito; Y = esonerato
D X = residente; Y = municipio
E X = traduttore; Y = lingua

LOGICA E CULTURA GENERALE

1650 **"Non è incorretto non negare che non lo puoi scrivere".**
La precedente affermazione è equivalente a:

- A devi negare che lo puoi scrivere
- B lo devi scrivere
- C non scriverlo sarebbe un delitto
- D non lo puoi scrivere
- E non lo puoi non scrivere

1651 **Completare correttamente la seguente successione numerica:**

11; 20; 18; ?; 25; 12; ?; 8

- A 14; 28
- B 16; 32
- C 31; 13
- D 32; 8
- E 27; 8

1652 **Due bambine, Sara e Romina, hanno in totale 24 caramelle e decidono di sfidarsi in una gara di indovinelli: per ogni risposta sbagliata il pegno sarà una caramella. Dopo 4 risposte errate date da Romina, Sara ha il doppio delle caramelle rispetto all'amichetta. All'inizio della gara quante caramelle aveva ogni bambina?**

- A 18 e 6
- B 8 e 16
- C 12 e 12
- D 10 e 14
- E 11 e 13

1653 **"Tutti coloro che hanno un diploma possono partecipare alla selezione. Filippo è un veterinario. Tutti i veterinari hanno un diploma". Se le precedenti informazioni sono corrette, quale delle seguenti affermazioni NON rappresenta una conclusione corretta?**

- A Ogni diplomato può partecipare alla selezione
- B Filippo ha un diploma
- C Chi non può partecipare alla selezione non può essere un veterinario
- D Vi sono diplomati, che non sono veterinari, che possono partecipare alla selezione
- E Coloro che possono partecipare alla selezione sono veterinari

1654 **... sta a bisturi come contadino sta...**

- A mucca – campo
- B chirurgo – terra
- C patata – terra
- D chirurgo – aratro
- E malattia – terra

1655 **"Se mi alzo dal letto prima delle 6 del mattino, allora faccio la colazione con calma". Se la precedente argomentazione è vera, allora è necessariamente vero che:**

- A se faccio la colazione di fretta significa che mi sono alzato dal letto prima delle 6 del mattino
- B se faccio la colazione di fretta significa che mi sono alzato dal letto non prima delle 6 del mattino
- C se faccio la colazione con calma allora mi sono alzato prima delle 6 del mattino
- D se mi alzo dal letto con calma, allora faccio la colazione prima delle 6 del mattino
- E faccio la colazione con calma se e solo se mi alzo dal letto prima delle 6 del mattino

1656 **Se ALLEGARE sta a ACCLUDERE allora è corretto che ESCLUDERE stia a....**

- A AMMETTERE
- B APPORTARE
- C ADDURRE
- D PROTRARRE
- E TOGLIERE

1657 **Rispetto al 2006, nel 2007 il numero di abitanti del Paese di Bengodi è rimasto invariato. Contemporaneamente, tuttavia, il flusso migratorio verso il Paese di Bengodi, già di notevoli proporzioni, ha registrato un aumento del 100%, mentre le emigrazioni all'estero sono risultate pressoché costanti. Quale delle seguenti conclusioni può essere ragionevolmente dedotta dalle informazioni precedenti?**

- A Il flusso immigratorio nel Paese di Bengodi, pur essendo raddoppiato, non è così rilevante
- B Nel 2007 il numero di emigrati dal Paese di Bengodi è pari al numero di immigrati nel Paese
- C Il flusso immigratorio nel Paese di Bengodi è il più alto del mondo
- D Nel corso del 2007 il numero di nuovi nati nel Paese di Bengodi è stato inferiore a quello dei decessi
- E Nel corso del 2007 il numero di nuovi nati nel Paese di Bengodi è stato di gran lunga superiore a quello dei decessi

1658 **Lanciando tre dadi qual è la probabilità di ottenere due 5 e un numero diverso da 5?**

- A 15/36
- B 15/216
- C 216/15
- D 5/36
- E 6/25

QUESITI DI LOGICA

Leggere il brano seguente e rispondere alla relativa domanda

Negli ultimi 15-20 anni gli studiosi di mammiferi ...1... hanno rivolto la massima attenzione ai metodi di comunicazione tra le balene. Questi cetacei comunicano per mezzo di suoni, benché gli organi di cui dispongono per emetterli non siano ...2...: questi animali non possiedono infatti corde vocali. Si pensa che i suoni emessi siano importanti per la comunicazione ...3... e sessuale; mantengono anche in contatto reciproco gli individui in branchi aperti, e forse segnalano i pericoli. Una situazione ...4... è stata descritta in una specie di lupo nordamericano: gli individui stanno per lunghi periodi a una distanza di chilometri l'uno dall'altro, ma si mantengono in contatto mediante ...5... richiami.

1659 Nel brano precedente sono sottintese e numerate 5 parole. Qui di seguito sono indicati i loro contrari. Associare al numero di riferimento all'interno del brano la lettera corrispondente al contrario della parola sottintesa.

Riferimento N. 1

- A ignoti
- B terrestri
- C asociale
- D differente
- E uniformi

1660 Un completo da uomo costava 816 euro e con i saldi il suo prezzo attuale è pari ai 9/17 del prezzo iniziale. A quanto ammonta lo sconto applicato?

- A 225 euro
- B 459 euro
- C 336 euro
- D 384 euro
- E 432 euro

1661 Un uomo ha l'età doppia di suo figlio, ed il prodotto delle loro età è 20 volte la somma delle loro età. Che età ha il figlio?

- A 10 anni
- B 15 anni
- C 20 anni
- D 30 anni
- E 40 anni

1662 Se una cellula si divide in due cellule a ogni ciclo, dopo quanti cicli ci saranno almeno 30 cellule partendo da 1 cellula?

- A 5
- B 4
- C 6
- D 3
- E 2

Leggere il brano seguente e rispondere alla relativa domanda

"Durante la guerra qualcuno tentò di convincere un grande scienziato olandese che il potere veniva prima del diritto nella storia dell'uomo. – Non so confutare l'esattezza della vostra affermazione – egli rispose – ma so che non mi importerebbe di vivere in un tale mondo –. Dobbiamo pensare, sentire e agire come quest'uomo, rifiutandoci di accettare dei compromessi fatali!". (A. Einstein)

1663 Quale delle seguenti deduzioni È AUTORIZZATA dal testo proposto?

- A Einstein è in grado di dimostrare che la giustizia è il risultato di imposizioni a cui l'umanità si è adattata
- B Einstein è in grado di dimostrare che la giustizia non è il risultato di imposizioni a cui l'umanità si è adattata
- C Einstein ritiene che lo scienziato non si possa sottrarre al compromesso con il potere sotto cui si opera, qualunque esso sia
- D Einstein è in grado di dimostrare che esiste un diritto naturale, da cui procede la giustizia
- E Einstein ritiene che talvolta si debba rifiutare ogni compromesso con il potere, anche quando qualunque forma di resistenza sembri destinata allo scacco

1664 Completare correttamente la seguente successione numerica:
25; 75; 63; 189; 177; 531; ?; ?

- A 1.557; 518
- B 518; 1.562
- C 519; 1.557
- D 519; 1.559
- E 514; 1028

1665 Qual è la velocità di un camion che percorre un tragitto di 60 Km in 1 h e 40 min?

- A 25 Km/h
- B 50 Km/h
- C 41 Km/h
- D 48 Km/h
- E 36 Km/h

1666 Andando a Civitavecchia, ho incrociato 2 vecchiette. Ogni vecchietta portava due borsette. In ogni borsetta v'erano 2 ovette. Quante ovette e quante vecchiette andavano a Civitavecchia?

- A 2 e 2
- B 4 e 2
- C 8 e 2
- D 0 e 0
- E Nessuna delle risposte precedenti

Questo brano è seguito da sette quesiti, la cui soluzione deve essere individuata solo in base alle informazioni contenute (esplicitamente o implicitamente) nel brano e non in base a quanto il candidato eventualmente conosca sull'argomento.

La biologia è scienza e in quanto tale è l'espressione di un'attitudine essenziale dell'umanità, quella di cercare, di scoprire, di andare sempre più avanti. La scienza simboleggia lo spirito che ha spinto il progresso durante i millenni e che è incarnato via. In tutti i casi c'è stata un'osservazione acuta, un'estrapolazione audace, un adattamento ingegnoso della tecnologia esistente. E poi la nuova conquista incorporata in nuove tecnologie, in nuove applicazioni e in conoscenze che formano la base della nostra filosofia del mondo e della vita. E chi è lo scienziato? Non è un dio o un mago: è l'uomo. Qualunque uomo è uno scienziato; quel che può fare dipende dalle circostanze. Nel progresso della ricerca, nel fare le scoperte, sono tre i fattori importanti: le conoscenze precedenti, un'osservazione acuta e, quasi sempre, qualche elemento accidentale. Questa triade si può riconoscere nella scoperta della penicillina da parte di Fleming, che aprì un importante campo di ricerca, quello degli antibiotici. Fleming studiava certi batteri che faceva crescere su scatole di vetro in cui c'era uno strato di agar nutritivo e che lì producevano piccole colonie dorate. Un giorno notò una grossa chiazza di color grigiastro che copriva buona parte dello strato nutritivo. Era un contaminante, un fungo microscopico derivante dall'aria, che avrebbe dovuto rovinare l'esperimento.Ma invece Fleming notò che nelle vicinanze di quel contaminante non c'erano le solite chiazze dorate. Molti altri ricercatori forse non l'avrebbero nemmeno notato. Lui, al contrario, pensò che il fungo producesse una sostanza che impediva ai batteri di crescere, e ne riconobbe la possibile importanza medica. Di lì venne la penicillina, dal nome del fungo contaminante. Che il fattore caso debba essere importante è chiaro, perché allo stato attuale della biologia una scoperta non può essere prevedibile soltanto sulla base delle conoscenze precedenti, altrimenti non sarebbe una scoperta. Ma per fare una scoperta è essenziale il fattore uomo, perché l'importanza di un'osservazione occasionale, come quella di Fleming, può essere riconosciuta solo da una mente attenta, preparata e aperta a concetti nuovi, a nuove sfide. Un fattore essenziale per il progresso della biologia e della scienza in generale è l'interazione della ricerca con la società. Infatti quest'ultima è responsabile della formazione dello scienziato e della sua possibilità di lavorare nel campo che gli interessa, procurandogli I mezzi per portare avanti la ricerca e soprattutto preparando l'ambiente in cui si deve sviluppare il suo lavoro. L'ambiente in cui si svolge la ricerca ha infatti un'importanza fondamentale per il suo successo. Ciò si deduce dall'osservazione che le scoperte più importanti avvengono solo in certi Paesi, in certe città, in certe università. Se si considerano i premi Nobel come il paradigma di coloro che fanno le scoperte più riconosciute, si vede che essi non sono distribuiti a caso nel mondo, ma sono concentrati solo in alcuni laboratori. Non solo: si possono anche riconoscere dei veri e propri alberi genealogici dei premi Nobel. Generalmente un maestro di grande statura produce allievi anch'essi di grande statura e anch'egli proviene da un maestro di grande distinzione. Queste genealogie esistono perché i maestri costituiscono l'ambiente adatto, mantenendo laboratori di alta attività e produzione scientifica, dove si affrontano problemi nuovi ed eccitanti con grande rigore, usando concetti e tecnologie nuove.

1667 Il brano è di carattere:

- A storico
- B biografico
- C didascalico
- D polemico
- E umoristico

1668 Secondo l'autore, la distribuzione non casuale dei premi Nobel nel mondo dimostra che:

- A senza un'adeguata preparazione scolastica è impossibile vincere un premio Nobel che non sia quello per la Pace
- B la probabilità di vincere il premio Nobel dipende dalla situazione familiare del ricercatore
- C per l'assegnazione dei premi Nobel conta essere raccomandati
- D l'ambiente di lavoro influenza il successo di una ricerca
- E i Paesi più poveri vengono sfruttati dalla ricerca mondiale che, pur utilizzandone le materie prime, non riconosce alcun valore alle scoperte fatte nei Paesi meno sviluppati

1669 Quale potrebbe essere un titolo appropriato al brano?

- A *Fleming: genio per caso*
- B *Le condizioni che favoriscono la ricerca scientifica*
- C *Breve storia dei premi Nobel*
- D *Fleming e la penicillina*
- E *La biologia: scienza o effetto del caso?*

1670 Nel brano si sottolinea che per la scoperta di Fleming fu decisivo, in particolare, il ruolo:

- A dell'osservazione occasionale
- B delle conoscenze precedenti
- C delle nuove tecnologie
- D del fattore caso
- E del fattore uomo

1671 Nel brano si sostiene che l'interazione della ricerca con la società è:

- A importante solo in certi Paesi
- B alla base del progresso della società
- C fondamentale per il progresso scientifico
- D ininfluente per il progresso scientifico
- E fondamentale solo per il progresso della biologia

QUESITI DI LOGICA

1672 L'osservazione di Fleming, cruciale per la scoperta della penicillina, fu che:

A le colonie batteriche erano di colore dorato
B le chiazze grigie non ricoprivano tutto lo strato nutritivo
C le chiazze di muffa erano grigie
D accanto alla chiazza grigiastra non c'erano più colonie batteriche
E sullo strato nutritivo c'erano chiazze di muffa

1673 Secondo quanto sostenuto nel brano, la penicillina:

A prende il nome da un fungo color grigiastro
B stesa su uno strato di agar produce chiazze color oro
C dimostra che la biologia è una scienza
D è stata scoperta casualmente da allievi di Fleming che portarono avanti il suo lavoro
E era già nota ai tempi di Fleming ma non era utilizzata a scopo medico

1674 Il doppio di X è pari alla metà di Y.
(1) X è un numero minore di Y.
(2) Y + X è un numero compreso tra 5 e 20.
Quanto vale X?

A Non vi sono dati sufficienti per individuare una soluzione univoca
B I dati sufficienti per rispondere si trovano solo nella (2) ma non nella (1)
C I dati sufficienti per rispondere si trovano solo nella (1) ma non nella (2)
D Nessuna delle altre alternative è corretta
E I dati sufficienti per rispondere si trovano nella (1) e nella (2) prese insieme

1675 In un ateneo, degli studenti iscritti, il 62% è di sesso maschile, il 36% è fuori corso ed il 9% è lavoratore. Quale delle seguenti affermazioni è necessariamente vera?

A C'è almeno una studentessa lavoratrice
B C'è almeno uno studente di sesso maschile fuori corso
C Non ci sono studenti lavoratori che non siano fuori corso
D C'è almeno una studentessa in corso e non lavoratrice
E C'è almeno uno studente di sesso maschile che non è né lavoratore né fuori corso

1676 "Se non piove allora ti aspetto a casa". Se la precedente affermazione è vera, allora è vero che:

A piove sempre quando non ti aspetto
B se ti aspetto a casa allora non piove
C se non ti aspetto a casa è perché piove
D solo se non piove ti aspetto a casa
E se piove non ti aspetto a casa

Leggere il brano seguente e rispondere alla relativa domanda

"Sono un ... solo che lavora, e tutte le settimane aspetto la domenica. Non dico che questo ... mi piaccia, ma faccio festa come tutti perché un ... ci vuole. Una volta, quando ero ancora ..., pensai che, se avessi lavorato anche la domenica, sarei diventato uomo più presto degli altri, e mi feci dare la chiave dell'officina. Tutte le macchine erano ferme, ma io preparavo il ... del lunedì in poco tempo, e poi giravo nello stanzone vuoto tendendo l'orecchio e godendomela". (Pavese, *Ferie d'Agosto*)

1677 Dal testo sono state espunte 5 parole elencate qui sotto in diversa successione: indicare la serie che risponde alle esigenze logiche del testo:

A uomo, riposo, lavoro, ragazzo, giorno
B ragazzo, giorno, lavoro, uomo, riposo
C ragazzo, riposo, lavoro, uomo, giorno
D uomo, giorno, riposo, ragazzo, lavoro
E uomo, lavoro, riposo, ragazzo, giorno

1678 Individuare il numero mancante.

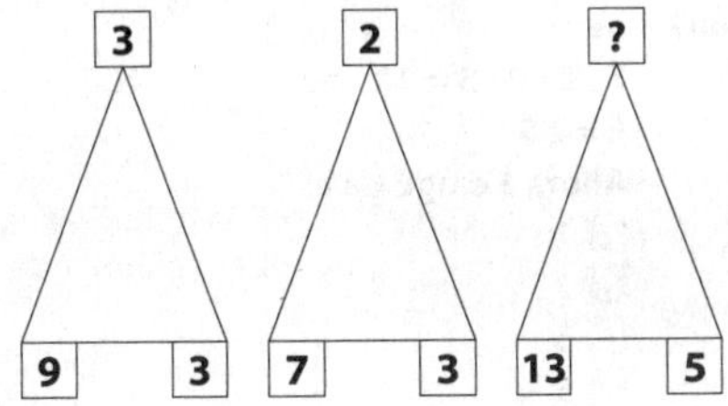

A 1
B 4
C 7
D 8
E 9

1679 Un chimico studiando una soluzione, constatò che se si tingeva di verde, allora in essa era presente, sodio, opppure potassio, oppure ferro; constatò inoltre che, sempre se si tingeva di verde, se c'era sodio, c'era anche bromo oppure cloro, e che, se c'era potassio, c'era anche jodio. Quale di queste situazioni si può verificare?

A la soluzione contiene solo sodio e diventa verde
B la soluzione contiene solo jodio e diventa verde
C la soluzione contiene solo potassio e diventa verde
D la soluzione contiene sodio e bromo, e diventa verde
E La soluzione contiene potassio, ferro e sodio e si tinge di verde

LOGICA E CULTURA GENERALE

1680 Come completare nella misura idonea il seguente periodo?
"In molti annunci pubblicitari sono inseriti messaggi subliminali per incrementare le vendite. Annunci luminosi e colorati possono attirare molte persone; stimoli uditivi (suoni, canzoni) possono richiamarne altre. Alla base di questi stimoli sensoriali vi è lo scopo di ...":

A fare un annuncio elegante
B richiamarsi alla sensibilità uditiva
C stimolare anche il subconscio
D aumentare l'audience
E aumentare la lunghezza del messaggio commerciale

1681 Completare la seguente serie numerica:
11, 7, 22, 21, 44, ?, ?, 189, 176

A 42; 88
B 63; 88
C 35; 77
D 63; 66
E 28; 55

1682 Se:
$7 \cdot £ - 3 \cdot \$ = 22$
$£ = 2\,\$$
Allora \$ è uguale a:

A 1
B 2
C 3
D 5
E 7

1683 Completare correttamente la seguente successione numerica: ?; 17; 34; 29; 17; 34; ?

A 17; 34
B 34; 34
C 29; 17
D 34; 29
E 29; 29

1684 "Solamente dopo la firma si può chiudere il contratto". Se la precedente informazione è corretta, quale delle seguenti affermazioni NON rappresenta una conclusione corretta?

A Se il contratto è stato firmato allora può essere chiuso
B Se il contratto è stato chiuso allora è stato firmato
C Se il contratto non è stato firmato allora non può essere chiuso
D Anche se il contratto è stato firmato, potrebbe non essere chiuso
E Se il contratto non è stato chiuso allora non è stato firmato

1685 Si leggano le seguenti affermazioni. Tutti i ragazzi solitari amano leggere libri. Francesco è silenzioso.
Tutte le persone silenziose amano leggere libri. Se le precedenti affermazioni sono vere, quale delle
seguenti alternative è necessariamente vera?

A Tutte le persone silenziose sono solitarie
B Francesco ama leggere libri
C Tutte le persone solitarie sono silenziose
D Francesco è un ragazzo solitario
E Tutte le persone che amano leggere libri sono solitarie

1686 Ada, Barbara, Cinzia e Daniela hanno vinto alla lotteria 45 milioni di euro. Ad Ada spetta il doppio di Barbara, a Cinzia spetta una volta e mezzo la cifra di Ada e a Daniela il triplo di Barbara. Quanti milioni di euro riceve Daniela?

A 15
B 10
C 8
D 12
E 5

1687 Se un computer processa un milione di informazioni al secondo, quanto tempo impiegheranno tre computer a processare novecento milioni di operazioni?

A 3 minuti
B 5 minuti
C 500 secondi
D 15 minuti
E 9 minuti

1688 Individuare il numero mancante.

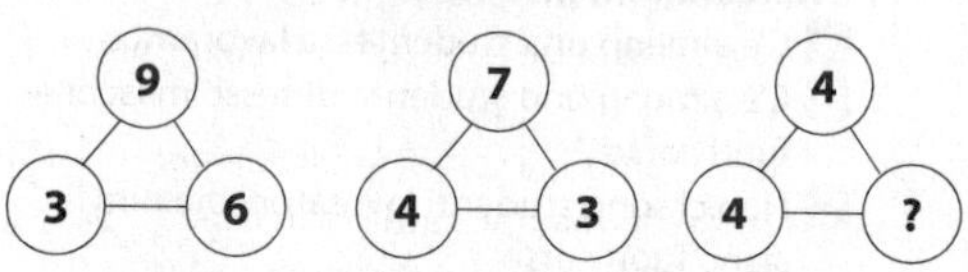

A 0
B 3
C 4
D 2
E 5

1689 Qual è quel numero il cui 5% è uguale a 40?

A 20
B 2.000
C 200
D 80
E 800

1690 "L'aspettativa di vita media per la popolazione italiana è pari a 74 anni, ma gli abitanti della Sardegna hanno un'aspettativa di vita media di 77 anni mentre quelli della Lombardia di 72. Se una coppia appena sposata della Lombardia si trasferisce in Sardegna, i suoi figli avranno dunque un'aspettativa di vita più lunga di quella che avrebbero se la coppia rimanesse in Lombardia". Quale delle seguenti affermazioni, se vera, indebolirebbe la precedente conclusione?

- A L'aspettativa di vita media non è legata alla qualità della vita della regione in cui si vive
- B Molti abitanti della Lombardia sostengono che la qualità della vita nella loro regione è ottima
- C La Sardegna ha un livello di inquinamento mediamente inferiore a quello delle altre regioni italiane
- D La longevità degli abitanti della Sardegna è principalmente attribuibile a fattori genetici
- E Il 30% degli abitanti della Lombardia ha un'aspettativa di vita superiore a 77 anni

1691 Completare correttamente la seguente successione di lettere, utilizzando l'alfabeto italiano:

O; N; L; G; ?

- A H
- B C
- C D
- D E
- E B

1692 "Tutti i marciapiedi sono riservati ai pedoni. Mario è un pedone."
Date le due precedenti affermazioni, quale fra le seguenti proposizioni è vera?

- A Mario potrebbe incrociare altri pedoni sul marciapiede
- B Mario cammina solo sul marciapiede
- C Mario cammina su tutti i marciapiedi
- D Mario incrocerà necessariamente altri pedoni sul marciapiede
- E Se Mario non incrociasse altri pedoni, allora non si troverebbe sul marciapiede

1693 Quale, tra i termini proposti, completa correttamente la seguente proporzione verbale?

Gomito : X = ginocchio : gamba

- A tibia
- B ascella
- C braccio
- D avambraccio
- E femore

1694 In base ai risultati di uno studio condotto nel 2013, il 25% dei cittadini brasiliani con età superiore ai 17 anni è risultato analfabeta. Dunque, se è corretta la previsione in base alla quale nel 2025 i cittadini brasiliani con età superiore ai 17 anni saranno 150 milioni, si può stimare che 37,5 milioni di cittadini saranno analfabeti.
Quale delle seguenti affermazioni, se considerata vera, indebolisce quanto sostenuto dal brano?

- A Dal 2008 al 2013 vi è stata una riduzione del 5% del tasso di analfabetismo dei cittadini brasiliani
- B Tutti gli studi demografici concordano nel prevedere un progressivo invecchiamento della popolazione brasiliana
- C Gli studi sovente conducono a risultati impropri
- D Numerosi cittadini brasiliani inclusi nello studio del 2013 sarebbero inclusi anche in uno studio del 2025
- E L'istituto di statistica brasiliano prevede per il prossimo trentennio una riduzione costante del tasso di analfabetismo

1695 Tre campane suonano ad intervalli di 5 minuti, 6 minuti e 10 minuti, rispettivamente. Se suonano insieme alle 8 di mattina, dopo quanto tempo suoneranno di nuovo insieme?

- A 10 minuti
- B 19 minuti
- C 30 minuti
- D 65 minuti
- E Non è possibile calcolarlo

1696 Se:

✶ + ◆ = ⌂
◆ + ○ = ✶
◆ + ○ + ◆ = **14**

allora ⌂ / 2 è pari a:

- A 12
- B 4
- C 28
- D 14
- E 7

1697 BIndividuare tre numeri sapendo che il terzo è doppio del secondo, che il secondo è triplo del primo e che la somma del primo e del terzo è uguale al secondo aumentato di 12.

- A 5, 15 e 30
- B 3, 9 e 18
- C 7, 21 e 42
- D 1, 3, 6
- E 4, 12 e 24

LOGICA E CULTURA GENERALE

1698 **AQual è la probabilità di estrarre da un mazzo di 52 carte da gioco una carta che NON sia di cuori?**

A 75%
B 80%
C 10%
D 25%
E 90%

1699 **Da un'urna contenente 15 palline numerate da 1 a 15 viene estratta, a occhi bendati, una pallina. Supponendo che tutte le palline abbiano uguale probabilità di essere estratte, qual è la probabilità che esca un numero minore di 9?**

A 7/15
B 8/5
C 1/4
D 8/15
E 1/3

1700 **EAll'ingresso dello stadio si contano 12 file di persone in attesa. Ogni fila è composta di 3 persone in più della precedente. Nella prima fila vi sono 15 persone. Quante ce ne sono nell'ultima?**

A 42
B 44
C 60
D 51
E 48

1701 **Per una gara di canottaggio si deve definire la composizione della squadra di tre vogatori che vi parteciperà. Siano date le seguenti restrizioni: Giorgio rema con Marco ma non con Julio; Julio rema con Marco ma non con Paolo; Paolo rema con Giorgio ma non con Julio. Indicare la squadra compatibile con le precedenti restrizioni.**

A Marco, Julio, Paolo
B Marco, Giorgio, Julio
C Paolo, Julio, Giorgio
D Marco, Paolo, Giorgio
E Nessuna delle altre risposte soddisfa le restrizioni imposte dal quesito

1702 **"Tutti i giapponesi sono operosi. Ken è operoso". In base alle precedenti informazioni, quale delle seguenti affermazioni è certamente vera?**

A Tutte le persone operose sono giapponesi
B La maggior parte delle persone operose giapponesi si chiama Ken
C Ken è giapponese
D Ken non è giapponese
E Nessuna delle altre alternative è corretta

Leggere il testo del problema e rispondere alle domande seguenti.

Per gli ultimi sei mesi del 2004 (quindi a partire da luglio) è programmata l'uscita di sei libri di sei autori diversi. Ogni libro dovrà uscire in un mese differente. È noto che:

- a luglio uscirà il libro di Smiraglia;
- il libro di Paganuzzi deve uscire il mese dopo quelli di Lorenzi e Colotto, che devono uscire in due mesi consecutivi ma non necessariamente in quest'ordine;
- i libri di Macchia e Dettori non devono uscire in due mesi consecutivi.

1703 **Quale è l'ultimo mese possibile nel quale può uscire il libro di Colotto?**

A Novembre
B Ottobre
C Dicembre
D Agosto
E Settembre

1704 **Quale delle seguenti può essere una possibile sequenza di uscita dei libri?**

A Colotto, Smiraglia, Lorenzi
B Macchia, Smiraglia, Colotto
C Paganuzzi, Macchia, Colotto
D Lorenzi, Paganuzzi, Dettori
E Dettori, Lorenzi, Paganuzzi

1705 **Quale dei seguenti ragionamenti risulta logicamente valido?**

1. **Tutte le volte che Betty torna da un viaggio, compone un quadro con tutte le foto che ha scattato. Betty è appena tornata da un viaggio. Dunque, Betty realizzerà un quadro con tutte le foto che ha scattato nell'ultimo viaggio.**
2. **La squadra per cui tifa Peter ha appena vinto lo scudetto. Ogni volta che la sua squadra del cuore vince lo scudetto, Peter si taglia i capelli a zero. Dunque, Peter si taglierà i capelli a zero.**
3. **Anna sta fumando nervosamente. Ogni volta che pensa agli esami da dare in università, Anna fuma nervosamente. Dunque, Anna sta pensando a un esame universitario che deve affrontare.**
4. **Evelina oggi ha preso la bicicletta al posto dell'autobus per spostarsi in città. Se la giornata è serena, Evelina gira per la città in bicicletta. Dunque, oggi è una giornata serena.**

A 1 e 4
B 1, 2 e 3
C 2 e 3
D 1 e 2
E 3 e 4

QUESITI DI LOGICA

Leggere il testo e rispondere alle tre domande seguenti:

Cinque giovani amici, Michele, Carlo, Paola, Vito e Sofia, praticano ciascuno una sola delle seguenti attività sportive: calcio, tennis, basket, nuoto e pallavolo, non necessariamente in questo ordine. Sono nati nei seguenti anni: 1985, 1986, 1987, 1988 e 1989, non necessariamente in questo ordine. Si sa inoltre che:

1) Paola è la ragazza nata nel 1989;
2) Vito è nato nel 1986;
3) chi è nato nel 1987 pratica il tennis;
4) chi è nato nel 1988 è il ragazzo che pratica il calcio;
5) Carlo pratica il nuoto.

1706 Considerando tutte le informazioni riportate nel Brano, chi è nato nel 1988?

- A Non è possibile determinarlo univocamente, con le informazioni a disposizione
- B Carlo
- C Michele
- D Paola
- E Sofia

1707 Considerando solo le informazioni riportate nel Brano da 1) a 4), è possibile affermare con certezza che:

- A Michele è nato nel 1985 o nel 1987
- B è possibile che Sofia pratichi il nuoto
- C Paola pratica la pallavolo o il calcio
- D Carlo pratica il tennis
- E chi pratica la pallavolo è nato nel 1989 o nel 1986

1708 Quale delle seguenti affermazioni NON può essere dedotta con certezza dalle informazioni del Brano?

- A Michele pratica il calcio
- B Sofia è nata nel 1987
- C Vito pratica la pallavolo o il basket
- D Paola pratica la pallavolo
- E Carlo è nato nel 1985

1709 Se un esperto ellenista dichiara che non è vero che tutti gli abitanti di Atene possedevano scudo e spada, cosa si può dedurre dalla sua osservazione?

- A C'è qualche abitante di Atene che non ha lo scudo oppure non ha la spada
- B Gli abitanti di Atene non hanno né scudo né spada
- C Gli abitanti di Atene se hanno lo scudo non hanno la spada
- D Tutti gli abitanti di Atene hanno lo scudo ma non hanno la spada
- E Una persona che abbia sia lo scudo che la spada non è di Atene

1710 La distanza tra la città A e la città B è di 200 km. Alle nove di mattina un treno parte da A diretto a B e, viceversa, un treno parte da B diretto ad A. Un'ora dopo, il primo treno ha percorso metà del tragitto. Sapendo che il secondo viaggia a 2/5 della velocità del primo, quanto sono distanti i due treni alle 10 del mattino?

- A Non è possibile determinarlo univocamente con i dati a disposizione
- B Alle 10 del mattino i due treni si sono già incontrati
- C 60 km
- D 100 km
- E 40 km

1711 Se:
$ + ® + § = 6
$ + 2§ = 7
® = 2
allora 4 x § è pari a:

- A 16
- B 4
- C 12
- D 3
- E 20

1712 Quali tra i termini proposti completano correttamente la seguente proporzione?

Stomaco : organi interni = X : Y

- A X = osso; Y = ulna
- B X = bicipite; Y = muscoli
- C X = organismo; Y = milza
- D X = pasto; Y = digestione
- E X = fegato; Y = epatite

1713 Un vecchio disco di vinile a 33 giri è inciso nella zona compresa tra i diametri di 20 e 10 cm. Il suo ascolto dura 2 minuti primi e 30 secondi. Quanti è lungo il percorso compiuto dalla puntina del giradischi dall'inizio alla fine dell'ascolto?

- A 20 cm
- B 10 cm
- C 8 cm
- D 6 cm
- E 5 cm

1714 Una sarta confeziona un abito ogni 2 settimane. Quante sarte occorrono per confezionare 3 abiti ogni settimana?

- A 2
- B 3
- C 6
- D 20
- E 8

LOGICA E CULTURA GENERALE

1715 Cinque treni (A, B, C, D ed E) partono dalla stessa stazione diretti in cinque città differenti. Si sa che: I) C è più veloce di B ma arriva dopo di questo che è, invece, il primo ad arrivare; II) A è l'ultimo ad arrivare anche se è più veloce di D e meno veloce di B; III) E, il secondo treno ad arrivare a destinazione, è più veloce di D, ma meno veloce di A. In base alle precedenti informazioni è certamente vero che:

A C arriva terzo
B C arriva prima di D
C C arriva dopo D
D C arriva quarto
E C arriva prima di A

1716 Alfredo, Marco e Giorgio devono percorrere 2.000 metri. Se partono rispettivamente alle ore 5.20, 6.50, 8.00 e procedono alle velocità rispettive di 1 Km/h, 800 m/h, 1.100 m/h, quali delle seguenti affermazioni risultano vere? I) Quando Marco parte, Alfredo è ancora in cammino; II) Quando Giorgio parte, Alfredo è ancora in cammino; III) Quando Giorgio parte, Marco è ancora in cammino; IV) Giorgio arriva prima di Marco.

A II), IV)
B III), IV)
C I), III)
D I), II), III)
E I), II)

1717 Completare la seguente proporzione:
Reparto : portare = parente : ?

A riporto
B pantere
C patente
D ponente
E paziente

1718 Un'asta di metallo lunga 1 metro è sospesa per il suo centro. A 25 cm dall'estremità destra è agganciato un peso di 35 kg, mentre all'estremità opposta è agganciato un peso di 40 kg. Cosa è necessario fare per equilibrare l'asta e mantenerla in posizione orizzontale?

A Aggiungere, al peso agganciato a sinistra, un ulteriore peso di 50 kg
B Nulla, l'asta è già in equilibrio
C Aggiungere, al peso agganciato a sinistra, un ulteriore peso di 45 kg
D Aggiungere, al peso agganciato a destra, un ulteriore peso di 45 kg
E Aggiungere, al peso agganciato a destra, un ulteriore peso di 50 kg

1719 Quale delle tre serie di lanci di una moneta ha maggiori probabilità di presentarsi?
1) Testa, croce, testa, croce, testa, croce.
2) Croce, testa, testa, croce, croce, testa.
3) Croce, croce, croce, testa, testa, testa.

A Sono tutte e tre equiprobabili
B Non è possibile deciderlo sulla base delle informazioni fornite
C La 1
D La 2
E La 3

1720 "Se Luca mi telefona, andiamo insieme a teatro". In base alla precedente affermazione, è necessariamente vero che:

A se Luca non telefona, io e lui non andiamo insieme a teatro
B se io e Luca non siamo andati insieme a teatro, vuol dire che Luca non mi ha telefonato
C io e Luca andiamo insieme a teatro solo se Luca mi telefona
D se io e Luca andiamo insieme a teatro, significa che Luca mi ha telefonato
E è necessario che Luca mi telefoni perché si vada insieme a teatro

1721 Un'asta di metallo lunga 1 metro è sospesa per il suo centro. A 40 cm dall'estremità sinistra è agganciato un peso di 40 kg, mentre all'estremità opposta è agganciato un peso di 20 kg. Cosa è necessario fare per equilibrare l'asta e mantenerla in posizione orizzontale?

A Aggiungere, al peso agganciato a sinistra, un ulteriore peso di 60 kg
B Aggiungere, al peso agganciato a destra, un ulteriore peso di 12 kg
C Nulla, 'asta è già in equilibrio
D Aggiungere, al peso agganciato a sinistra, un ulteriore peso di 12 kg
E Aggiungere, al peso agganciato a destra, un ulteriore peso di 60 kg

1722 Individuare il numero mancante.

9	6	3
9	24	12
2	5	?

A 6
B 2
C 5
D 9
E 12

1723 Se X e Y stanno tra loro come 5 sta a 6 e la loro somma vale 22, quanto vale X?

- A 11
- B Non è possibile determinarlo univocamente, con i dati a disposizione
- C 9
- D 10
- E 12

1724 Individuare il numero che completa correttamente la seguente successione:

17 - 126 - 235 - 344 - ?

- A 363
- B 426
- C 415
- D 453
- E 688

1725 "Tutti i biondi sono ricchi; nessun moro è ricco; tutti i bambini sono mori". Se le precedenti affermazioni sono vere, allora è certamente FALSO che:

- A non tutti i ricchi sono biondi
- B nessun biondo è bambino
- C non tutti i bambini non sono ricchi
- D non tutti i mori sono bambini
- E nessun bambino è ricco

1726 Quando in un sistema economico registriamo un processo di costante e generalizzato rialzo dei prezzi, che determina una diminuzione del potere d'acquisto della moneta siamo di fronte a un fenomeno chiamato:

- A deflusso
- B deflazione
- C riflusso
- D detassazione
- E inflazione

1727 Mirco ama il cioccolato; il cioccolato è un dolce; chi ama i dolci è un bravo sciatore. Allora è certo che:

- A Mirco non ama sciare
- B Mirco ama tutti i dolci
- C Mirco sa sciare
- D tutti coloro che sciano mangiano cioccolato
- E tutti i bravi sciatori amano i dolci

1728 Se quattro pizzaioli sfornano 9 pizze in 20 minuti, quanti pizzaioli servirebbero per fare 90 pizze in 12000 secondi?

- A 4
- B 40
- C 14
- D 20
- E 9

1729 Tutti i miei amici hanno la patente. Alcuni di essi non hanno la macchina. Questo significa che?

- A I miei amici non hanno la macchina
- B Alcuni miei amici non hanno la patente ma hanno la macchina
- C Alcuni miei amici, pur essendo patentati, non hanno la machina
- D Alcuni miei amici non hanno la macchina e neppure la patente
- E Tutti i miei amici hanno la patente e la macchina

1730 Carlo ha deciso di rivestire il pavimento della propria camera con piastrelle adesive di forma quadrata, aventi lato pari a 25 cm. Per prima cosa dispone le piastrelle lungo il perimetro della stanza e successivamente posiziona le piastrelle all'interno del perimetro. Sapendo che la stanza ha dimensioni pari a 4×6 metri, quante piastrelle occorrono a Carlo per completarne il perimetro?

- A 84
- B 162
- C 80
- D 76
- E 384

1731 "Uno dei motivi che ha spinto il Ministero della Pubblica Istruzione a cambiare l'esame di maturità è quello di verificare la preparazione degli studenti non solo su alcune materie, due per i compiti scritti e due per il colloquio orale come avveniva nella vecchia maturità, ma su tutte le materie studiate nell'ultimo anno. Questo dovrebbe rendere l'esame più equo e veritiero". Quale delle seguenti affermazioni, se vera, rafforzerebbe l'argomentazione precedente?

- A Secondo molti studenti e professori le nuove disposizioni impongono solo un incremento di lavoro per tutti, ma non consentono una reale verifica del livello culturale raggiunto dai ragazzi
- B In altri Paesi europei, dopo avere sperimentato un esame su tutte le materie, si è tornati a una verifica su un numero più ristretto di argomenti, spesso scelti dagli studenti stessi
- C La verifica delle conoscenze di più materie permette di valutare con maggiore precisione la reale preparazione degli studenti
- D Per valutare la preparazione di uno studente è sufficiente un esame anche su una singola materia
- E La verifica scritta è più significativa di quella orale

1732 "Se c'è lo sciopero dei treni, rimando la partenza per le vacanze". In base alla precedente affermazione, è necessariamente vero che:

A se non c'è lo sciopero dei treni, non rimando la partenza per le vacanze
B rimando la partenza per le vacanze solo se c'è lo sciopero dei treni
C se non ho rimandato la partenza per le vacanze, vuoi dire che non c'è stato lo sciopero dei treni
D se rimando la partenza per le vacanze, significa che c'è lo sciopero dei treni
E l'unica possibilità che io rimandi la partenza per le vacanze è che ci sia lo sciopero dei treni

1733 "Chi non ha credibilità, viene ignorato". In base alla precedente affermazione, è necessariamente vero che:

A chi viene ignorato non ha credibilità
B chi ha credibilità non viene ignorato
C coloro che non vengono ignorati sono tutti e soli quelli che hanno credibilità
D chi non viene ignorato ha credibilità
E è sufficiente essere credibile per non essere ignorato

1734 Quali, tra i termini proposti, completano correttamente la seguente proporzione?
Attore : X = pianista : Y

A X = tastierista; Y = contratto
B X = film; Y = pianoforte
C X = film; Y = concerto
D X = autografo; Y = metronomo
E X = Oscar; Y = teatro

1735 Quale tra le alternative ha significato opposto della parola "ponderato"?

A Accorto
B Prudente
C Impulsivo
D Soppesato
E Calcolato

1736 All'ingresso dello stadio si contano 8 file di persone in attesa. Ogni fila è composta di 3 persone in più della precedente. Nella prima fila vi sono 15 persone. Quante ce ne sono nell'ultima?

A 39
B 15
C 36
D 30
E 28

1737 Quanti numeri di quattro cifre diverse si possono formare con 1, 3, 5, 8, 9?

A 120
B 625
C 80
D 90
E 60

1738 Marco è un atleta bravo quanto Mario. Mario è più bravo della media degli atleti. Questo significa che?

A Mario è più bravo di Marco
B Mario è sotto la media
C Marco è più bravo di Mario
D Marco è il migliore fra gli atleti
E Marco non è inferiore alla media degli atleti

1739 Se di una persona diciamo che è *querula* vogliamo dire che è:

A generosa
B molto esigente
C lamentosa
D molto dotata per la musica
E loquace

1740 L'avvento del digitale ha cambiato molti aspetti e dinamiche all'interno del mondo della fotografia. Nonostante alcuni critichino questa rivoluzione e ne mettano in evidenza i limiti, è innegabile che molte più persone si sono improvvisamente affacciate a un universo prima di allora piuttosto elitario. Si assiste così a un numero sempre maggiore di fotografi amatoriali che acquistano attrezzature costose, questo perché è ormai assodato che si possono fare belle foto solo utilizzando apparecchiature costose.
Quale delle seguenti affermazioni, se considerata vera, rafforza quanto sostenuto dal brano precedente?

A Se non si è capaci di utilizzarle, anche con apparecchiature costose le foto possono essere di bassa qualità
B Con l'avvento del digitale si possono fare molte più foto di prima ma la qualità media si è abbassata
C La vera differenza, nel campo della fotografia digitale, la fanno la postproduzione e il fotoritocco
D I fotografi professionisti, per i quali fare belle foto è fondamentale, utilizzano apparecchiature costose
E Il digitale non ha rivoluzionato solo la fotografia, ma anche la fruizione della musica

1741 A quale percentuale corrisponde la frazione 36/200?

- A 3,6%
- B 18%
- C 36%
- D 20%
- E 180%

1742 Un motociclista ha compiuto i 2/5 di una gara. Se ha corso per 20 chilometri, quanti chilometri è lungo il percorso di gara?

- A 50
- B 40
- C 100
- D 60
- E 30

1743 Un piccolo appartamento con un prezzo pari a 90.000 euro viene venduto per una somma diminuita dei 3/5. A quanto è ammontato lo sconto?

- A 50.000 euro
- B 36.000 euro
- C 54.000 euro
- D 48.000 euro
- E 18.000 euro

1744 Se la lettera N identifica una qualunque cifra (singola), la lettera P identifica una qualunque cifra (singola) pari e la lettera D identifica una qualunque cifra (singola) dispari, allora il prodotto tra i numeri NP e PD sarà certamente un numero:

- A pari
- B divisibile per tre
- C composto da cinque cifre
- D dispari di tre cifre
- E dispari di cinque cifre

1745 Scegliere tra le alternative proposte quella che completa correttamente la seguente frase: «Ti avrei accompagnato volentieri...».

- A Se solo avrei saputo guidare
- B Se solo avevo la patente
- C Se solo sapessi guidare
- D Se avrei la patente
- E Se solo saprei guidare

1746 Quale valore si ottiene dal prodotto fra i 2 risultati delle operazioni seguenti? 680 / 340 e 690 / 230

- A 8
- B 1
- C 4
- D 9
- E 6

1747 Individuare il numero mancante.

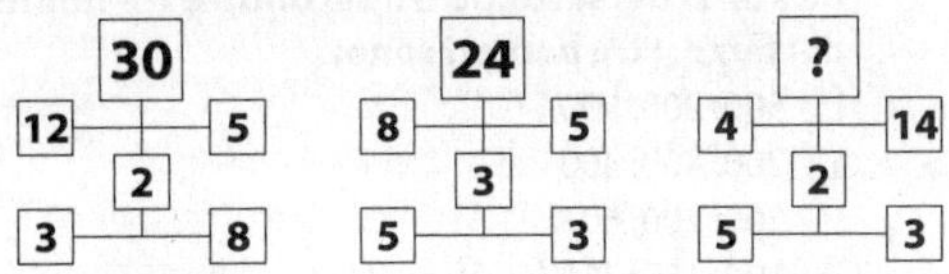

- A 12
- B 7
- C 30
- D 24
- E 28

1748 Di una famiglia si sa che:

- **almeno un maschio non è celibe**
- **tutti i laureati sono celibi**
- **non è vero che almeno un maschio non è maggiorenne.**

Solo una delle seguenti proposizioni è deducibile dalle premesse. Quale?

- A Nessun maggiorenne non è coniugato
- B Tutti i celibi sono laureati
- C Almeno un celibe non è maggiorenne
- D Almeno un maggiorenne è coniugato
- E Almeno un maggiorenne non è coniugato

1749 Tutti i cani sono fedeli e tutti gli animali fedeli sono mammiferi. Alcuni mammiferi possono passeggiare sui tetti.
Una sola delle deduzioni qui elencate completa correttamente il sillogismo.

- A Non è impossibile che alcuni cani possano passeggiare sui tetti
- B Gli animali che possono passeggiare sui tetti sono mammiferi
- C È impossibile che alcuni cani possano passeggiare sui tetti
- D È impossibile che alcuni mammiferi non siano fedeli
- E È impossibile che alcuni cani non possano passeggiare sui tetti

1750 Indicare la parola da scartare.

- A Pancreas
- B Udito
- C Cranio
- D Femore
- E Arteria

1751 Completare la seguente serie:
OSTILE, AVVERSO, ANIMOSO, INVIDIOSO...

- A ASTIOSO
- B BENEVOLO
- C INTEGERRIMO
- D SUPREMO
- E AMOREVOLE

1752 **La somma di tre numeri è 1.000. Il primo è due terzi del secondo e il secondo è tre quinti del terzo. I tre numeri sono:**

A 500; 200; 300
B 200; 400; 400
C 200; 200; 600
D 100; 150; 750
E 200; 300; 500

1753 **Una strada lunga 85 metri ha in totale 36 platani posti su entrambi i lati. Sapendo che i platani sono tra loro equidistanti, a quale distanza è posto un platano dall'altro?**

A Circa 2,4 metri
B 5 metri
C Circa 4,7 metri
D 3,75 metri
E 4 metri

1754 **Quanti numeri di tre cifre diverse si possono formare con 2, 3, 4, 5, 7?**

A 140
B 243
C 60
D 125
E 90

1755 **Un armadio costa 1.100.000 lire IVA esclusa. Viene venduto con uno sconto del 10%. Qual è il prezzo di vendita IVA inclusa, sapendo che l'aliquota IVA è del 20%:**

A 1.188.000
B 1.210.000
C 1.200.000
D 1.120.000
E 1.118.000

1756 **L'opposto del doppio dell'opposto dell'inverso della metà di 4 è uguale a:**

A 0
B 2
C –4
D –1
E 1

1757 **Se:**

@ + 12 + • = £ – •

@ = –5

• = 4

allora £ è uguale a:

A 3
B –10
C 10
D 15
E –15

1758 **Per numerare le pagine di un libro sono state usate 3.301 cifre. Le pagine del libro sono:**

A tra 1.500 e 2.000
B più di 3.000
C meno di 1.000
D tra 1.000 e 1.500
E tra 2.000 e 3.000

1759 **Il contrario di *algido* è:**

A giocoso
B diaccio
C offuscato
D modesto
E ardente

1760 **Completare correttamente la frase seguente scegliendo fra le alternative date.**
"Una ... di ricercatori cinesi ha creato un ... uomo-coniglio per ricavarne cellule ... da coltivare in laboratorio".

A équipe, ibrido, staminali
B squadriglia, ibrido, embrionali
C équipe, ibrido, ferali
D équipe, lepido, staminali
E squadra, isotopo, staminali

1761 **Inserisci la parola tra le parentesi che unita alle sillabe già fornite permetta di formare due parole di senso compiuto:**

TON (...) NNO

A chi
B a
C no
D fo
E ta

1762 **Ilaria chiede a Raffaella quante monete d'oro possiede e Raffaella le risponde che se le divide in due mucchi diversi, moltiplicando per 30 la differenza tra questi due mucchi si ottiene un valore pari alla differenza dei loro quadrati. Quante monete possiede Raffaella?**

A 25
B 30
C 40
D 50
E 60

1763 **Scegliere tra le alternative proposte quella che completa correttamente la seguente frase: «Ho prenotato le vacanze per la prossima settimana e quindi...».**

A Sperassi che fosse caldo
B Spererò tanto che fece caldo
C Spero tanto che faccia caldo
D Spero tanto che abbia fatto caldo
E Spero tanto che farebbe caldo

Leggere il brano seguente e rispondere alla relativa domanda

Un giorno, ero allora liceale, un professore disse: "quando sarete innamorati, scriverete lettere bellissime". Se l'affermazione del professore fosse fondata, la storia della letteratura sarebbe in primo luogo formata da epistolari amorosi; invece non è così. Che strano. Nella vita ci si innamora da 1 a 12 volte, ma gli epistolari memorabili, quelli da tesi di laurea, da premio Nobel, saranno qualche decina, mettendo assieme tutte le letterature del mondo. [...]. In realtà, chiunque abbia conosciuto innamorati – e capita a tutti – e si ricorda di se medesimo amoroso o amorosa, sa benissimo che chi è trafitto d'amore è un personaggio monotono, ripetitivo, dall'aggettivazione scialba e iterativa, emotivamente instabile, solipsista, convinto che l'oggetto del suo amore sia di interesse generale, e più stupito che irritato se nota una certa tendenza alla noia nei più cari e pazienti sodali. L'innamorato è socialmente una peste, un diluvio innocente, un farneticante, un ossessivo, e sebbene tutto ciò sia assai nobile e fondamentale dal punto di vista della storia psicologica specifica, non è credibile che costui sia in grado di produrre testi letterari interessanti. [...]. Gli epistolari amorosi letterariamente eccitanti o erano scritti da perfetti mentitori, o erano opera di scrivani pagati per esprimere pene d'amore. Se qualcuno mi pagasse in modo esorbitante credo che potrei scrivere un'epistolaria decente; forse meglio sarebbe scrivere le lettere di entrambi gli innamorati. [...]. L'idea di fondo, cioè che "l'innamorato scrive troppo e male" mi pare sana. E non è solo probabile, ma pressoché certo che tutti gli epistolari siano o falsi o infiniti: scritti da altri o scritti da una gelida anima letteraria. [...]. Se ad esempio, a Carlo Bo, a Geno Pampaloni, ed a me, una lettera amorosa sembra bella, buona, letterariamente rimarchevole, al cuore amante della persona a cui è destinata restano poche soluzioni: viaggio per mare, convento, o porto d'armi, o quanto meno stiletto. A meno che non si tratti di qualcuno che si è affidato alla complicità di un onesto estraneo; un tale che scrive d'amore per soldi. Che è l'unica ragionevole ragione per scrivere d'amore, come sanno tutti i romanzieri. (da Giorgio Manganelli, *Il rumore sottile della prosa*, Adelphi, 1994)

1764 Tra le note che chiariscono il significato che assumono alcuni termini nel testo del Manganelli della domanda precedente, UNA offre una spiegazione SCORRETTA: quale?

A Iterativo: ripetitivo

B Solipsista: che fa del proprio io il centro di ogni interesse

C Sodali: persone solidali, che esprimono la propria solidarietà

D Farneticante: che appare in preda al delirio

E Stiletto: arma piccola e acuminata

Leggere il brano seguente e rispondere alla relativa domanda

"Io trovo che tutti i successi degli uomini derivano dalla volontà e dalla capacità: se si manca in una delle due necessariamente si fallisce lo scopo [...]. I medici moderni sono carenti in entrambe [...], o se l'una ce l'hanno, l'altra manca loro. Che non nasca nessuno con una capacità spirituale a seguire un'arte così umanitaria non mi pare ragionevole, essendo il mondo uguale in passato e ora [...]. È ragionevole pensare che sia a causa dell'educazione cattiva cui si sottopongono gli uomini d'oggi e del fatto che la ricchezza è più pregiata della virtù [...]. Non è certo possibile ricercare il guadagno e esercitare una così nobile arte (ma è necessario che colui che si impegna di più in una delle due cose disprezzi l'altra)" (Galeno).

1765 Cercare, tra le osservazioni relative al brano di Galeno, quella NON coerente con il testo.

A I medici moderni non hanno più per natura le capacità spirituali dei medici del passato

B Nei tempi moderni gli uomini amano di meno la virtù

C Gli uomini sono responsabili del modo in cui utilizzano le loro capacità naturali

D L'esercizio della medicina richiede impegno morale

E La trasmissione dei valori positivi nell'educare i giovani è importante per il bene della società

1766 In una lavanderia, quattro impiegati stirano 8 giacche in 16 minuti. Se due impiegati vanno in ferie, quanti minuti occorreranno agli impiegati rimasti per stirare quattro giacche?

A 16

B 13

C 32

D 36

E 64

1767 Una persona si sente soffocare ogni volta che entra in metropolitana; di cosa soffre?

A Cleptomania

B Xenofobia

C Agorafobia

D Claustrofobia

E Acrofobia

1768 Il signor Rossi e sua moglie hanno 6 figlie. Ciascuna figlia ha un fratello. Quanti sono i componenti della famiglia Rossi?

A 9

B 10

C 17

D 13

E 15

Leggere il brano seguente e rispondere alla relativa domanda

In una data popolazione, il numero annuo di nuovi casi registrati di una certa malattia, definito come incidenza, ed in genere riferito ad un milione di abitanti, indica il numero delle nuove diagnosi. Questo numero non coincide necessariamente con il numero reale dei soggetti che si ammalano della malattia in questione; infatti, se la malattia è difficile da diagnosticare, la sua "incidenza annua" registrata potrà risultare in seguito inferiore a quella reale. Per questo e molti altri motivi, quali la presenza di controindicazioni di vario tipo, un trattamento specifico di un processo morboso può non venire utilizzato in tutti i soggetti che ne sono realmente affetti: ne risulta che il numero dei nuovi casi che ogni anno vengono sottoposti ad un trattamento di questo genere non coincide necessariamente con l'incidenza reale della malattia per la quale il trattamento è indicato e neppure sempre con il numero delle nuove diagnosi. Analizzare l'incidenza nel tempo di alcune malattie può essere utile, ad esempio, per valutare l'efficacia della loro prevenzione. Si tratta di analisi interessanti, ma non facili, soprattutto per la necessità di disporre di rilevazioni complete ed attendibili non soltanto sulla malattia in esame, ma anche sulla composizione della popolazione generale. In effetti, se la malattia è più comune in una o più decadi di età che in altre, variazioni della composizione anagrafica della popolazione generale potranno determinare modificazioni dell'incidenza della malattia in esame.

Età	1981/82	1985/86	1989/90
Totale	2.166.363	2.124.281	2.094.944
< 20	567.868	505.421	445.121
30-39	310.668	313.604	306.871
> 70	181.612	192.838	189.804

1769 Il numero dei nuovi casi trattati per anno per milione di abitanti maschi della malattia D è raddoppiato nel 1989/90 rispetto al 1981/82; l'aumento si è verificato esclusivamente per i soggetti con oltre 70 anni. Una sola tra le conclusioni elencate appresso NON è deducibile dalle informazioni fornite nei paragrafi precedenti: quale?

- A L'incremento è legato all'aumento degli anziani nella popolazione esaminata
- B È possibile che siano cambiate le indicazioni della terapia negli anziani
- C Siccome sta aumentando il numero degli anziani ci sono più soggetti a rischio di ammalarsi della malattia D
- D La malattia D è molto diffusa tra gli anziani
- E Le indicazioni alla terapia per la malattia D negli anziani sono sicuramente cambiate

Leggere il brano seguente e rispondere alla relativa domanda

"Chè anzi, ciò che veramente mi parve di aver appreso nell'entrare in questo periodo – scrive Benedetto Croce nel 1915 – è l'arte dell'imparare, senza più dissiparmi come innanzi mi accadeva, senza aggregare sterilmente cognizioni a cognizioni con metodo estrinseco: d'imparare muovendo da bisogni interiori, guidato da princìpi, consapevole delle difficoltà, paziente nell'attendere e lasciar maturare. Onde ho sperimentato in me stesso la falsità della dottrina pedagogica che confina l'educazione a una prima parte della vita (alla prefazione del libro), e la verità della dottrina contraria che concepisce la vita intera come continua educazione, e il sapere come unità del sapere e dell'imparare. E quando si sa senza più poter imparare, quando si è educati senza possibilità di meglio educarsi, la vita si arresta e non si chiama più vita ma morte".

1770 Quale delle seguenti considerazioni è arbitraria, in quanto NON DEDUCIBILE dal testo di Benedetto Croce?

- A Nella giovinezza si immagazzinano facilmente molte nozioni, ma ciò ai fini di raggiungere un sapere autentico non è sempre proficuo
- B Per impadronirsi del sapere bisogna essere pazienti
- C La vecchiaia è l'età in cui, più che apprendere cose nuove, si rielabora e si approfondisce ciò che si è appreso
- D In tutte le età della vita ci si sente insoddisfatti di ciò che si è appreso e di ciò che si è diventati, e si sente il bisogno di migliorarsi e di arricchirsi di nuove conoscenze
- E L'arte di imparare senza disperdere energie è una preziosa conquista

1771 Giuseppe dipinge una parete in 6 ore; Francesco lavora con un ritmo doppio di Giuseppe; Dario dipinge la stessa parete in 12 ore. Lavorando insieme, quanti minuti impiegano a dipingere la parete?

- A 91
- B 103
- C 108
- D 112
- E 117

1772 Se tutti gli uomini hanno la barba e tutti i militari sono uomini, quale affermazione fra le seguenti è vera?

- A Tutti gli uomini non hanno la barba
- B Tutti gli uomini fanno il servizio militare
- C Tutti i militari hanno la barba
- D Solo i militari portano la barba
- E Tutti i militari non hanno la barba

1773 **Cartuccia : X = Gasolio : Y**

- A X = motore; Y = fucile
- B X = diesel; Y = iniettore
- C X = fucile; Y = stampante
- D X = autocarro; Y = iniettore
- E X = stampante; Y = autocarro

1774 **Un tablet viene venduto in tutto il mondo al prezzo di 100 dollari. Acquistandolo online da un sito cinese è tuttavia possibile ottenere uno sconto pari all'8% su ogni singolo pezzo ordinato. Questa soluzione sarebbe conveniente, se non fosse che bisogna tenere conto di una spesa fissa alla dogana pari a 40 dollari, indipendentemente dal numero di dispositivi comprati. Per rendere vantaggioso l'acquisto dalla Cina, qual è il numero minimo di tablet che vanno acquistati?**

- A 6
- B 11
- C 5
- D 4
- E 8

1775 **Completare la seguente serie: DISOBBLIGARE, ESENTARE, ESONERARE, ESIMERE, ...**

- A CONDANNARE
- B COCCOLARE
- C ESPRIMERE
- D VINCOLARE
- E DISPENSARE

1776 **Due colleghi di lavoro intendono acquistare una barca e decidono di ripartire in parti uguali l'investimento. Scoprono che se si aggiungesse nell'acquisto un altro collega, in regime di equa ripartizione, per ciascuno di loro la quota si ridurrebbe di 35.000 euro. A quanto ammonta il costo totale della barca?**

- A 240.000 euro
- B 210.000 euro
- C 150.000 euro
- D 315.000 euro
- E 600.000 euro

1777 **Tre campane suonano ad intervalli di 4 minuti, 12 minuti e 9 minuti, rispettivamente. Se se suonano insieme alle 8 di mattina, dopo quanto tempo suoneranno di nuovo insieme?**

- A 16 minuti
- B 24 minuti
- C 29 minuti
- D 36 minuti
- E 72 minuti

1778 **Indica quale delle seguenti parole, se inserita al posto dei puntini, è coerente con l'idea espressa dal resto del testo: "Dostoevskij ammette che alla base dell'individualità personale di ciascuno vi sia qualcosa di sconosciuto a lui stesso, e che sia di conseguenza parziale e .... pensare di poter ridurre l'intera sfera dell'Io alla coscienza, anzi fa di questa consapevolezza il punto di partenza e l'elemento di forza della sua analisi dell'uomo del sottosuolo" (S. Taglialatela)**

- A illusorio
- B certo
- C possibile
- D facile
- E semplice

1779 **Un ragazzo chiede una mela ad un contadino. "Potrai avere tutte quelle che ho nel cappello se risolvi l'indovinello: se le moltiplico per 3 e aggiungo 3 al prodotto e divido la somma per 3 e sottraggo 3 al quoziente il risultato è 5. Bimbo bello, quante mele ho nel cappello?":**

- A 5
- B 7
- C 9
- D 6
- E 8

1780 **Se 3 uomini bevono 3 litri di vino in 3 giorni, quanti litri berranno 9 uomini in 9 giorni?**

- A 18
- B 27
- C 36
- D 63
- E 72

1781 **Completare la seguente proporzione: abituale : insolito = X : Y**

- A X = lento, Y = debole
- B X = fausto, Y = funesto
- C X = alto, Y = grande
- D X = vicino, Y = presso
- E X = determinato, Y = certo

1782 **In una comitiva composta da 14 ragazzi tutti appassionati di sport, 10 ragazzi praticano il nuoto, 6 il tennis ed un certo numero pratica invece entrambe le discipline sportive. Quanti sono i ragazzi che si dedicano ad entrambi gli sport?**

- A 6
- B 14
- C 4
- D 2
- E 10

1783 Andrea afferma che tutte le pecore toscane sono nere. Quale delle seguenti condizioni è necessario che si verifichi affinché l'affermazione di Andrea risulti falsa?

- A Deve esistere almeno una pecora toscana bianca
- B Nessuna pecora toscana deve essere nera
- C Deve esistere almeno una pecora nera non toscana
- D Tutte le pecore non toscane devono essere nere
- E Deve esistere almeno una pecora toscana non nera

1784 Giacomo dice a Filippo: "Se mi dai 5 euro, avremo in tasca gli stessi soldi!". Filippo risponde: "Se tu dai a me 5 euro, io avrò il doppio dei tuoi soldi!". Quanti soldi hanno inizialmente in tasca, rispettivamente, Giacomo e Filippo?

- A 10 e 20 euro
- B 25 e 35 euro
- C 15 e 25 euro
- D 15 e 20 euro
- E 20 e 10 euro
- F

1785 Trova l'elemento che non è coerente con gli altri:

- A cavallo
- B gatto
- C medusa
- D cane
- E elefante

1786 Alle Olimpiadi degli animali si svolge la gara di corsa tra un gambero ed una lumaca, sulla distanza di 7 cm. Il gambero, ogni secondo, fa quattro passi avanti seguiti da 3 passi indietro; tutti i passi sono di 1 cm. La lumaca procede ad una velocità costante di 1 cm/s. Chi vince la gara?

- A la lumaca
- B il gambero
- C arrivano insieme
- D non arrivano mai
- E il gambero mangia la lumaca

1787 Inverti l'ordine delle lettere delle parole che seguono e individua quale non indica una disciplina sportiva:

- A otoun
- B teksab
- C ordnedodor
- D sinnet
- E oiclac

Leggere il brano e rispondere alla relativa domanda

Un team di ricercatori guidato da Robert Prescott dell'Università di St. Andrews, in Inghilterra, ha localizzato in una palude nell'Essex quelli che si ritengono essere i resti della *HMS Beagle*, la nave a bordo della quale Darwin sviluppò la sua teoria dell'evoluzione. Per esplorare ulteriormente il sito, si sta considerando l'utilizzo della tecnologia progettata per la recente e sfortunata missione britannica su Marte. Le due missioni sono fra l'altro collegate dalla partecipazione di Colin Pillinger, che ha battezzato il veicolo *Beagle 2* per il pianeta rosso in onore del suo predecessore di 300 anni prima.

Per individuare la presenza di legno e metallo che potrebbero appartenere allo scafo della *HMS Beagle*, è stata usata una sofisticata tecnologia radar. I resti della nave sono infatti ricoperti da cinque metri di fango. Dopo aver circumnavigato il globo, la nave venne usata come vascello di guardia per fronteggiare i contrabbandieri. I ricercatori devono ora decidere se tentare un recupero dei suoi resti: al momento, il team non ha ancora raccolto i fondi necessari.

Ma gli archeologi potrebbero trovare un altro modo per esplorare il sito. Secondo Pillinger, la "talpa" usata su *Beagle 2*, un apparecchio sviluppato per scavare al di sotto del suolo marziano, potrebbe essere equipaggiata con una videocamera per esplorare sotto il fango alla ricerca della *HMS Beagle*.

Ritrovata la nave di Darwin, «Le Scienze», 2 marzo 2004

1788 L'autore del brano sostiene che:

- A la scavatrice progettata per esplorare il suolo marziano da Colin Pillinger non può essere impiegata per le ricerche della nave di Darwin
- B sono stati identificati una volta per tutte i resti della nave di Darwin
- C la nave di Darwin fu rubata dai contrabbandieri dell'Essex
- D solo grazie a una sofisticata tecnologia radar è stato possibile individuare sotto cinque metri di fango i resti della nave probabilmente appartenuta a Darwin
- E senza una costosa tecnologia radar sarà impossibile esplorare il sito della HMS Beagle

Leggere il brano e rispondere alle relative domande

Ecco un estratto dal risvolto di copertina del romanzo di Abraham B. Yehoshua, *Il responsabile delle risorse umane* (Einaudi, 2004).

Un terrorista suicida si fa esplodere in un mercato di Gerusalemme. Una donna muore. Era straniera, viveva da sola in una squallida baracca di un quartiere di religiosi. Nessuno va a reclamare il suo cadavere all'obitorio del Monte Scopus.

Eppure Julia Regajev aveva ancora formalmente un lavoro, come addetta alle pulizie in un grande panificio della città. Un giornalista senza scrupoli, detto il «serpente», sfrutta il caso per imbastire uno scandalo e denuncia la

«mancanza di umanità» dell'azienda che non si è nemmeno accorta dell'assenza della dipendente.
Tocca al responsabile delle risorse umane, spedito in missione dall'anziano proprietario del panificio, cercare di rimediare al danno di immagine. Ma il viaggio verso la dignitosa e compassionevole sepoltura della donna morta si rivela per lui molto più importante di un'operazione di facciata per ottenere la simpatia dell'opinione pubblica.
Nel dizionario non esiste forse parola che rappresenti meglio l'universo narrativo di Abraham B. Yehoshua dell'aggettivo «responsabile». Per un suo personaggio, essere responsabile significa non tanto essere colpevole, ma soprattutto portare attivamente il peso di un imperativo morale. Così il responsabile delle risorse umane impara che anche una piccola colpa, come quella di cui si è macchiata per indifferenza e superficialità la sua azienda, non va trascurata, perché anche le piccole colpe possono avere un potere terribile.

1789 Dal brano si può desumere che il responsabile delle risorse umane conosceva:

- A Julia Regajev
- B l'anziano proprietario del panificio
- C il terrorista suicida
- D l'azienda di Yehoshua
- E il giornalista

1790 Il numero di auto vendute da un concessionario è passato da 300 a 360. Calcolare l'incremento percentuale di tale numero.

- A + 60
- B 60%
- C 20
- D – 20%
- E 20%

1791 Delle risposte date a un questionario, 12 sono sbagliate e il 60% sono esatte. Quante risposte sono state date?

- A 24
- B 42
- C 18
- D 30
- E 20

Leggere il brano e rispondere alle seguenti domande

Ho sempre considerato la simpatia una forma di conoscenza. Di conoscenza intuitiva non proprio razionale, che si afferma e si verifica attraverso la sensibilità [...] una conoscenza induttiva. Ora io ho sempre diviso gli uomini in due categorie, gli induttivi e i deduttivi. Io per esempio sono un induttivo e sono contento di esserlo. Ho bisogno, come fanno gli induttivi, di partire da qualche cosa che non è un'idea o una parola, ma la semplice realtà della mia esperienza personale e diretta, anche se, com'è ovvio, essa è personale e limitata. Il deduttivo no, non è così. [...]; deduce i sentimenti, le azioni, le persone. Così ogni atto, ogni persona finisce per rappresentare qualcosa, diventa ai suoi occhi il simbolo, l'emblema di qualcosa, senza essere mai niente per sé, mai quello che in effetti è. [...] in fondo questa distinzione tra deduttivi e induttivi doveva servire solo a stabilire una volta per tutte che la simpatia è una forma di conoscenza induttiva. E aggiungo che sono particolarmente interessato alla parola simpatia anche come uomo del Sud, come meridionale [...], perché non si può capire il Sud e non si può amare una città come Napoli, da cui provengo, senza esercitare quella forma di conoscenza che è la *sympateia*. L'esempio massimo di questa è il viaggio in Italia di Goethe, che non sarebbe quel grande libro che è se non scoppiasse di simpatia.

da *Scrittori, l'arte della simpatia*, di Raffaele La Capria, «Corriere della Sera», 5/10/2000

1792 UNO SOLO dei giudizi qui espressi NON È rigorosamente DEDOTTO dalle osservazioni di Raffaele La Capria: individuatelo.

- A Goethe ha compiuto un viaggio in Italia e ha saputo comprendere il carattere di ambienti radicalmente diversi dal proprio perché la sua sensibilità gli permise di mettersi in sintonia con essi
- B È impossibile comprendere realtà complesse e ricche di storia come il meridione d'Italia se non si è disposti a prescindere da ogni schematismo preconcetto
- C Non si può comprendere nessun tipo di realtà se non si è in grado di esercitare la simpatia, cioè un tipo di conoscenza intuitiva che si fonda sull'esperienza personale diretta
- D Napoli è una città incomprensibile per chi pretende di interpretare la realtà confrontandola con schemi razionali e deducendone una rappresentazione esauriente
- E La simpatia non è uno schermo che invalidi la conoscenza della realtà, ma può essere invece un efficace, e in alcuni casi privilegiato, strumento di conoscenza

---

1793 Completa la serie con il numero che manca: 4, 9, 19, ?, 79, 159.

- A 41
- B 39
- C 40
- D 38
- E 3

1794 La frase "Non c'è grattacielo senza ascensore" implica che:

- A Nessun grattacielo ha due ascensori
- B Ogni grattacielo ha almeno un ascensore
- C Ogni grattacielo ha due ascensori
- D Qualche grattacielo non ha ascensore
- E Qualche grattacielo ha almeno un ascensore

LOGICA E CULTURA GENERALE

1795 Quale delle informazioni qui fornite su Goethe è ERRATA (quesito precedente)?

- A Goethe scrisse un resoconto del suo viaggio in Italia nel quale si fermò abbastanza a lungo a Napoli
- B Il libro più celebre di Goethe è *I dolori del giovane Werther*, che si conclude con il suicidio di entrambi i protagonisti
- C Dal romanzo di Goethe *Le affinità elettive* è stato tratto qualche anno fa un film che ha avuto un discreto successo
- D Faust, il protagonista dell'omonima opera di Goethe, è uno scienziato che ha perso la fiducia nella ragione e si dedica alle arti magiche
- E Goethe scrisse il *Faust*, modificandolo e arricchendolo, durante tutta la sua lunga esistenza, fino alla vigilia quasi della morte

1796 "Silvia è laureata in matematica; alcuni laureati in matematica hanno poche amicizie; solo le persone che hanno molte amicizie sono equilibrate". Se le precedenti affermazioni sono vere, allora è certamente vero che:

- A tutti i laureati in lettere sono persone serene
- B se ha molte amicizie, Silvia è sicuramente una persona equilibrata
- C Silvia non è equilibrata
- D Silvia potrebbe avere molte amicizie ma non essere una persona equilibrata
- E tutti i laureati in matematica non sono persone equilibrate

1797 Indica quale tra le interpretazioni indicate è coerente con il brano di Calvino: "Tra le molte virtù di Chuang-Tzu c'era l'abilità nel disegno. Il re gli chiese il disegno d'un granchio. Chuang-Tzu disse che aveva bisogno di cinque anni di tempo e d'una villa con dodici servitori. Dopo cinque anni il disegno non era ancora cominciato. "Ho bisogno di altri cinque anni" disse Chuang-Tzu. Il re glieli accordò. Allo scadere dei dieci anni, Chuang-Tzu prese il pennello e in un istante, con un solo gesto, disegnò un granchio, il più perfetto granchio che si fosse mai visto." (Calvino, Lezioni americane).

- A Le opere d'arte hanno una lunga gestazione nella mente dell'artista
- B Per poter lavorare bene bisogna avere scadenze impellenti
- C Gli artisti sono persone inaffidabili
- D L'azione è più importante della contemplazione
- E I re hanno sempre fretta

1798 Scegliere tra le alternative proposte quella che completa correttamente la seguente frase: «Ti direi di venire a cena a casa mia...».

- A Se solo abbia qualcosa in frigorifero
- B Se solo avessi qualcosa in frigorifero
- C Se solo non avrei qualcosa in frigorifero
- D Se solo avrei avuto qualcosa in frigorifero
- E Se solo avrei qualcosa in frigorifero

1799 Un medico prescrive al paziente 5 pillole da prendere una ogni ora. Quanto tempo impiegherà il paziente a consumare tutte le pillole?

- A 1 ora
- B 2 ore
- C 3 ore
- D 4 ore
- E 5 ore

1800 Per riempire d'acqua una vasca ci sono tre rubinetti. Il primo impiega, da solo, 2 ore a riempire la vasca, il secondo ne impiega 3, il terzo ne impiega 4. Se vengono aperti tutti e 3 contemporaneamente, quanto tempo impiegano a riempire la vasca?

- A 32 minuti
- B 46 minuti
- C 55 minuti
- D 60 minuti
- E 90 minuti

1801 Solo chi si impegna può raggiungere il livello di Maestro.
Se la precedente affermazione è vera quale delle seguenti affermazioni NON può essere vera?

- A Orietta, malgrado si sia impegnata moltissimo, non ha raggiunto il livello di Maestra
- B Alberto ha raggiunto il livello di Maestro e ciò significa che si è impegnato
- C Gianni è stato raccomandato ed ha raggiunto il livello di Maestro senza impegnarsi
- D Lampredo non si è mai impegnato e infatti non ha raggiunto il grado di Maestro
- E Adalgisa e Tina si sono impegnate: ciononostante solo Tina ha raggiunto il livello di Maestra

1802 Quali, tra i termini proposti, completano correttamente la seguente proporzione verbale?

Calciatore : pallone = X : Y

- A X = squadra; Y = giocatore
- B X = acrobata; Y = trapezio
- C X = erborista; Y = minerale
- D X = trattore; Y = escavatore
- E X = otorino; Y = pneumatico

1803 **Un gioco ha le seguenti regole: se un numero è divisibile per 2 vale 4 punti; se è divisibile per 4 vale 8 punti; se è divisibile per 8 vale 2 punti. In base a tali regole, quanto vale il numero 40?**

A 10 punti
B 6 punti
C 14 punti
D 4 punti
E 12 punti

1804 **Completare correttamente la seguente successione numerica:**

87; 94; 105; 119; 126; 137; ?

A 151
B 144
C 154
D 149
E 153

1805 **Completare la seguente frase: *il fosforo non si trova in natura allo stato ______, ma sotto forma di fosfato, è abbondante in alcune rocce e nelle cellule degli esseri viventi, del cui metabolismo è un componente essenziale.***

A base
B esistenziale
C alimentare
D naturale
E elementare

1806 **Una mondina raccoglie 2 chili di riso ogni 30 minuti. Quante mondine ci vogliono per raccogliere 12 chili di riso in un'ora?**

A 2
B 3
C 6
D 20
E 5

1807 **"Se segui le lezioni in autoscuola, allora superi la prova scritta. Solo se superi la prova scritta, allora puoi sostenere l'esame di guida". Se le precedenti affermazioni sono vere, quale delle seguenti NON è certamente vera?**

A Se non superi la prova scritta non hai seguito le lezioni in autoscuola
B Superare la prova scritta è condizione necessaria per sostenere l'esame di guida
C Se stai sostenendo l'esame di guida, allora hai superato la prova scritta
D Se non superi la prova scritta non puoi sostenere l'esame di guida
E Se stai sostenendo l'esame di guida, allora hai seguito le lezioni in autoscuola

1808 **Un sarto acquista 2 rotoli di stoffa rispettivamente di 55 e 95 metri. Da essi taglia alcuni pezzi, tutti della sessa lunghezza, per cui gli avanzano 3 metri dal primo rotolo e 4 metri dal secondo. Quanti pezzi ha tagliato in tutto?**

A 11
B 9
C 17
D 14
E 15

1809 **Un treno che corre a 30 km/h precede un treno che corre a 50 km/h. Di quanti km distano l'uno dall'altro i due treni se occorreranno 15 minuti al treno più rapido per raggiungere il più lento?**

A 7
B 8
C 2,5
D 5
E 3,5

1810 **Aldo è titolare di una azienda casearia, e in un dato giorno può produrre formaggio se e solo se ha a disposizione sia latte che caglio. Determinare quale delle seguenti deduzioni è corretta.**

A Aldo oggi possiede caglio, quindi può produrre formaggio
B Aldo oggi non può produrre formaggio, quindi non possiede caglio
C Aldo oggi possiede latte ma non può produrre formaggio, quindi non ha caglio
D Aldo oggi non può produrre formaggio, quindi non possiede né latte né caglio
E Aldo oggi non può produrre formaggio, quindi non possiede latte

1811 **Scegliere fra le alternative proposte quella che completa correttamente la frase seguente.**
"Il ... Fantozzi è famoso per la sua inconciliabilità con il mondo che lo circonda, quello burocratico dell'ufficio-fabbrica, caratterizzato da opprimenti gerarchie, incartamenti, procedure, pratiche amministrative o gestionali, calcoli, corrispondenza e, nel suo caso, da continui strapazzi da parte dei superiori e dei colleghi più furbi e ambiziosi".

A Peptico
B Bucaniere
C Travet
D Lapalissiano
E Nessuna delle alternative proposte è corretta

1812 Per avere del latte è necessario ma non sufficiente avere o una mucca o una capra. Determinare quale delle seguenti situazioni è NON compatibile con questa affermazione.

A Riccardo ha una mucca, ma non ha del latte
B Riccardo non ha una capra, ma ha del latte
C Riccardo ha del latte ma non ha una mucca
D Riccardo ha del latte, ma non ha né capre né mucche
E Riccardo ha una capra e una mucca, ma non ha del latte

1813 "Chi dorme non prende pesci; non prendere pesci è caratteristica essenziale di chi è pigro; chi beve molto dorme". Se le precedenti affermazioni sono vere, allora è certamente vero che:

A solo chi è pigro dorme e non prende pesci
B chi beve molto non prende pesci ma non è detto che sia pigro
C chi è pigro beve molto
D chi è pigro dorme
E alcune persone pigre dormono

1814 Se 4 pizzaioli preparano 36 pizze in 20 minuti, lavorando allo stesso ritmo quante pizze prepareranno 5 pizzaioli in un'ora?

A 180 pizze
B 135 pizze
C 45 pizze
D 108 pizze
E 88 pizze

1815 Quale dei seguenti termini integra la serie: "malanimo - ostilità - rancore - ..."?

A Benevolenza
B Sacrificio
C Astio
D Compiacenza
E Indulgenza

1816 Inverti l'ordine delle lettere delle parole che seguono e individua quale non indica una disciplina sportiva:

A otoun
B teksab
C ordnedodor
D sinnet
E oiclac

1817 Un sinonimo di "orpello" è:

A ostello
B gioiello
C fronzolo
D inezia
E fuscello

1818 Mario legge 30 pagine al giorno più di Christian che, a sua volta, ne legge un terzo più di Ernesto. Sapendo che Ernesto legge 60 pagine al giorno, qual è il numero minimo di giorni necessari ai tre amici insieme per leggere tutto il materiale di una ricerca per cui è necessario leggere complessivamente 1.000 pagine?

A 4 giorni
B 10 giorni
C 5 giorni
D 8 giorni
E 6 giorni

1819 Una gallina ha fatto i pulcini. Maria dice: "Sono nati tre pulcini e sono gialli". Gianni dice: "Sono nati due pulcini gialli e due neri". Anna dice: "Sono nati solo pulcini gialli". Quanti pulcini sono nati, sapendo che una e una sola delle precedenti affermazioni è falsa?

A 2
B 6
C 3
D 4
E non è possibile stabilire il numero con certezza

1820 Quattro delle seguenti parole hanno una radice etimologica comune. Individuate quella anomala.

A Antiemetico
B Antipatia
C Antifonario
D Antiquario
E Antibiotico

1821 Nella proposizione seguente si sostituisca la parte sottolineata con una delle alternative proposte, mantenendone invariato il significato.
"Nel diciottesimo secolo visse in Francia un uomo, tra le figure più geniali e <u>scellerate</u> di quell'epoca".

A Nefande
B Nefaste
C Funeste
D Sciagurato
E Sciatte

1822 Una strada lunga 104 metri ha in totale 28 platani posti su entrambi i lati. Sapendo che i platani sono tra loro equidistanti, a quale distanza è posto un platano dall'altro?

A 5 metri
B Circa 7,4 metri
C Circa 3,7 metri
D 8 metri
E 4 metri

1823 Uno studente impiega solitamente 20 minuti per recarsi a scuola procedendo a una velocità media di 15 km/h. Una mattina, non avendo sentito la sveglia, parte da casa con 5 minuti di ritardo rispetto al solito. A che velocità deve andare per recuperare il ritardo e arrivare a scuola alla solita ora?

A 10 km/h
B 25 km/h
C 30 km/h
D 20 km/h
E 12 km/h

1824 "Tutti i divi del cinema sono famosi; Massimo è carismatico; tutte le persone carismatiche sono famose". In base alle precedenti affermazioni, quale delle seguenti NON è necessariamente vera?

A È possibile che esistano divi del cinema carismatici
B Non esistono divi del cinema non famosi
C Non esistono persone carismatiche non famose
D Massimo è un divo del cinema
E Massimo è famoso

1825 Se e solo se mangi insalata ti prendi cura della tua salute. Se la precedente affermazione è vera, allora è FALSO che:

A condizione sufficiente ma non necessaria per prendersi cura della propria salute è mangiare insalata
B se non ti prendi cura della tua salute non mangi insalata
C se mangi l'insalata allora ti prendi cura della tua salute
D se non mangi insalata non ti prendi cura della tua salute
E se ti prendi cura della tua salute allora mangi insalata

1826 Tenendo conto che a numero uguale corrisponde lettera uguale, nella frase: «57 52b43tà è p43s1n754 4 2n82157b254» l'ultima parola è:

A inviolabile
B antidiabete
C enucleabile
D intestabile
E detestabile

1827 Cosa studia chi si dedica all'eziologia?

A Invasioni
B Allagamenti
C Cause
D Sensazioni
E Comportamenti

1828 Se lo spazio di tempo tra adesso e le 20 è il triplo dello spazio di tempo tra adesso e il momento nel quale mancherà esattamente un'ora e mezzo all'ora che è esattamente a metà strada tra adesso e le 20, che ora è adesso?

A le 9
B le 10
C le 11
D le 12
E le 13

1829 Se è vero che «chi vede una stella cadente è fortunato», allora è necessariamente vera anche una delle affermazioni seguenti. Quale?

A Le stelle cadenti sono in realtà dei meteoriti che impattano sull'atmosfera terrestre
B Solo chi vede una stella cadente è fortunato
C Chi crede nelle stelle cadenti è un superstizioso
D Se la fortuna è cieca, non può vedere le stelle cadenti
E Se vedi una stella cadente, sei fortunato

1830 Due amici si rivedono dopo molti anni. Il primo dice al secondo: "Quanti figli hai adesso?". E l'altro risponde: "Ho una figlia femmina, che ha tanti fratelli quante sorelle. Ognuno dei suoi fratelli ha un numero di sorelle doppio rispetto al numero dei fratelli che ha". Quanti figli maschi e quante femmine ha quest'uomo

A 1 maschio e due femmine
B Due maschi e due femmine
C Non ha figli maschi
D Tre maschi e quattro femmine
E Una femmina e due maschi

1831 Inserire nel settore il numero mancante.

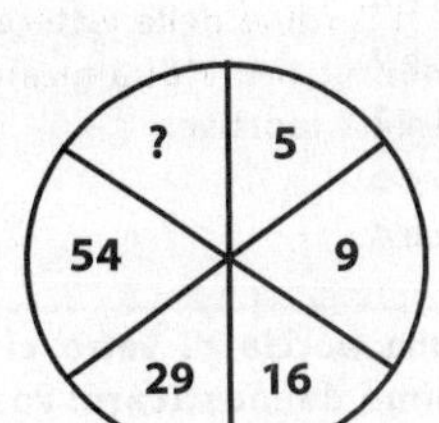

A 103
B 110
C 105
D 108
E 106

1832 **Un bruco deve arrivare a una mela che è posta in cima a un albero alto 10 metri. Di giorno sale per 2 metri, ma di notte quando riposa scivola giù di 1 metro. Quanti giorni impiegherà il bruco per arrivare alla mela?**

A 10
B 7
C 9
D 11
E 8

1833 **Luigi aveva 8 anni quando è nato suo fratellino. Quanti anni ha ora che la sua età è doppia di quella del fratello?**

A 21
B 20
C 12
D 16
E 18

1834 **A una riunione di partito partecipano 150 delegati. Ognuno di loro è a favore o contro l'elezione di Piero come presidente del partito. Si sa inoltre che: almeno uno dei delegati è contro l'elezione di Piero come presidente; presi due delegati qualsiasi, almeno uno dei due è a favore dell'elezione di Piero come presidente. Quanti sono i delegati a favore dell'elezione di Piero come presidente?**

A 101
B 49
C 149
D 148
E 145

1835 **Marco dice a Francesco: "Se mi dai una biglia, ne avremo lo stesso numero". Francesco risponde: "Se me ne dai una tu, io ne avrò il doppio delle tue". Quante biglie hanno rispettivamente Marco e Francesco?**

A 3 e 4
B 5 e 7
C 1 e 2
D 5 e 6
E 2 e 4

1836 **In una boccia di vetro ci sono tre tipi di gomme da masticare: rosse, gialle e blu. Quante occorre prenderne al buio affinchè se ne abbiano almeno tre dello stesso colore?**

A 5
B 6
C 7
D 8
E 4

1837 **Se l'affermazione "Nessun animale è più intelligente dell'uomo" è falsa, quale delle seguenti è necessariamente vera?**

A Molti animali sono più intelligenti dell'uomo
B Tutti gli animali sono più intelligenti dell'uomo
C Diversi animali sono più intelligenti di alcuni uomini
D Almeno un animale è più intelligente dell'uomo
E Esistono animali molto intelligenti

1838 **Maurizio va dal tabaccaio ed acquista 2 sigari cubani, spendendo in tutto 1 euro e 10 centesimi. Un sigaro costa un euro in più dell'altro. Qual è il prezzo di ogni sigaro?**

A Un sigaro costa 1 Euro e l'altro 10 centesimi
B Un sigaro costa 75 centesimi e l'altro 35 centesimi
C Un sigaro costa 1 Euro e 5 centesimi e l'altro 5 centesimi
D Un sigaro costa 1 Euro e 25 centesimi e l'altro 75 centesimi
E Un sigaro costa 1 Euro e 75 centesimi e l'altro 25 centesimi

1839 **"Emilio promette al figlio Davide che, se si diplomerà con una votazione superiore a 80/100, gli regalerà un'automobile". In quale dei seguenti casi si è certi che Emilio NON mantiene la promessa?**

A Davide non si diploma e non riceve alcun regalo dal padre
B Davide si diploma con 80/100 e non riceve alcun regalo dal padre
C Davide viene respinto all'Esame di Stato e riceve in regalo un'automobile dal padre
D Davide si diploma con una votazione pari a 90/100 e riceve dal padre soltanto un orologio d'oro
E Davide si diploma con 60/100 e riceve in regalo un'automobile dal padre

1840 **A gennaio Luca ha acquistato un computer portatile in un negozio del centro. Lo ha pagato 1.255,5 euro, usufruendo di uno sconto del 7% rispetto al costo indicato sul cartellino. Dopo quattro mesi, non soddisfatto del suo acquisto, ha deciso di rivenderlo a Elena per un importo pari al 48% del costo indicato sul cartellino. Quanti soldi ha perso Luca in tutto?**

A 814 euro
B 607,5 euro
C 722,5 euro
D 770,5 euro
E 567,5 euro

1841 Marina è più veloce di Giusy che è più veloce solo di Francesca. Raffaella è più veloce di Paola e più lenta solo di Marina. In base alle informazioni precedenti, è vero che:

A Raffaella è la più veloce delle cinque ragazze
B Paola è più veloce di Giusy
C Francesca non è la più lenta delle cinque ragazze
D Raffaella è più veloce di Marina
E Francesca è più veloce di Paola

1842 Andrea arriva in aeroporto a Roma e osserva i seguenti dati: I) l'aereo in arrivo da Milano per Praga atterra a Roma alle 12.00 e riparte alle 12.30; II) l'aereo che va a Stoccolma parte 90 minuti dopo quello che va a Berlino che parte alle 12.00; III) 40 minuti prima del volo per Stoccolma parte l'aereo per Madrid e, 10 minuti dopo quest'ultimo, quello per Lisbona. In base alle informazioni precedenti, l'aereo che va a Lisbona parte:

A 30 minuti prima di quello per Stoccolma
B un'ora dopo quello per Praga
C 10 minuti prima di quello per Madrid
D 50 minuti prima di quello per Stoccolma
E 30 minuti dopo quello per Berlino

1843 Completare la frase seguente con l'unico aggettivo pertinente: "nonostante il suo proverbiale coraggio, lo spavento fu tale che rimase a lungo ...".

A imperterrito
B apatico
C atterrito
D impavido
E inaudito

1844 Individuare la coppia di termini che completa la proposizione data:

Sbadiglio : sonnolenza = X : Y

A X = dormire Y= Sogno
B X = Risata Y = Divertimento
C X = Viso Y = Espressione
D X = Impazienza Y = Ribellione
E X = Raffreddore Y = Starnuto

1845 Cinquanta famosi matematici sono riuniti a congresso. Non tutti sono distratti. Però, presi a caso due matematici, almeno uno dei due è distratto. Dunque necessariamente i congressisti distratti sono:

A almeno 2, ma possono essere meno di 25
B più di 25, ma non si può dire quanti
C 50
D 49
E 25

1846 Che ora indicherà l'orologio proposto in figura dopo che la lancetta dei minuti avrà compiuto 11,25 giri? E dopo ulteriori 19,25 giri?

A Rispettivamente le ore 3,35 e le ore 10,25
B Rispettivamente le ore 3,30 e le ore 10,45
C Rispettivamente le ore 3,15 e le ore 10,30
D Rispettivamente le ore 3,35 e le ore 10,40
E Rispettivamente le ore 3,30 e le ore 11,15

1847 Date le due serie di numeri 17, 7, 12 e 21, 9, 15, completare, seguendo la stessa regola nascosta, la serie 20, 6, ?, scegliendone il terzo elemento tra le 5 alternative proposte di seguito.

A 15
B 14
C 12
D 16
E 13

1848 Scartare la serie contenente un termine anomalo.

A dimensione, estensione, volume, mole, angolo
B arroganza, prepotenza, superbia, alterigia, insolenza
C cultura,civiltà, sapere, scienza, erudizione
D malattia, morbo, infermità, affezione, patologia
E epilogo, conclusione, esito, risoluzione, finale.

1849 Se:

£G – 2 · @ = # + 2 · @

 # = 2 · @

£G = 3

allora # è uguale a:

A 2
B 3
C 0
D 1
E non ci sono elementi sufficienti per rispondere

LOGICA E CULTURA GENERALE

1850 Una pizza piccola del diametro di 8 cm costa € 3,99. Una pizza grande del diametro di 14 cm viene venduta in offerta a € 10,39. Di quanto è scontata in percentuale la pizza grande (arrotondare)?

- A 10%
- B 12%
- C 15 %
- D 18 %
- E 20 %

QUESITI DI LOGICA

Quesiti di cultura generale

1851 Quale tra i seguenti personaggi è intervenuto alle Nazioni Unite il 12 luglio 2013 per reclamare il diritto all'accesso all'istruzione?

A Aung San Suu Kyi
B Benazir Bhutto
C Kofi Annan
D Malala Yousafzai
E Barack Obama

1852 Quale tra le seguenti danze tradizionali NON è correttamente abbinata al Paese d'origine?

A Bharatnatyam – India
B Samba – Brazil
C Mambo – Cuba
D Haka – New Zealand
E Flamenco – Argentina

1853 In quale anno vennero promulgate in Italia le leggi razziali?

A 1922
B 1925
C 1933
D 1938
E 1940

1854 Nel 1919 Gabriele D'Annunzio guidò l'impresa di Fiume. In quale stato si trova oggi la città di Fiume?

A Albania
B Croazia
C Italia
D Montenegro
E Slovenia

1855 Nel 2019, negli USA, venne comminata a Facebook una multa da 5 miliardi di dollari per il cosiddetto "caso Cambridge Analityca". La ragione della sanzione record è:

A evasione fiscale
B violazione della privacy degli utenti, con la cessione a fini politici dei dati personali
C sovrafatturazioni dei servizi
D creazione di fondi neri tramite la fatturazione di consulenze mai richieste
E pubblicità occulta e pubblicità ingannevole tramite avvisi sui profili degli utenti

1856 Quale termine può essere associato ad entrambe le seguenti definizioni?
"Documento emesso con riferimenti commerciali"
"Atto di stregoneria"

A Fattura
B Bolla
C Sortilegio
D Incantesimo
E Nota

1857 In quattro dei seguenti termini il suffisso *"-teca"* ha lo stesso significato. Individuare il termine rimanente.

A Emeroteca
B Pinacoteca
C Biblioteca
D Fonoteca
E Zapoteca

1858 «Mezzodì: allunga nel riquadro il nespolo l'ombra nera, s'ostina in cielo un <u>sole freddoloso</u>[...]».
(*Ti libero la fronte dai ghiaccioli* di Eugenio Montale)
Le parole sottolineate danno luogo a una delle seguenti figure retoriche. Quale?

A Climax
B Similitudine
C Metafora
D Ossimoro
E Iperbole

1859 Chi è l'autore del testo "Mistero Buffo"?

A Giorgio Gaber
B Dario Fo
C Giorgio Strehler
D Bertold Brecht
E Eduardo De Filippo

1860 In quale giorno viene celebrata la Giornata della Legalità, ricorrenza per commemorare le stragi di Capaci e via D'Amelio?

A 27 gennaio
B 25 marzo
C 22 aprile
D 23 maggio
E 04 novembre

LOGICA E CULTURA GENERALE

1861 Quale casa automobilistica introdusse per prima la catena di montaggio?

- A Buick
- B Peugeot
- C Ford
- D Aston Martin
- E Cadillac

1862 Con quali termini inglesi viene indicata la tecnica narrativa consistente nella libera rappresentazione dei pensieri di una persona così come compaiono nella mente?

- A Flashback
- B Stream of consciousness
- C Cinematic techniques
- D Flashforward
- E Serialism

1863 Che cosa si intende con il termine *legislatura*?

- A L'insieme delle leggi [e] norme che regolano il funzionamento dello Stato
- B La durata del mandato del Presidente della Repubblica Italiana
- C La durata del mandato del Presidente del Consiglio
- D Il periodo in cui un dato organo legislativo è in carica e svolge il proprio mandato elettorale
- E L'insieme delle norme che regolano il diritto commerciale e il diritto del lavoro

1864 Quale fra le seguenti è un'opera di Niccolo Machiavelli?

- A *Dei delitti e delle pene*
- B *Dei doveri degli uomini*
- C *Il principe*
- D *Del principe e delle lettere*
- E *Dialogo sopra la nobiltà*

1865 Chi è l'autore del romanzo fantasy *Il Signore degli Anelli*?

- A Joanne K. Rowling
- B Clive S. Lewis
- C Vladimir D. Nabokov
- D John R. R. Tolkien
- E Isaac Asimov

1866 A quale termine corrisponde la seguente definizione: "Soldato che esercita volontariamente il mestiere delle armi mettendosi al soldo di chi lo arruola temporaneamente"

- A Mercenario
- B Sicario
- C Giannizzero
- D Cospiratore
- E Congiurato

1867 Quale fra le seguenti non è un'opera di Sigmund Freud?

- A *L'interpretazione dei sogni*
- B *Al di là del bene e del male*
- C *Totem e tabù*
- D *L'Io e L'es*
- E *Introduzione al narcisismo*

1868 L'art. 76 della Costituzione della Repubblica Italiana recita: «L'esercizio della funzione legislativa non può essere delegato al ...... se non con determinazione di principi e criteri direttivi e soltanto per un tempo limitato e per oggetti definiti».
Quale fra le seguenti proposte completa correttamente l'articolo?

- A Presidente della Repubblica
- B Consiglio superiore della Magistratura
- C Il presidente del Consiglio dei ministri
- D Ministro di Grazia e Giustizia
- E Governo

1869 Quale fra le seguenti coppie non è formata da termini sinonimi?

- A Miraggio – Fata Morgana
- B Limpido – Argentino
- C Scabro – Liscio
- D Stretto – Canale
- E Forte – Bastione

1870 Chi è ritenuto il fondatore della medicina scientifica in Grecia?

- A Epicuro
- B Ippocrate
- C Esculapio
- D Leucippo
- E Pericle

1871 Se a Roma sono le 19 del 04 settembre 2020 in quale delle seguenti città è già 05 settembre 2020?

- A Baku
- B Bombay
- C Lima
- D Cape Town
- E Seul

1872 Nel nostro emisfero l'estate è iniziata il 20 giugno. In quel giorno, dove il sole si trovava allo zenit?

- A Tropico del cancro
- B Polo sud
- C Equatore
- D Tropico del capricorno
- E Polo nord

QUESITI DI CULTURA GENERALE

1873 Chi progettò e guidò la costruzione del primo reattore nucleare a fissione, che produsse la prima reazione nucleare a catena controllata?

A Julius Robert Oppenheimer
B Enrico Fermi
C Marie Curie
D Albert Einstein
E Niels Bohr

1874 Quale delle seguenti sequenze ripropone il corretto ordine cronologico degli ultimi quattro Presidenti della Repubblica Italiana?

A Mattarella – Scalfaro – Ciampi – Napolitano
B Mattarella – Ciampi – Napolitano – Scalfaro
C Mattarella – Napolitano – Scalfaro – Ciampi
D Mattarella – Napolitano – Ciampi – Scalfaro
E Mattarella – Ciampi – Scalfaro – Napolitano

1875 Quale autore, nelle opere sui robot, enunciò le sue tre leggi della robotica:

- **Prima Legge: Un robot non può recare danno a un essere umano, né può permettere che, a causa del suo mancato intervento, un essere umano riceva danno.**
- **Seconda Legge: Un robot deve obbedire agli ordini impartiti dagli esseri umani, a meno che questi ordini non contrastino con la Prima Legge.**
- **Terza Legge: Un robot deve salvaguardare la propria esistenza, a meno che questa autodifesa non contrasti con la Prima o la Seconda Legge.**

A John R. R. Tolkien
B Isaac Asimov
C Joanne K. Rowling
D Clive S. Lewis
E Vladimir D. Nabokov

1876 Chi ha scritto *I dolori del giovane Werther*?

A Henry James
B Johann W. Goethe
C Hermann Melville
D Lord Byron
E David H. Lawrence

1877 La corrente sviluppatasi in Europa nel secondo Ottocento e fondata sul concetto della filosofia come esaltazione del metodo scientifico prende il nome di:

A positivismo
B espressionismo
C idealismo
D neoplatonismo
E esistenzialismo

1878 Il Flatiron Building si trova a:

A Londra
B New York
C Los Angeles
D Rio de Janeiro
E Madrid

1879 Dove si trova il dipinto *La conversione di Paolo* di Caravaggio?

A Nella cappella Portinari della basilica di Sant'Eustorgio a Milano
B Nella cappella Brancacci della chiesa di Santa Maria del Carmine a Firenze
C Nella cappella Sansevero di Napoli
D Nella cappella degli Scrovegni a Padova
E Nella cappella Cerasi della Basilica di Santa Maria del popolo a Roma

1880 Secondo la legge italiana:

A i figli naturali hanno diritto a essere riconosciuti ma i figli legittimi possono opporsi al loro mantenimento economico
B i figli nati fuori dal matrimonio hanno diritto al mantenimento economico solo dopo essere stati riconosciuti
C figli legittimi e figli naturali hanno medesimi diritti ma diverso stato giuridico
D non esiste distinzione tra figli legittimi e figli naturali e tutti i figli godono dello stesso stato giuridico
E figli naturali e figli legittimi hanno i medesimi diritti purché abbiano lo stesso stato giuridico

1881 L'8 settembre 2022 è mancata Elisabetta II, regina del Regno Unito. Come regina ha stabilito tutti i seguenti primati, tranne uno: quale?

A La regnante con il matrimonio più lungo
B La regnante più longeva della storia britannica
C Il regno più lungo della storia britannica
D Il Capo di Stato che ha visitato più Paesi
E La regnante che ha presieduto più governi della storia britannica

1882 Un celebre vignettista statunitense ha deciso di riassumere i classici della letteratura mondiale ciascuno in una sola frase. «Veterano di guerra ci mette una vita a tornare a casa, e poi ammazza tutti»: a quale opera corrisponde?

A *Comma 22*
B *Odissea*
C *Il partigiano Johnny*
D *Per chi suona la campana*
E *Guerra e pace*

LOGICA E CULTURA GENERALE

1883 Individuare la corretta successione cronologica delle seguenti opere, di cui si indicano in ordine alfabetico gli autori: Leopardi, Montale, Moravia, Pirandello, Verga.

A *Operette Morali – I Malavoglia – Il fu Mattia Pascal – Ossi di seppia – La Ciociara*
B *La Ciociara – I Malavoglia – Il fu Mattia Pascal – Ossi di seppia – Operette Morali*
C *Ossi di seppia – La Ciociara – I Malavoglia – Operette Morali – Il fu Mattia Pascal*
D *Il fu Mattia Pascal – Operette Morali – I Malavoglia – Ossi di seppia – La Ciociara*
E *Operette Morali – I Malavoglia – Il fu Mattia Pascal – La Ciociara – Ossi di seppia*

1884 Gaetano Salvemini ne parlò come della conquista di uno "scatolone di sabbia"; Giovanni Pascoli le consacrò il discorso celebrativo *La grande proletaria s'è mossa*; fu promossa da Giolitti, nel tentativo di guadagnare consensi per la propria politica, sull'onda dell'opinione pubblica nazionalista.
Si tratta della conquista:

A d'Etiopia
B della Libia
C dell'Algeria
D della Tunisia
E della Somalia

1885 L'espressione *Blitzkrieg* (guerra lampo) viene prevalentemente utilizzata per definire la tattica di rapido sfondamento usata da:

A Otto von Bismarck
B Federico II di Prussia
C Josef von Radetzky
D Adolf Hitler
E Klemens von Metternich

1886 In quanto può essere modificata, ma non da una legge ordinaria, la Costituzione Italiana rientra nel novero delle costituzioni definite:

A rigide
B flessibili
C materiali
D ottriate
E formali

1887 Dei seguenti abbinamenti di concetti di rilevanza storiografica con i relativi, pertinenti, personaggi storici s'identifichi l'UNICO ERRATO.

A Nuova frontiera/Kennedy
B Lunga marcia/Mao
C Piani quinquennali/Stalin
D New Deal/Truman
E Caccia alle streghe/McCarthy

1888 Lo Stato di Israele fu proclamato il:

A 14 maggio 1948
B 5 giugno 1967
C 20 gennaio 1933
D 27 gennaio 1945
E 6 ottobre 1973

1889 In quale Stato nel 1979 l'ayatollah Khomeini instaurò una Repubblica Islamica?

A Yemen
B Iraq
C Iran
D Qatar
E Kuwait

1890 Il termine "resistenza" indica tra l'altro l'opposizione a un qualche evento, fisico, politico, sociale, tanto da esser divenuto nella terminologia corrente caratteristico:

A della lotta di liberazione di un territorio nazionale
B del fattore di correzione di una corrente elettrica
C dei bombardamenti sul fronte dei militari italiani in Russia
D del vallo predisposto per impedire lo sbarco degli americani in Normandia
E della difesa strenua di chi sia accusato ingiustamente

1891 Quale dei seguenti Paesi NON è una monarchia?

A Marocco
B Finlandia
C Thailandia
D Spagna
E Giappone

1892 Cos'è un fiordo?

A Una porzione di terra emersa, completamente circondata dall'acqua
B Una vasta rientranza della costa del mare o di un lago
C Una pianura a forma di ventaglio solcata dai rami terminali di un corso d'acqua
D Un'insenatura costiera che si sviluppa nelle regioni montuose in passato sottoposte a importante glaciazione
E Una regione attraversata da fiumi in parte sotterranei, che in superficie sono visibili solo a tratti

1893 Indica l'autore estraneo alla serie data.

A Hannah Arendt
B Primo Levi
C Elie Wiesel
D Imre Kertész
E Jean Améry

1894 **Cosa si indica con l'espressione "Fridays for Future"?**

- A Un movimento di opinione nel Regno Unito che organizza manifestazioni ogni venerdì per contestare l'attuazione della Brexit
- B Un movimento di protesta nella regione di Hong-Kong che chiede maggiore autonomia nei confronti della Cina
- C Un movimento giovanile internazionale che chiede azioni concrete contro i cambiamenti climatici, ispirato allo "sciopero scolastico per il clima" intrapreso dalla studentessa svedese Greta Thunberg
- D Una piattaforma di formazione per studenti aderenti al programma di studi Erasmus, per consentire l'incontro tra domanda e offerta di lavoro sul mercato europeo
- E Il programma spaziale per raggiungere Marte intrapreso dall'imprenditore statunitense Elon Musk

1895 **Qual è la differenza tra Repubblica presidenziale e Repubblica parlamentare?**

- A Nella forma presidenziale il governo dipende dal sostegno dell'assemblea legislativa
- B Nella forma parlamentare il governo necessita della fiducia del presidente
- C Nella forma parlamentare, il governo dipende dal voto di fiducia del Parlamento
- D Nella forma presidenziale il presidente necessita della fiducia del governo
- E Nella forma presidenziale non esiste il governo

1896 **Il rapido diffondersi di una malattia infettiva in una popolazione è una:**

- A comunicazione
- B coagulazione
- C endoscopia
- D epidemia
- E morìa

1897 **Tra gli istituti di democrazia diretta previsti dalla Costituzione NON è compreso:**

- A il referendum abrogativo
- B il referendum costituzionale
- C la legge di iniziativa popolare
- D il referendum propositivo
- E la petizione alle Camere

1898 **Quale tra le seguenti opere NON è un romanzo?**

- A *Il conte di Carmagnola*
- B *I Promessi sposi*
- C *I Malavoglia*
- D *Il nome della rosa*
- E *Il deserto dei tartari*

1899 **La durata naturale delle Camere è pari a:**

- A sette anni
- B tre anni
- C quattro anni
- D nove anni
- E nessuna delle altre risposte è corretta

1900 **Nel giugno 2017 morì Helmut Kohl, che era stato il Cancelliere della Riunificazione tedesca. Quale tra i seguenti indica il periodo del suo incarico?**

- A 1982-1998
- B 1968-1982
- C 1992-1998
- D 1998-2000
- E 1982-1988

Soluzioni

Quesito	Risposta	Quesito	Risposta	Quesito	Risposta	Quesito	Risposta	Quesito	Risposta	Quesito	Risposta	Quesito	Risposta	Quesito	Risposta	Quesito	Risposta	Quesito	Risposta
1501	A	1502	C	1503	E	1504	D	1505	C	1506	E	1507	C	1508	E	1509	B	1510	D
1511	E	1512	D	1513	E	1514	D	1515	A	1516	B	1517	C	1518	A	1519	C	1520	A
1521	D	1522	C	1523	C	1524	A	1525	D	1526	D	1527	E	1528	C	1529	C	1530	D
1531	E	1532	A	1533	C	1534	C	1535	C	1536	A	1537	A	1538	D	1539	E	1540	A
1541	D	1542	B	1543	E	1544	C	1545	B	1546	C	1547	A	1548	B	1549	B	1550	A
1551	D	1552	E	1553	C	1554	E	1555	A	1556	B	1557	C	1558	D	1559	D	1560	C
1561	C	1562	E	1563	D	1564	A	1565	E	1566	D	1567	E	1568	A	1569	D	1570	A
1571	C	1572	B	1573	C	1574	E	1575	A	1576	B	1577	C	1578	D	1579	A	1580	D
1581	A	1582	D	1583	B	1584	B	1585	D	1586	B	1587	D	1588	E	1589	B	1590	A
1591	C	1592	E	1593	A	1594	C	1595	E	1596	A	1597	C	1598	B	1599	D	1600	B
1601	D	1602	C	1603	E	1604	E	1605	A	1606	C	1607	B	1608	D	1609	D	1610	A
1611	B	1612	D	1613	A	1614	C	1615	E	1616	D	1617	C	1618	B	1619	A	1620	B
1621	D	1622	D	1623	C	1624	A	1625	E	1626	B	1627	B	1628	E	1629	E	1630	C
1631	C	1632	C	1633	C	1634	C	1635	E	1636	D	1637	B	1638	B	1639	D	1640	D
1641	D	1642	A	1643	B	1644	C	1645	A	1646	C	1647	D	1648	E	1649	C	1650	D
1651	B	1652	C	1653	E	1654	D	1655	B	1656	E	1657	D	1658	B	1659	B	1660	D
1661	D	1662	A	1663	E	1664	C	1665	E	1666	D	1667	C	1668	D	1669	B	1670	E
1671	C	1672	D	1673	A	1674	A	1675	E	1676	C	1677	D	1678	B	1679	D	1680	C
1681	B	1682	B	1683	E	1684	E	1685	B	1686	A	1687	B	1688	A	1689	E	1690	D
1691	B	1692	A	1693	C	1694	E	1695	C	1696	E	1697	B	1698	A	1699	D	1700	E
1701	D	1702	E	1703	B	1704	D	1705	D	1706	C	1707	B	1708	D	1709	A	1710	C
1711	C	1712	B	1713	E	1714	C	1715	E	1716	C	1717	B	1718	D	1719	A	1720	B
1721	A	1722	C	1723	D	1724	D	1725	C	1726	E	1727	C	1728	A	1729	C	1730	D
1731	C	1732	C	1733	D	1734	C	1735	C	1736	D	1737	A	1738	E	1739	C	1740	D
1741	B	1742	A	1743	C	1744	A	1745	C	1746	E	1747	E	1748	D	1749	A	1750	B
1751	A	1752	E	1753	B	1754	C	1755	A	1756	E	1757	D	1758	D	1759	E	1760	A
1761	C	1762	B	1763	C	1764	C	1765	A	1766	A	1767	D	1768	A	1769	D	1770	C
1771	B	1772	C	1773	E	1774	A	1775	E	1776	B	1777	D	1778	A	1779	B	1780	B
1781	B	1782	D	1783	E	1784	B	1785	C	1786	B	1787	C	1788	D	1789	B	1790	E
1791	D	1792	C	1793	B	1794	B	1795	B	1796	D	1797	A	1798	B	1799	D	1800	C

Quesito	Risposta	Quesito	Risposta	Quesito	Risposta	Quesito	Risposta	Quesito	Risposta	Quesito	Risposta	Quesito	Risposta	Quesito	Risposta	Quesito	Risposta	Quesito	Risposta
1801	C	1802	B	1803	C	1804	A	1805	E	1806	B	1807	E	1808	A	1809	D	1810	C
1811	C	1812	D	1813	B	1814	B	1815	C	1816	C	1817	C	1818	A	1819	C	1820	D
1821	A	1822	D	1823	D	1824	D	1825	A	1826	A	1827	C	1828	C	1829	E	1830	D
1831	A	1832	C	1833	D	1834	C	1835	B	1836	C	1837	D	1838	C	1839	D	1840	B
1841	B	1842	A	1843	C	1844	B	1845	D	1846	B	1847	E	1848	A	1849	D	1850	C
1851	D	1852	E	1853	D	1854	B	1855	B	1856	A	1857	E	1858	D	1859	B	1860	D
1861	C	1862	B	1863	D	1864	C	1865	D	1866	A	1867	B	1868	E	1869	C	1870	B
1871	E	1872	A	1873	B	1874	D	1875	B	1876	B	1877	A	1878	B	1879	E	1880	D
1881	E	1882	B	1883	A	1884	B	1885	D	1886	A	1887	D	1888	A	1889	C	1890	A
1891	B	1892	D	1893	A	1894	C	1895	C	1896	D	1897	D	1898	A	1899	E	1900	A

parte sesta

SPORT

Quesiti

1901 A parità di competizione maschile e femminile, quale differenza di peso hanno gli attrezzi per il getto del peso e il lancio del martello?

- A Nessuna differenza di peso tra i due attrezzi
- B L'attrezzo per il lancio del martello è più pesante dell'attrezzo per il getto del peso
- C L'attrezzo per il getto del peso è più pesante dell'attrezzo per il lancio del martello
- D A seconda delle competizioni internazionali o nazionali, gli attrezzi hanno pesi differenti
- E Negli uomini il peso dei due attrezzi è uguale, nelle donne il peso dei due attrezzi è differente

1902 Quale tra i seguenti ciclisti italiani, vincitore del Giro d'Italia, è stato travolto e ucciso in allenamento da un mezzo pesante nella primavera 2017?

- A Fabio Aru
- B Vincenzo Nibali
- C Ivan Basso
- D Michele Scarponi
- E Riccardo Riccò

1903 Nei 100 m ostacoli femminili e nei 110 m ostacoli maschili ci sono 10 ostacoli, mentre nei 400 m sia maschili che femminili gli ostacoli sono:

- A sempre 10
- B 12
- C 13
- D 14
- E 15

1904 Le parallele sono attrezzi usati:

- A nel karate
- B nella ginnastica aerobica
- C nella ginnastica ritmica
- D nella ginnastica artistica
- E nell'atletica leggera

1905 In ambito sportivo, quale dei seguenti non è un grande attrezzo?

- A Trapezio
- B Panca
- C Appoggi Baumann
- D Cavallo
- E Palla

1906 I test motori effettuati in palestra permettono di:

- A valutare le capacità motorie (condizionali e coordinative
- B controllare la pressione cardiaca
- C verificare la corretta esecuzione dei movimenti
- D valutare il "carico" interno (effetti sull'organismo) prodotto dagli esercizi
- E adattare i metodi didattici

1907 Lo sport dello skateboard da quando è presente alle olimpiadi?

- A Da sempre
- B Fino a Tokyo 2020 compreso non è mai stato sport olimpico
- C Da Londra 2012
- D Da Tokyo 2020
- E Da Los Angeles 1984

1908 In quale sport la resistenza aerobica è la qualità fisica predominante?

- A Nel tiro a segno
- B Nel ciclismo
- C Nella scherma
- D Nell'hockey
- E Nel getto del peso

1909 Che cosa significa il termine "yoga"?

- A Ascetismo
- B Distaccamento
- C Unione
- D Rilassamento
- E Concentrazione

1910 In quale, tra i seguenti sport, il regolamento non prevede lo svolgimento di set?

- A Tennis
- B Badminton
- C Pallavolo
- D Beach tennis
- E Calcio a 5

1911 Quanti sono i giocatori di una squadra di pallamano?

- A 5
- B 6
- C 7
- D 9
- E 11

1912 L'omnium è una specialità del ciclismo su pista introdotta ai giochi olimpici di Londra 2012. In quante prove si disputa?

A 2
B 10
C 9
D 6
E 5

1913 Nel 1930 si disputò il primo campionato mondiale di calcio. Quante squadre vi parteciparono?

A 36
B 13
C 18
D 11
E 12

1914 Quali sono le due prove del biathlon?

A Corsa e nuoto
B Slittino e skeleton
C Corsa e ciclismo
D Sci di fondo e tiro a segno
E Discesa libera e slalom speciale

1915 Le caratteristiche di un lanciatore di peso sono:

A forza resistente nelle gambe, forza esplosiva nelle braccia
B velocità, equilibrio, forza resistente nelle braccia
C forza massima nelle braccia, forza esplosiva nelle gambe
D forza esplosiva, equilibrio, coordinazione
E forza esplosiva elastica riflessa, forza resistente nelle gambe, coordinazione

1916 Nel calcio a 5, la regola del fuorigioco:

A si applica solo in situazioni particolari
B si applica come nel calcio a 11
C si applica quando un giocatore della squadra in attacco supera la linea di centrocampo prima che il pallone sia tirato nella zona di difesa della squadra avversaria
D si applica ogni qual volta un giocatore si trovi davanti al portatore di palla
E non esiste

1917 Per aggiudicarsi un incontro di tennis tavolo occorre:

A vincere 2 set
B vincere 3 set
C realizzare 50 punti
D ottenere un vantaggio di 20 punti
E vincere 2 set da 15 punti

1918 In quale sport si esegue il tap-in?

A Pallanuoto
B Pallamano
C Pallacanestro
D Pallavolo
E Football americano

1919 Che cosa è la zona di cambio?

A La zona in cui gli atleti possono lasciare i loro indumenti sportivi
B La zona in cui si preparano i saltatori con l'asta prima della gara
C La zona nella quale gli staffettisti effettuano il passaggio del testimone
D La zona dove si cambia velocità
E La zona nella quale i triatleti passano da una disciplina a un'altra

1920 Nella pratica del body building, gli esercizi sono effettuati in modo lento per:

A migliorare la velocità
B incrementare la forza veloce
C perfezionare l'esecuzione tecnica
D sviluppare la massa muscolare
E incrementare la resistenza muscolare

1921 Cosa comporta, in atletica leggera, far cadere gli ostacoli?

A L'obbligo di fermarsi e rialzarli
B Solo una perdita di tempo
C Una penalità
D L'esclusione dalla gara
E Il declassamento all'ultima posizione

1922 Indicare, tra quelle sotto elencate, una tecnica relativa al salto in lungo.

A Hang
B Fosbury
C Ventrale
D Horine
E Straddle

1923 In una gara di pallanuoto, i giocatori in acqua per ciascuna squadra sono:

A 8
B 10
C 11
D 7
E 9

1924 Quale delle seguenti gare NON fa parte del decathlon?

A 100 metri piani
B Salto in alto
C 3000 siepi
D Lancio del giavellotto
E Salto con l'asta

1925 Dal 1° giugno 2016 il regolamento FIFA prevede che, nel calcio d'inizio, la palla:

A possa andare in qualsiasi direzione
B debba andare solo in avanti, nella metà campo avversaria
C possa andare solo indietro
D debba essere calciata dall'unico giocatore presente a centro campo in direzione della propria difesa
E debba andare nella metà campo avversaria e rimanerci per almeno 5 secondi

1926 Quale di queste sigle non indica un Ente di promozione sportiva?

A US ACLI
B UISP
C CSI
D USSI
E PGS

1927 Negli incontri internazionali di scherma, qual è la lingua ufficiale usata?

A Italiano
B Tedesco
C Francese
D Inglese
E Cinese

1928 Quale calciatore italiano fu chiamato "Rombo di tuono"?

A Silvio Piola
B Gigi Riva
C Roberto Boninsegna
D Paolo Rossi
E Roberto Baggio

1929 In quale gara di canottaggio ottennero i loro successi i fratelli Abbagnale?

A Due senza
B Due di coppia
C Doppio
D Doppiaggio
E Due con

1930 Cos'è il "time out"?

A Una pausa richiesta dal giudice di linea nel tennis
B Una strategia tattica adottata per consentire un proficuo utilizzo delle sostituzioni
C L'unica modalità per avvicendare i giocatori in campo
D Una sospensione temporanea del gioco richiesta da una delle due squadre
E Una strategia di recupero per permettere di sopportare la fatica derivante dalla prestazione

1931 La "capoeira" è:

A una tattica difensiva della pallanuoto
B una danza giapponese
C una gara di nuoto sincronizzato
D un'arte marziale
E un esercizio di meditazione

1932 In quale prova di ginnastica Yuri Chechi ha vinto due medaglie olimpiche?

A Sbarra
B Anelli
C Concorso a squadre
D Parallele
E Corpo libero

1933 In alta quota sono avvantaggiate le prestazioni di:

A resistenza
B flessibilità
C forza
D velocità
E nessuna delle alternative proposte

1934 Se utilizziamo una palla zavorrata, l'obiettivo è quello di sollecitare:

A la capacità di mobilizzare
B la capacità di forza esplosiva
C le capacità di coordinazione in regime di velocità
D la capacità di flessibilità
E la capacità di forza massima

1935 Se si eseguono 10 slanci consecutivi dell'arto inferiore, si sollecita prevalentemente:

A la forza
B la flessibilità
C la resistenza aerobica
D la resistenza anaerobica
E la velocità

1936 Quali tra le seguenti specialità non appartiene all'atletica leggera?

A Salto in alto
B Lancio del martello
C Salto in lungo da fermo
D Triplo
E Getto del peso

1937 Per mantenere in buona salute l'apparato locomotore è più utile:

A una dieta iperproteica
B l'integrazione della dieta
C una moderata attività fisica
D la pratica di sport estremi
E perdere peso

1938 Lavorare in regime di "steady-state" significa che la quantità di ossigeno assunta:

A è minore della quantità di ossigeno consumata
B equivale alla quantità di ossigeno consumata
C è maggiore della quantità di ossigeno consumata
D è insufficiente
E è costante

1939 In quale disciplina della scherma è bersaglio valido una qualsiasi parte del corpo?

A Solo nel fioretto
B Nella spada e nel fioretto
C Solo nella sciabola
D Solo nella spada
E Nella sciabola e nel fioretto

1940 Quale alternativa indica le capacità classificate come coordinative?

A Capacità di equilibrio e di mobilità
B Capacità aerobica e di forza
C Capacità di mobilità e di differenziazione
D Capacità di forza e di differenziazione
E Capacità di trasformazione e adattamento

1941 Cosa indica l'espressione "squat"?

A Le fasi del terzo tempo della pallacanestro
B Un esercizio di danza
C Un esercizio di potenziamento muscolare
D Una fase del salto con l'asta nell'atletica leggera
E L'esercizio dello "stacco da terra" nell'ambito del powerlifting

1942 Posizione supina, posizione di gamba flessa, posizione di gamba di balletto, posizione raggruppata, posizione verticale, posizione carpiata. Di cosa stiamo parlando?

A Tuffi
B Parallele
C Ginnastica artistica
D Nuoto sincronizzato
E Pattinaggio di figura

1943 Quale dei seguenti metodi di allenamento consente di esercitare alternativamente diversi gruppi muscolari mediante un circuito diviso in stazioni, da affrontare dopo pause molto brevi?

A Circuit-spinning
B Circuit-interval
C Circuit-training
D Circuit-rehab
E Circuit-ironman

1944 Escludendo il calcio, qual è in Italia la disciplina con il maggior numero di tesserati?

A Atletica leggera
B Pallavolo
C Pallacanestro
D Nuoto
E Tennis

1945 Come viene chiamato il campo di gioco nel baseball?

A Sferisterio
B Arena
C Parco
D Anello
E Diamante

1946 Quale dei seguenti termini non è un "colpo" del tennis tavolo?

A Drop
B Layup
C Backspin
D Smash
E Drive

1947 In una gara di pallanuoto, i giocatori in acqua per ciascuna squadra sono:

A 7
B 8
C 9
D 10
E 11

1948 Secondo le regole FIN, è possibile per il nuotatore stare in immersione dopo il tuffo alla partenza e dopo ogni virata, per non più di:

A 8 metri
B 5 metri
C 12 metri
D 15 metri
E 17 metri

1949 Nelle staffette di nuoto misto, qual è l'ordine corretto di esecuzione degli stili?

A Farfalla - dorso - rana - stile libero
B Dorso - rana - farfalla - stile libero
C Stile libero - dorso - farfalla - rana
D Dorso - farfalla - rana - stile libero
E Farfalla - rana - dorso - stile libero

1950 Quale dei seguenti attrezzi NON è utilizzato nella ginnastica artistica maschile?

A Anelli
B Parallele simmetriche
C Cavallo con maniglie
D Sbarra
E Trave

1951 Nella pallacanestro, qual è la sanzione che viene attribuita al giocatore che commette un fallo antisportivo?

A Sempre 2 tiri liberi
B Sempre 1 tiro libero
C 2 tiri liberi, se il fallo viene commesso su un giocatore che non è in atto di tiro
D 3 tiri liberi, se il fallo viene commesso su un giocatore che non è in atto di tiro
E Sempre 3 tiri liberi

1952 In quale nazione è nato il calcio moderno?

A Argentina
B Francia
C Inghilterra
D Italia
E Brasile

1953 Quanti sono i giocatori di hockey su prato?

A 10
B 9
C 12
D 11
E 15

1954 Le tre prove del triathlon olimpico - nuoto, bicicletta, corsa - su quali distanze si disputano?

A Nuoto 2,5 km, bicicletta 25 km, corsa 5 km
B Nuoto 3 km, bicicletta 30 km, corsa 15 km
C Nuoto 1 km, bicicletta 100 km, corsa 3 km
D Nuoto 1,5 km, bicicletta 40 km, corsa 10 km
E Nuoto 2 km, bicicletta 50 km, corsa 7,5 km

1955 Quale classe velica ha un equipaggio di 4 persone?

A Star
B Laser
C Finn
D 470
E Nessuna delle altre alternative è corretta

1956 Nell'atletica maschile, con quale attrezzo si raggiunge la maggior distanza?

A Disco
B Peso
C Vortex
D Giavellotto
E Martello

1957 Quale dei seguenti non è uno sport individuale?

A Body building
B Karate
C Pugilatp
D Korfball
E Lotta libera

1958 Cosa significa la parola "karate"?

A Pugno volante
B Lotta con le mani
C Arte della lotta
D Mano vuota
E Combattimento tra uomini

1959 Come viene chiamata la posizione di un tuffatore con il tronco flesso in avanti di 90° rispetto alle gambe tenute dritte?

A Raccolta
B Carpiata
C Flessa
D Chiusa
E Raggruppata

1960 Nella pallacanestro, l'uso del piede perno permette di poter ruotare:

A dorsalmente e frontalmente di 180°
B frontalmente di 360°
C dorsalmente di 180° e frontalmente di 360°
D frontalmente di 180°
E dorsalmente e frontalmente di 360°

1961 Nelle gare di ginnastica artistica, le due specialità comuni a maschi e femmine sono:

A tarve e corpo libero
B sbarra e trave
C corpo libero e volteggio
D anelli e corpo libero
E volteggio al cavallo e parallele asimmetriche

1962 Nella virata a stile libero, il regolamento prevede che il nuotatore:

A possa toccare la parete con qualsiasi parte del corpo
B debba eseguire una capovolta in avanti prima di virare
C non possa toccare il muro con entrambe le mani
D debba toccare la parete con la mano prima di virare
E debba toccare la parete solo con i piedi

1963 L'espressione "squat jump" identifica:

A una tecnica del body building
B una fase di rincorsa nel salto in alto
C una tecnica di sollevamento pesi
D un test di misurazione della forza esplosiva
E una schiacciata acrobatica nel basket

1964 In una gara di maratona prevale la qualità di:

A resistenza anaerobica glicolitica
B resistenza aerobica
C resistenza anaerobica alattacida
D resistenza aerobica alattacida
E resistenza anaerobica lattacida

1965 Quale tra i seguenti velocisti fu soprannominato "il figlio del vento"?

- A Michael Johnson
- B Tim Montgomery
- C Leroy Burrell
- D Carl Lewis
- E Usain Bolt

1966 In quale dei seguenti sport l'Italia ha conquistato il maggior numero di medaglie d'oro alle Olimpiadi?

- A Scherma
- B Canottaggio
- C Lotta greco-romana
- D Pugilato
- E Ciclismo

1967 La posizione di "decubito prono" prevede che:

- A la parte laterale del corpo sia in appoggio sul suolo
- B la pianta dei piedi e il palmo delle mani siano simultaneamente in appoggio sul suolo
- C la parte anteriore del corpo sia in appoggio sul suolo
- D la parte posteriore del corpo sia in appoggio sul suolo
- E il dorso dei piedi e delle mani sia rivolto al suolo

1968 Il peso medio di un quattro di coppia maschile peso leggero deve essere:

- A 67,5 kg
- B 68,5 kg
- C 70 kg
- D 72,5 kg
- E 75 kg

1969 Quante sono le parate semplici di fioretto?

- A 2
- B 3
- C 4
- D 5
- E 7

1970 Cosa prevedono le modalità esecutive del Test di Cooper?

- A Correre per 12 minuti incrementando la velocità ogni 2 minuti
- B Compiere, correndo per 6 minuti, il percorso più lungo possibile
- C Correre per 12 minuti a velocità progressivamente crescente ogni 200 metri
- D Correre per 12 minuti a un ritmo costante
- E Compiere, correndo per 12 minuti, il percorso più lungo possibile

1971 In ambito sportivo, quale dei seguenti non è un piccolo attrezzo?

- A Bacchette
- B Clavette
- C Cerchi
- D Bastone
- E Spalliera

1972 Quale tra i seguenti atleti italiani ha conquistato tre ori olimpici consecutivi?

- A Maurizio Damilano
- B I fratelli Carmine e Giuseppe Abbagnale
- C Klaus Dibiasi
- D Juri Chechi
- E Piero D'Inzeo

1973 Qual è la differenza tra la rincorsa dei salti in alto e in lungo?

- A La velocità
- B La partenza
- C La tecnica di corsa
- D La traiettoria degli appoggi
- E La lunghezza

1974 Nella pallanuoto, qual è il significato della linea dei 4 metri?

- A Da lì si effettua il tiro di rigore
- B Da lì si effettua il tiro d'angolo
- C Da lì si effettua il tiro di rimessa in gioco
- D Da lì osservano il gioco gli arbitri
- E Da lì si effettua il tiro di inizio gioco

1975 A quali sport si riferiscono le "mappe motorie rigide"?

- A Sport di situazione
- B Sport ciclici
- C Sport di squadra
- D Sport di combattimento
- E Sport aciclici

1976 Nella sciabola il bersaglio valido è costituito da:

- A maschera, tronco, braccia
- B tronco e null'altro
- C l'intero corpo, compresi i piedi
- D tronco, braccia, gambe
- E tronco e gambe

1977 Quale tra i seguenti nuotatori è stato il primo a scendere sotto il minuto nei 100 m stile libero?

- A Alexander Popov
- B Mark Spitz
- C Matt Biondi
- D Michael Gross
- E Johhnny Weissmuller

QUESITI

1978 Nella nuotata a rana quanti colpi di gambe si devono dare per ogni ciclo di bracciata?

A Uno
B Due
C Tre
D Quattro
E Cinque

1979 Quali sono i fattori che determinano il carico di allenamento?

A Densità, volume e complessità
B Frequenza, durata e complessità
C Intensità, frequenza, densità e durata
D Intensità, volume, densità, frequenza, complessità e durata
E Volume, densità e intensità

1980 Quale tra le seguenti discipline sportive non può essere definita "di situazione"?

A Calcio
B Short track
C Tennis
D Pallanuoto
E Pallamano

1981 Qual è la durata di una partita di pallacanestro?

A 2 periodi da 15 minuti ciascuno
B 2 periodi da 20 minuti ciascuno
C 4periodi da 8 minuti ciascuno
D 4 periodi da 10 minuti ciascuno
E 4 periodi da 12 minuti ciascuno

1982 Con quale altro nome è conosciuto il "floorball"?

A Unihockey
B Cricket a 6
C Softball
D Curling
E Lacrosse

1983 Quale tra le seguenti non è una capacità fisica?

A Forza
B Equilibrio
C Costituzione fisica
D Velocità
E Mobilità articolare

1984 Individua, tra le seguenti, la finalità fondamentale dello sport nell'età evolutiva.

A La partecipazione
B La ricreazione
C La competizione
D L'allenamento
E L'educazione e la formazione della persona

1985 Nello svolgimento di un esercizio agli attrezzi, il "passo larghissimo" indica:

A le impugnature poste a contatto
B la massima distanza tra due prese o impugnature
C la massima distanza dell'insegnante dall'allievo
D la falcata durante l'azione di corsa
E un passo molto largo effettuato dagli arti inferiori

1986 Il "sit-up" è un test per la valutazione e lo sviluppo della:

A velocità di reazione
B flessibilità dell'arto superiore
C forza massimale degli arti inferiori
D forza resistente dei muscoli addominali
E mobilità del tratto lombare della colonna vertebrale

1987 In quale dei seguenti sport di squadra non è consentito chiedere un "time out"?

A Calcio a cinque
B Pallanuoto
C Rugby
D Pallamano
E Pallavolo

1988 Nell'atletica leggera *outdoor*, un primato non può essere omologato a livello internazionale se ottenuto con vento che spira a velocità superiore a:

A 0,5 m al secondo
B 0,8 m al secondo
C 1 m al seocndo
D 1,5 m al secondo
E 2 m al secondo

1989 Cosa si intende per "outdoor training"?

A Un allenamento di gruppo fatto in alta quota in condizioni atmosferiche disagevoli
B Lo svolgimento di competizioni su strada con squadre composte da atleti/giocatori di varie fasce di età
C Una modalità di gioco che si svolge all'aperto in tutte le stagioni e prevede l'uso di attrezzi differenti
D Una modalità di apprendimento che coinvolge la persona negli aspetti fisici, cognitivi, emozionali e relazionali, proponendo una serie di situazioni non consuete e legate al lavoro di gruppo
E Lo svolgimento all'aperto di attività agonistiche che prevedono prestazioni sia di squadra sia individuali

1990 Quale dei seguenti sport non è praticato alle Olimpiadi?

A Badminton
B Tennis
C Calcio
D Beach volley
E Lacrosse

1991 Quale tra i seguenti non è uno schema motorio di base?

A Correre
B Nuotare
C Lanciare
D Saltare
E Camminare

1992 Quanti sono e come sono disposti i birilli nella versione americana più diffusa del bowling?

A Sedici, a rombo
B Dodici, a quadrato
C Dieci, a triangolo
D Nove, a rettangolo
E Nessuna delle precedenti alternative è corretta

1993 Cosa si intende per "massima escursione articolare"?

A La capacità di estendere rapidamente le leve
B La possibilità di effettuare movimenti di rotazione dinamica
C La possibilità di effettuare dei movimenti di flessione ed estensione
D Il movimento più ampio che un'articolazione può compiere
E La rapidità con cui si effettua un esercizio di mobilità

1994 A quale dei seguenti aspetti è strettamente correlata la velocità di corsa?

A La glicolisi
B Il numero di esecuzioni di un determinato esercizio fisico
C Il tono muscolare
D La resistenza muscolare
E La tipologia delle fibre muscolari e la qualità dell'impulso nervoso

1995 I migliori risultati della nazionale di basket italiana ai giochi olimpici sono stati raggiunti a Mosca 1980 e Atene 2004. Quali medaglie sono state vinte?

A Due ori
B Due argenti
C Due bronzi
D Un oro e un argento
E Un argento e un bronzo

1996 Quale delle seguenti prove non fa parte del programma dell'eptathlon?

A Salto in lungo
B 100 metri a ostacoli
C Lancio del giavellotto
D 100 metri piani
E Salto in alto

1997 Qual è l'unico tennista italiano che ha vinto due prove del Grande Slam?

A Adriano Panatta
B Franco Gardini
C Nicola Pietrangeli
D Corrado Barazzutti
E Diego Nargiso

1998 Quale tra questi attrezzi è compreso nel programma della ginnastica artistica femminile?

A Anelli
B Parallela asimmetrica
C Pertica
D Trampolino
E Sbarra

1999 Il Campionato Mondiale di Calcio, FIFA World Cup, si disputa dal 1930 ogni 4 anni. Al riguardo di tale programmazione, quale affermazione tra le seguenti segue correttamente la premessa?

A Il Campionato Mondiale di Calcio non ha mai subito alcuna interruzione
B Non si svolse nel 1942 e nel 1946 a causa della Seconda Guerra Mondiale
C Non si svolse nel 1944 a causa della Seconda Guerra Mondiale
D Non si svolse nel 1998 a causa della Seconda Guerra del Golfo
E Non si svolse nel 2016 a causa della Pandemia da Covid19

2000 In cosa si differenziano le corse di velocità a ostacoli (inferiori a 400m) tra uomini e donne?

A Altezza ostacoli, distanze tra ostacoli e lunghezza del percorso
B Solo altezza ostacoli
C Solo lunghezza del percorso
D Non ci sono differenze
E Solo distanze tra gli ostacoli

Soluzioni

Quesito	Risposta	Quesito	Risposta	Quesito	Risposta	Quesito	Risposta	Quesito	Risposta	Quesito	Risposta	Quesito	Risposta	Quesito	Risposta	Quesito	Risposta	Quesito	Risposta
1901	A	1902	D	1903	A	1904	D	1905	E	1906	A	1907	D	1908	B	1909	C	1910	E
1911	C	1912	D	1913	B	1914	D	1915	D	1916	E	1917	B	1918	C	1919	C	1920	D
1921	B	1922	A	1923	D	1924	C	1925	A	1926	D	1927	C	1928	B	1929	E	1930	D
1931	D	1932	B	1933	D	1934	B	1935	B	1936	C	1937	C	1938	B	1939	D	1940	E
1941	C	1942	D	1943	C	1944	B	1945	E	1946	B	1947	A	1948	D	1949	B	1950	E
1951	C	1952	C	1953	D	1954	D	1955	E	1956	D	1957	D	1958	D	1959	B	1960	E
1961	C	1962	A	1963	D	1964	B	1965	D	1966	A	1967	C	1968	D	1969	C	1970	E
1971	E	1972	C	1973	D	1974	A	1975	B	1976	A	1977	E	1978	A	1979	D	1980	B
1981	D	1982	A	1983	C	1984	E	1985	B	1986	D	1987	C	1988	E	1989	D	1990	E
1991	B	1992	C	1993	D	1994	E	1995	B	1996	D	1997	C	1998	B	1999	B	2000	A